U0692888

新时期思想政治教育若干前沿论域

罗钦艳　陈冬梅　郭磊　著

 中国纺织出版社有限公司

内 容 提 要

本书是一本探讨思想政治教育学科前沿问题的理论著作,全书分为四篇:第一篇探讨了思想政治教育的先在结构问题、整体有效性问题和信息问题;第二篇对新时代高校思想政治教育机制构建、课程建设以及网络舆情及危机应对进行了研究;第三篇分析了网络空间的认同与意识形态、网络空间意识形态形式与话语权;第四篇研究了思想政治教育文化认同的主体、机制。

本书适合高校思政教师及思想政治教育研究人士阅读。

图书在版编目(CIP)数据

新时期思想政治教育若干前沿论域 / 罗钦艳,陈冬梅,郭磊著. --北京:中国纺织出版社有限公司,2023.10

ISBN 978-7-5229-1216-5

Ⅰ.①新… Ⅱ.①罗… ②陈… ③郭… Ⅲ.①高等学校-思想政治教育-研究-中国 Ⅳ.①G641

中国国家版本馆 CIP 数据核字(2023)第 213895 号

责任编辑:王 慧 责任校对:高 涵 责任印制:储志伟

中国纺织出版社有限公司出版发行
地址:北京市朝阳区百子湾东里 A407 号楼 邮政编码:100124
销售电话:010—67004422 传真:010—87155801
http://www.c-textilep.com
中国纺织出版社天猫旗舰店
官方微博 http://weibo.com/2119887771
三河市宏盛印务有限公司印刷 各地新华书店经销
2023 年 10 月第 1 版第 1 次印刷
开本:787×1092 1/16 印张:14.5
字数:286 千字 定价:98.00 元

P reface 前言

思想政治教育学科具有鲜明的科学性、目的性和实践性，正是学科科学性与价值性相统一的内涵，决定了思想政治教育学科具有强大的活力和生命力。认识和把握思想政治教育的学科特点，有助于我们遵循思想政治教育的规律，驾驭思想政治教育的发展趋势，增长思想政治教育的才干，提高思想政治教育的效果。

随着马克思主义理论一级学科的建立，思想政治教育学科自 1984 年以来经历了思想政治教育—马克思主义理论与思想政治教育—思想政治教育的发展阶段，取得了丰硕成果，为推进思想政治教育发展，提高思想政治教育的科学性和实效性作出了重要贡献。思想政治教育学科建设，必须立足于我国改革开放、中国特色社会主义现代化建设和人的全面发展的实际，为推进我国社会科学发展服务，为人的全面发展提供导向和动力。我国改革开放的深化和社会主义现代化的建设，既为思想政治教育发展提供了机遇，也向思想政治教育提出了新要求，思想政治教育学科面临着许多新情况、新问题，需要我们认真研究、解决。

本书分为四篇，对思想政治教育基础理论、高校思政、网络思政、传统文化认同领域的若干前沿问题进行了研究。

与已有的同类研究成果相比，本书主要具有以下三大特色：

一是全面性。本书围绕思想政治教育学科多个板块的前沿问题进行了深入的分析与探讨，内容丰富，信息量较大。

二是层次性。本书分为四篇，各篇从不同的角度出发对思想政治教育学科的相关问题进行了深入研究。

三是时代性。当下的社会已经步入了"微时代"，本书结合时代需求，对网络空间的意识形态和话语权进行了研究。

本书在写作过程中参考和借鉴了有关专家、学者的研究成果，在此表示诚挚的感谢！由于笔者能力有限，书中难免存在疏漏与不妥之处，欢迎广大读者给予批评指正。

著　者

2023 年 6 月

Contents 目录

第一篇　基　础　篇

第一章　思想政治教育先在结构问题研究 ……………………………… 3
  第一节　思想政治教育先在结构概述 ………………………………… 3
  第二节　思想政治教育先在结构面临的困境 ………………………… 6
  第三节　思想政治教育先在结构的重构 …………………………… 10

第二章　思想政治教育整体有效性问题研究 …………………………… 17
  第一节　思想政治教育整体有效性的主要理念 …………………… 17
  第二节　思想政治教育有效性的相关研究 ………………………… 22
  第三节　思想政治素质及教育功能的整体性建构 ………………… 27
  第四节　思想政治教育整体有效性实施的保障 …………………… 31

第三章　思想政治教育信息问题研究 …………………………………… 37
  第一节　思想政治教育信息概述 …………………………………… 37
  第二节　思想政治教育信息的质量及其提高策略 ………………… 40
  第三节　思想政治教育信息的载体及其创新 ……………………… 44
  第四节　思想政治教育信息素养的提高 …………………………… 46

第二篇　高校思政篇

第四章　新时代高校思想政治教育机制构建 …………………………… 51
  第一节　构建高校思想政治教育纵向贯通机制 …………………… 51
  第二节　构建高校思想政治教育工作部门横向联动机制 ………… 57
  第三节　构建高校专业教育和思想政治教育的合力机制 ………… 63

第五章　新时代高校思想政治教育课程建设 ·························· 69
第一节　高校思想政治教育课程建设的总体思路 ················ 69
第二节　高校思想政治教育课程建设的理念创新 ················ 74
第三节　高校思想政治教育课程建设的实践发展 ················ 76

第六章　高校思想政治教育的网络舆情及危机应对 ················ 83
第一节　风险研究预判和危机治理意识 ························ 83
第二节　提升网络舆情分析和谣言治理能力 ················ 88
第三节　深化底线思维和辩证思维的治理应用 ················ 95

第三篇　网络思政篇

第七章　网络空间的认同与意识形态 ·························· 101
第一节　网络空间中马克思主义认同的挑战与应对 ············ 101
第二节　网络空间中主流价值认同的分化与重塑 ············ 110
第三节　网络社会道德认同的变化与引导 ·················· 119
第四节　后现代主义思潮视域下主流意识形态面临的挑战与应对 ··· 127

第八章　网络空间意识形态形式与话语权 ·················· 137
第一节　移动网络空间中感性意识形态兴起的价值省思 ········ 137
第二节　移动网络空间主流意识形态话语权状况及因素分析 ···· 146
第三节　移动网络空间主流意识形态话语的消解与转换 ········ 156
第四节　算法技术影响网络空间意识形态安全探析 ············ 162

第四篇　传统文化认同篇

第九章　思想政治教育文化认同中的主体澄清 ················ 173
第一节　思想政治教育文化认同的主体性分析及实践教学的主体性建构 ··· 173
第二节　思想政治教育文化认同机制的主体间性 ············ 185
第三节　"三喻文化"背景下思想政治教育文化认同机制中的主体 ··· 195

第十章　思想政治教育系统性文化认同机制的建构 ············ 207
第一节　共享语境是思想政治教育文化认同机制的原点 ········ 209
第二节　视界融合是思想政治教育文化认同机制的核心 ········ 216
第三节　文化涵化是思想政治教育文化认同机制的旨归 ········ 222

参考文献 ·· 225

第一篇
基　础　篇

▶ 第一章

思想政治教育先在结构问题研究

第一节　思想政治教育先在结构概述

一、思想政治教育先在结构的概念界定

思想政治教育之所以复杂，是因为思想政治教育不仅要对人的行为发生作用，还要对人的思想发生作用，而现实的个人的主观世界都不是"白板"，而是在具体的思想政治教育开启之前，预先存在一个先在结构。由于思想政治教育的要素和结构体系的复杂性，思想政治教育的先在结构也是极为复杂的。

人们一般把先在结构的含义理解为，在人们理解问题、学习知识之前，头脑中先行存在的各种思想要素及其构成方式的组合。这是侧重于受教育者或教育对象角度而言的先在结构。广义地说，思想政治教育先在结构，指在进行具体的思想政治教育活动之前已经具有的，直接影响、制约、调控教育过程进行和教育效果生成的各种要素及其构成关系的总和。思想政治教育先在结构是由时代和社会条件，教育者队伍素质，受教育者群体思想政治状况，教育的内容、方法、途径等多方面形成的宏观结构。本书研究和论述的是边界，狭义的思想政治教育先在结构即教育者如何理解、把握和对待受教育者的先在结构。选取的视角是把现代思想政治教育看作交互主体双方彼此理解沟通的实践过程，针对思想政治教育中教育主体和接受主体之间的关系，从教育者如何通过更有针对性地制定教育目标、教育内容、教育方案、教育方法等做好一系列的教育准备，从提高思想政治教育针对性和

实效性角度提出的先在结构。它特指在开始思想政治教育之前，教育主体秉持历史和时代赋予的思想政治教育理想目标和社会期待，在对受教育者思想状况和发展规律了解掌握的情况下，其思想中所先行具备和构建起来的已有要素、先见视角和意愿图景的总和。其实质是以教育者的视界把握受教育者的思想结构，是两者相互作用的结果。

第一，思想政治教育的先在结构尽管被投射了社会、教育者的动机和意图，但毕竟是人们在以往社会文化背景和思想政治教育实践经验基础上形成的一种既定的思想现实，所以它的现实性是不容置疑的。

第二，思想政治教育的先在结构是在思想政治教育自我反思的前提下，基于那些构成思想政治教育内在规定性的各种要素，以历史赋予思想政治教育的特定视角所进行的"自我理解"的现实反映。它凝结着社会或一定社会集团在思想政治教育经验反思中形成的目的性理想追求。李德顺主编的《价值学大辞典》把"前理解结构"或"理解的前结构"定义为，在人的实际理解发生之前就已存在的、能无意识地带给人的一种理解问题的视野。与此不同，思想政治教育的先在结构可能蕴含无意识的因素，但总体性质更倾向于一种有意识的建构。它基于教育者的视野，经过教育者与受教育者，以及教育者与思想政治教育其他要素的对象化的"沟通"，在思想政治教育目的和思想政治教育价值之间作出具有明确目的性和前提性的预期。它内在蕴藏着思想政治教育发展走向的未来性，在思想政治教育"目标—过程—实效"的因果链条中发挥着影响、规定和制约作用，成为思想政治教育得以实现的深层动因。教育者正是秉持思想政治教育的这种目标视野，在特定的教育场域中引导教育对象进入思想政治教育循环，使思想政治教育中人的因素，即教育者和受教育者(教育主体和接受主体)彼此之间能够有效沟通理解，思想融合一致，进而完成思想政治教育过程。

第三，一定时期思想政治教育运动的结果，都将形成新的先在结构，从而成为思想政治教育新的历史起点和逻辑起点，因而具有指向未来和走向未来的"教育准备—教育效果"的性质和意义。所以说，先在结构既是前提，又是条件，也是要素，更是使自身生成新结构的基础。它在思想政治教育活动开始之前即已观念性地牵涉进思想政治教育的存在和运动之中。

二、思想政治教育先在结构的本质阐释

思想政治教育先在结构具有多重属性和认识价值。在这里，我们择其要者，进一步说明思想政治教育先在结构在思想政治教育多维诠释中的丰富的本质内涵，以便于加深对思想政治教育先在结构的理解。

第一，先在结构是思想政治教育精神生产的基础条件。教育本质上是一种精神生产活动。作为生产精神、思想、道德等精神产品的思想政治教育，是人类的一种自我完善、自

我提升、自我超越，这种完善、提升、超越使人们自身在掌握自己主观世界的同时，更合理地掌握自身以及自身与他人的关系，形成在社会中生存的观念认知和价值选择。从这个意义上说，思想政治教育的先在结构也是人们把握世界的一种重要方式。先在结构即这种精神生产实践活动所需的思想形式的生产资料以及生产方式发挥作用必备的动力能源。"巧妇难为无米之炊"。先在结构是进行思想、道德等精神生产所必需的原材料，只不过它不是有形的，而是无形的，是精神生产所必不可少的基础和条件。

第二，先在结构是思想政治教育系统工程建构的摹本蓝图。教育过程是教育主体把教育内容向着教育目标要求的方向传递给接受主体的过程。这种信息传递过程好似一项"工程"，在"施工"之前必须有规划的"摹本"或"母本"，而现实的思想政治教育是这种"母本"的现实转化形态。先在结构就是集中反映思想政治教育战略工程的"蓝图"和"愿景"的结构化要素集合体。它集合了进行思想政治教育活动所必需的思想要素，架构起一个目的性的、系统化的计划蓝图，使思想政治教育过程依循思想政治教育目标所规定的各项指标进行，进而形成趋近于教育目标的教育效果。这种计划性、前瞻性正是思想政治教育先在结构的"先在"本性的体现。倘若没有这样的蓝图和规划，思想政治教育就会出现缺乏目的计划和组织规范的状况，这不仅会大大损耗教育成本，达不到思想政治教育的实效，还可能产生许多负面效应。因而，思想政治教育先在结构成为思想政治教育系统工程的功能性的前提要素，其合理性直接关系到思想政治教育的最终质量和实际效果。从长远来看，它能够为我们制定教育方针、政策提供必要的理论和实践依据，其战略价值是不容忽视的。

第三，先在结构是生活实践聚焦在思想政治教育中的体验结晶。思想政治教育先在结构，既表现为时间上的"先"，因为它是当下思想政治教育的前提；又表现为时间上的"后"，因为它是既往思想政治教育的后果。从这个意义上说，这种先在结构是思想政治教育实践过程继往开来和承前启后的中介。李小鲁在其著作《教育作为人的生存方式》中深刻阐释了"教育是人的生存方式"的理念。袁贵仁在为其书所作序中指出："教育，作为人的一种普遍的生存实践活动，它承担着人类自身再生产的重要功能。"教育不仅是知识传递的过程，也是生命与生命在交流中理解生命、体验生命的过程。作为人们现实生活的重要组成部分，思想政治教育实际是人们置身于生活世界的一种生命体验的场域，而先在结构表征了人的内心与外部世界沟通的类本性和集体精神。就像杜威（John Dewey）说的那样："教育科学的最终现实性，不在书本上，不在实验室中，也不在讲授教育科学的教师中，而是在那些从事指导教育活动的人们的心中。"先在结构是引发思想政治教育体验的内在动因，也是教育体验的一种向度。刘惊铎在《道德体验论》中提出，体验是一种图景思维活动。他指出："'图景'是一种跨越时空的有机的整体性存在，它同时包含着个体人过去的生活阅历、当下生活场景之生命感动和未来人生希冀的蓝图，其显著特征是整体性、现场性和超越性。"可见，体验融合了主体的生命情感和生活经验，是思想政治教育的重要认知方式。先在结构是主体感受思想政治教育生活体验的结晶以及在体验中展现出来的图景。

第四，先在结构是时代精神在思想政治教育中的文化折射。作为历史性实践的思想政治教育，一定程度上彰显着人类历史轨迹的文化积淀。先在结构就是人类世代文化传承凝结在思想政治教育实践中并通过现实境遇得以彰显的文化映射。文化是人类生命活动延续的结果，每个时代都具有不同的文化特质，每个时代的文化又必然受到来自历史传统的影响。文化的历史在现实的境遇中积淀下来，成为人类生活总结的同时，也被赋予了时代精神。思想政治教育的先在结构反映着历史传承下来的文化积淀，为历史的文化底蕴所观照，并且在现实氛围中彰显着时代的个性。历史与现实的撞击，使思想政治教育凝结在历史长河之中成为历史事件。先在结构是思想政治教育时间性和空间性的最初表达，它成为思想政治教育在历史传承与现实发展之间对话的桥梁，使我们能够在把握思想政治教育的历史和现实的前提下，有力地推进思想政治教育的发展。

第二节　思想政治教育先在结构面临的困境

一、工具理性高位与价值理性缺位引起结构失衡

德国社会学家马克斯·韦伯提出"合理性"概念，并将合理性分为两种，即价值理性和工具理性。价值理性强调动机的纯正和选择正确的手段去实现自己意欲达到的目的，而不管其结果如何；工具理性也称"目的理性"或"行使理性"，强调行动只由追求功利的动机所驱使，纯粹从效果最大化的角度出发去追求自己目的的实现，漠视人的情感和精神价值。这两者所侧重的条件和标准有根本不同，一旦不居其位，就会出现问题。当前学校教育存在的主要问题是工具理性盛行，价值理性式微。在教育中，具体表现为只重视让学生知道怎么做是有效的，不重视让学生知道怎么做是有益的；只重视让他们知道"成本—收益"的计算，不重视让他们明白什么是善恶美丑。这就是工具理性高位和价值理性缺位所造成的思想政治教育先在结构的失衡。

从教育主体的角度来讲，持有工具理性会在一定程度上提高思想政治教育的效率，使思想政治教育迅速达成预期目的，但是这种工具理性会使教育目标过于程式化而染上功利色彩。它对教育目标和教育过程的限定过于精确，使教师传授知识缺乏自主性和灵活性，缺乏对于生命价值的观照和关切，从而缺乏对于生命本真的思考，不利于学生的精神建设，给思想政治教育活动带来的弊端是显而易见的。在工具理性控制下，思想政治教育者

不是知识的创造者，而是固定知识的传播者和灌输者，他们的职责是将既定的知识内容完全地传授给受教育者，而不追问他们所教授的知识和受教育者的生活之间的内在关联性何在，更不问及这种知识与自己的生活世界之间的关系何在。这样一来，课堂的教学和传授就成了教师完成职责和任务的"实验场"，而不是作为生命感悟和生活实践的"体验场"，搁置了受教育者的生活意义追求。在这种思维方式的限定下，知识成为一种外在于人的东西，取代了人本身成为教育的核心和主导，教育也蜕变成了一种纯粹的致知手段和工具。有学者形象地描述道："我们的儿童就像羊群一样被赶进教育工厂，在那里无视他们的独特个性，而把他们按同一个模样加工和塑造。教师们被迫或自认为是被迫去按别人给他们规定好的路线去教学。这种教育制度既使学生异化了，也使教师异化了。"[1]金生鈜更是鞭辟入里地说道："现代教育中教化的隐退和规训的在场，形成了教育对人的新的控制，这种控制导致人的新的奴隶化状态，这意味着教育对人的职能化与工具化，也意味着教育越来越成为一种异化人的实现外在目的的工具……"[2]教育失去了对于价值理性的反思，片面追求眼前利益和直接利益，以应对考试、升学、毕业为目的，而忽视了学生思想品德的长远发展，忽视了学生将来进入社会所需要储备的各种精神素质的培育。

从教师的教育传授过程来看，一方面，表现为提出千篇一律的目的，忽视个人的特殊能力和要求，忘记了一切知识都是一个人在特定时间和特定地点获得的，思想政治教育目标过于统一化、外在化、程式化，缺乏对于学生具体思想的实际关照，忽略对于学生的长久生活和人生幸福谋划的价值关怀。另一方面，表现为教师的教育严重缺乏自主性和灵活性，逐渐产生教学的产业链效应，使教育场域过于封闭而缺少内外信息的交换和更新。由此我们头脑中建构起的先在结构也出现了结构失衡，目标的长远性和价值性程度不高，对于学生和教育目的的理解和认识浮于表面，教育的先见视角和立场有失偏颇。

事实上，思想政治教育活动是有具体情境的，教师不同，教育主体不同，对教育目标的理解和认同不同，教育效果也不同。我们在进行思想政治教育时要关切受教育者自身需要什么样的教育，我们的思想政治教育对于学生的未来发展和现实生活究竟能有哪些帮助，而不能单纯地出于功利心地看分数、看成绩，只顾眼前，不顾长远。好的教育要教会学生如何成为他自己，而绝不是整齐划一地完成任务以使教师自己心安。

二、脱离生活世界与忽视生命体验造成认同障碍

目前，思想政治教育出现认同障碍的一个重要原因在于严重脱离生活世界。思想政治教育被一些学生看作冰冷的机器，制造了学生的学习痛苦。其根本原因在于教育内容远离

---

① 陈友松. 当代西方教育哲学[M]. 北京：教育科学出版社，1982.
② 金生鈜. 规训与教化[M]. 北京：教育科学出版社，2004.

教育主体的生活实践，教育的组织形式过于死板。教育者"高高在上"的地位，使教育者与受教育者的矛盾更加突出，甚至出现激化；僵硬的理性和知识，自上而下的教学课本的规定和设置，易于使学生失去对生活本身的意义探寻。当前教育存在的主要问题是学习与现实世界脱节；过分以事实知识为评价基础，因而重视的是"再生产性"学习；视图书馆为储藏书本之处；视大学为实质上的职业培训之地，从而导致教育的畸形发展，学校从一个智慧、知识、道德的传导、熏陶场所，变成了等级化的机构和发放学历证书的场所。普遍存在于教育过程中的考试，远远超出了它的评价和改进教育的功能，形成了它自身无法胜任的主宰和导向作用。同时，激烈的竞争导致了普遍的厌学情绪，学生的寄托与学校的梦想破灭了，面对的是他们不愿面对的无边的考试、无聊的重复和无情的筛选。这种现象在基础教育中更为严重。因为有升学的压力和应试的现实，我们可以看到，学校、家长、社会和学生自己都不重视思想政治教育。从小学的思想品德课，到中学的思想政治课，思想政治教育的课时被所谓的"主科"挤占、挪用的现象十分严重，从考试的分值上也差距悬殊。由于考试分值和课时上的差异，学生自然而然地感觉到中学的政治课没有其他科目那么重要，觉得其与自身的发展关系不那么紧密。特别是小学生和初中生，他们的世界观、人生观、价值观尚未形成，他们对于自己的人生意义和长远发展还没有概念，只知道自己眼前要完成哪些作业，参加哪些活动；而高中生面临高考升学的压力，大学生面临毕业就业的压力，即使他们对自己将来想成为什么样的人有一定的自我意识和长远规划，抑或有些学生能够意识到思想政治教育对于自身未来发展的深远影响，但也都因面对现实的压力，很难把思想政治教育的课业和学习作为重点，学习的时间和精力保证不了，自然就难以收到好的效果。

此外，从教育内容和教育组织形式上，思想政治教育课本身有严肃性和政治性，一旦脱离学生的日常生活，就会使他们觉得缺乏生命体验，进而产生厌学情绪和排斥心理，造成思想政治教育的认同障碍。哈贝马斯（Jürgen Habermas）曾指出："达到理解是一个在可相互认可的有效性要求的前设基础上导致认同的过程。"理解的根本目的就是实现认同。倘若认同出现障碍，思想政治教育的实际效果就无从谈起。

事实上，人的生活世界作为人们实践活动的产物，从未与教育相脱离，只是由于传统思想政治教育的思想灌输、政治教导，再加上不得不进行教育选拔的应试教育制度，导致受教育者在学习意识、心理以及对未来生活的建构和设计方面缺少直接的现实基础，只能被动地接受教育和学习内容，缺少主体性和能动性，失去了独立人格前提下对生活经验的适应性和创造性，结果在学习结束之后，仍然无法面对外在的生活世界，其对思想政治教育也就越来越不喜欢，没有兴趣，甚至产生排斥和恐惧心理。因此，如何从生存论出发把思想政治教育还纳于人自身，成为个人私人的事情，这是思想政治教育扎根复位的根基所在。当然，教育是一种社会公共行为，这里所谓"个人私人的事情"，实际上体现的是对于公共行为如何服务于个体私人生活的态度。也就是说，公共行为要致力于个体内心和行动的内化与外化的统一，因为个体对于公共事务的理解往往是复杂的、有限的，但对于自身生活的体验则是简单的、真切的、实际的。任何教育都不能成为一个完全平行和独立于人的生活世界之外的事物。思想政治教育先在结构是由理想信念教育、政治时事教育、道德修养教育、心理素质教育、民主法治教育等内容织就而成的结构框架，绝对不限于以传授知识为目的，更要让人们懂得生活、创造生活、创造社会，要致力于教给人们如何参与政治生活，如何加强德行修养，如何更好地适应社会、更好地参与政治实践和社会生活实践。

三、泛化交互主体与遮蔽交互对象导致前提缺失

主体间性或是交互主体性是教育者在判断受教育者如何接受教育的时候，尊重受教育者的主体地位，发挥他们的主动性和能动性而构建起来的双主体的关系。这是基于一定的背景，针对长期以来在"填鸭式"的模式下，教育主体与客体的矛盾对立突出，过分强调教育者权威，忽视受教育者角色地位等问题而展开的探讨。人们因此倡导交互、对话、沟通，强调尊重的教育、平等的教育。的确，传统的"填鸭式"教育把学生看作纯粹的客体，当作顺从地接受知识、储存知识的"容器"。这种教育掩盖了人的精神存在的特质，背离了教育作为精神建构的属性。所以学界重新审视"填鸭式"的传统教育模式的弊端，强调尊重受教育者的能动性，发挥他们的主动性和主体性，反对用填鸭的方式对受教育者进行"对象化"，于是学界广泛掀起研究主体性和主体间性的热潮。那么，思想政治教育中到底有没有客体？客体是谁？实践是面向对象的活动，没有对象，思想政治教育何来有目的、有计划的实践活动？没有对象的实践是虚无的，只有主体而没有客体的矛盾关系是不存在的。不见了对象，思想政治教育也就失去了起码的意义，因为我们找不到了可以寻究的前提。我们不能因为传统"填鸭式"教育忽视了受教育者的主体性而否定受教育者作为教育对象的客观存在，不能为了强调受教育者的主动性、能动性，凸显受教育者的接受主体地位而矫枉过正地泛化交互主体的含义，对教育客体、教育对象视而不见、闭口不谈。

在看到思想政治教育存在的教育主体和接受主体的"交互主体"的同时，我们也要看到，他们同时也是思想政治教育活动中的"交互对象（交互客体）"。思想政治教育实践本身就是教育主体将教育信息作用于教育对象的改造和创造活动。人和物并不天生就是主体和客体，由于在事物的相互作用中的地位的不同，人和物都可能是主体，也可能是客体。思想政治教育的客体可以是教育内容、教育信息、教育资源等物的形式的客体，也可以是思想政治教育对象等人的形式的客体。有些学者称传统的思想政治教育的"对象化"把受教育者作为客体，从而忽视了教育对象的能动性和主体性。这是对"对象化"本意的误解。实践就是一种对象化，对象化本身没有问题，关键在于教育主体要对象化什么，以及如何对

象化。教育者不仅要把教育内容、教育环境等作为教育客体，还要把受教育者的思想和教育者自身的思想作为对象来认识。此时，针对"交互主体"，出现了"交互对象"，这种对象不是单纯意义上的对象，是针对主体的主动性和能动性的对象，并且这种对象也是交互的。教育者在关注交互主体的时候，容易忽视把自身的思想条件和受教育者的思想条件作为对象进行对象化。缺少对于教育前提的认识，不是因为人们没有意识到思想政治教育需要准备条件，而是由于思想要素组织起来的思想结构存在于人自身，人对自身的对象化要比对于外物的对象化困难得多，容易把这些准备看作理所应当的、无可厚非的、不证自明的东西不予理会。这遮蔽了一个事实：我们的行为是如何发生的？我们想要的效果是什么？它如何产生？"认识你自己"，这句古希腊德尔斐神庙门楣上的古老箴言显得意义深远，意味悠长。它警示着人们，认识外物的同时更重要的是认识自己，把自身作为对象进行对象化的认识。这里的"人"是一个类属概念，不仅指认识自己以外的他物，还包括认识自己以外的他人。当教育者在进行教育实践时，其所面对的对象（受教育者）也同样是人。受教育者自身具有能动的思想，教育者把握受教育者的思想是有难度的，再通过各种思想要素对受教育者的认识进行整合更不是容易的事情。这就决定了对于思想政治教育工作者而言，思想政治教育这种具有政治、道德和伦理性质的精神产品的生产十分复杂，教育者需要在进行教育之前做好充足的教育准备，有意识地明确这种精神生产的基础条件是什么，才能有的放矢地利用好教育条件和资源，在思想政治教育实践中充分发挥它们的作用。

第三节　思想政治教育先在结构的重构

马克思指出："人的思维是否具有客观的真理性，这不是一个理论的问题，而是一个实践的问题。人应该在实践中证明自己思维的真理性，即自己思维的现实性和力量，自己思维的此岸性。"[①]因而，思想政治教育先在结构的理想化形态仍然要在现实的实践中进行建构。

一、增进关系方式匹配的结构建构

心理学家让·皮亚杰说："当诸因素统一在一个具有整体特殊性的整体之中，以及诸因素的性质完全或部分地依靠这种整体的哪些特征之时，就有了一种结构。"[②]先在结构中参与思想政治教育理解接受过程的主要要素各有特点，在理解接受过程中发挥的作用各不

---

① 中共中央编译局. 马克思恩格斯文集：第1卷[M]. 北京：人民出版社，2009.
② 皮亚杰. 结构主义[M]. 北京：商务印书馆，1984.

相同，对理解接受效果可能产生的影响也各有差异。认知的、逻辑的、情感的、价值的、审美的等各类不同的要素交织在一起，对思想政治教育理解发挥的主辅作用的向度、水平、张力都有差别。因而，我们要积极探讨如何正确把握先在结构参与理解的内在要素及其向度，这是建构理想化思想政治教育先在结构的关键一环。

我国学者唐孝威提出了"意识涌现的相变模型"来解释意识现象。他认为，当外界的感知信息进入大脑皮层时，就会引发皮层各个脑区的神经活动，最终使得一些脑区进入激活状态。这些脑区的激活水平随着输入信号强度的增大而提高，当一个脑区的激活水平达到它的意识临界条件时，此激活脑区的活动就进入我们的意识经验，而那些激活水平低、没有达到意识临界值的脑活动则构成了无意识的脑活动。唐孝威指出，脑区激活与相互作用的基本单元是神经元簇，它是脑内神经联结结构和功能模式选择性活动的主体。脑区激活与相互作用的动态特性——脑区在不同时刻的激活程度以及传递信号特性随时间的变化而变化。不同刺激产生神经元簇选择性的专一特征表达，使神经元簇具有高度的整合性。因而，我们要积极探讨如何正确把握先在结构参与理解的内在要素及其向度，激活不同要素带来的不同刺激之间的联系，使它们之间的关联方式更加相符合、相匹配，这是建构理想化思想政治教育先在结构的关键一环。

有学者专门探讨了思想政治教育有效性的"结构匹配"途径，论述了思想政治教育的有效性取决于教育对象与教育目标、方法、内容和情境等诸多因素有机整合的匹配关系。这对我们进行理想性先在结构的建构，从增进关系方式匹配角度提供了理论启发和借鉴。学者吴建新和杨光暐在《"结构匹配"在思想政治教育中的应用》中有相关论述。

（1）在促进教育目标与教育对象接受程度之间的匹配方面，他们谈到，道德教育必须根据学生道德发展不同阶段的实际来实施，既不能低于也不能高于他们现有的道德发展水平。不符合教育对象现有认知水平的道德教育是不可能有教育意义的，更不可能促进其道德发展。思想政治教育中个体的道德思想水准增长同样也遵循着"阶段式"循序渐进的规律。当教育者对教育对象实施思想政治教育的时候，也应该把握教育对象已有的思想道德水平，制订相应个体的思想政治教育的阶段目标，并将总体目标具体化，用阶段目标的理念进行思想政治教育，即针对教育对象每一年龄阶段、每一种发展水平拟定出思想政治教育的具体目标。在此基础上，进一步激发教育对象的思想道德认知冲突，打破原有的思想道德认知平衡，使教育对象在更高的水平上重新整合。

（2）在促进教育方法与教育对象之间的匹配方面，他们谈到，思想政治教育方法是思想政治教育者在引导思想教育对象的思想、行为发生预期变化的过程中所运用的方法，也是思想政治教育者与思想政治教育对象之间真正确立教育与被教育关系的纽带。思想政治教育方法的这种纽带作用使其在思想政治教育者与思想政治教育对象特定关系状态的形成中具有关键性意义。适当的、合理的、科学的方法，有助于思想政治教育者与教育对象之间进行良好的沟通，有利于教育关系的确立；反之，不恰当的方法则会导致思想政治教育者与教育对象之间形成僵化、互逆、对抗的关系，由此导致思想政治教育中教育与被教育关系应有功能的丧失。只有与教育对象的思想状况和接受特点相匹配的教育方法，才可能成为有效的方法，才可能推动思想政治教育有效性的实现。

（3）在促进思想政治教育内容与思想政治教育对象之间的匹配方面，他们谈到，思想政治教育的内容与对象的匹配关系通过两个方面表现出来：一方面，思想政治教育者依据其所深刻把握到的教育对象的既有思想状况与接受特点，对教育内容进行重新编制，实现教育内容由思想理论体系到由这种理论体系加工而成的教育信息体系的转换，从而达成教育内容与教育对象的匹配，提高教育对象对特定教育内容的接受能力与接受效果，促成思想政治教育有效性的实现。另一方面，思想政治教育者根据教育对象的既有思想状况及思想倾向，为实现特定的思想政治教育目的选择特定的教育内容，以达成教育内容与教育对象的匹配，促成教育对象在教育内容的影响下形成思想政治教育目的所指向的思想政治素质，从而促成思想政治教育有效性的实现。这一意义上的教育内容与教育对象的匹配，有如我们在平常生活中经常提及的"对症下药"。思想政治教育内容与教育对象的这种匹配性，要求思想政治教育的内容要具有真理性、真实性、透彻性、契合性等特性。

（4）在促进思想政治教育情境与思想政治教育对象的匹配方面，他们谈到，思想政治教育情境为思想政治教育活动的开展，为思想政治教育对象初步印证其所接受的思想意识的正确性等提供具体场合，渗透、体现思想政治教育的目的、内容，为思想政治教育者与思想政治教育对象之间的教育与被教育关系的确立及其教育互动提供着精神的或物质的纽带和载体。思想政治教育情境与教育对象的匹配关系，即思想政治教育活动所依托的情景氛围与教育对象思想意识形成规律、思想意识接受规律的匹配和吻合。这一匹配关系的重要表现即思想政治教育者与教育对象之间友好、平等、信任、宽容、尊重等关系的形成。这种关系确立与否，直接影响着教育对象在整个思想政治教育活动中主体性是否得以发挥及发挥的程度，影响着教育对象在整个思想政治教育活动中的接受状态，教育对象的接受状态反过来制约着教育者的施教状态。

以上学者的有关系统论述，对思想政治教育目标、方法、内容和情境等要素与教育对象匹配关系的分析，体现出以人为本的思想政治教育理念，启示我们思想政治教育实效性的重要层面是要尊重受教育者的思想发展规律，科学合理地将思想政治教育要素与教育对象相匹配，即相对应、相适应，这样才可能使思想政治教育在合理的条件下进行，才能优化思想政治教育的要素功能，从而促进思想政治教育实效性的达成。

由此，对于理想性先在结构的建构，从增进关系方式匹配的角度，我们可以进一步作如下分析：

第一，思想政治教育先在结构的目标指向要与思想政治教育规律相匹配，与受教育者思维发展层次阶段相适应。教育者在制订思想政治教育内容的时候，要遵循教育规律，内容的设定不能与实践相脱节，对于思想政治教育对象的思想道德预期要符合思想发展规律、道德发展规律和心理发展规律。科尔伯格对道德认知发展阶段层次进行了划分，说明人的心智和思想道德发展水平是分层次、分阶段由低级向高级循序渐进的。思想政治教育要根据学生思想和道德发展不同阶段的实际来制定不同程度的教育目标。教育目标的制定要符合受教育者心理和思想的发展水平。只有遵循受教育者思想发展的阶段性规律，分层次、分阶段制定相应的教育目标，才能使所制订的目标适应性更强，以此作为目标指向所形成的思想政治教育先在结构才更具科学性、合理性。这就要求我们在制订教育目标时，杜绝主观臆断地盲目实践，要全面了解和把握受教育者思维发展的层次和阶段。激进地制定过高的思想政治教育目标，不能使受教育者有效接受，甚至可能造成教育无效，这对教育资源是损耗和浪费；制订过于保守的教育目标，则不能满足学生对于知识的好奇心及探究精神，容易使学生产生厌倦心理，失去学习兴趣和学习热情，从而丧失学习的积极性和自主性。因而，在各个阶段、层次，适度、适合、切实地制订教育目标，是优化先在结构关系匹配的一个重要方面。教育目标的设置，一是要分清阶段，二是要分清主次，三是要分清梯次。分清阶段主要指思想政治教育先在结构的目标指向要针对不同教育层次的受教育群体设置。分清主次主要指在各种教育目标之间，重点有所突出，根据各层次、各阶段受教育群体的整体状况，依循教育发展规律，强化相应阶段目标的针对性和实效性。分清梯次主要指各层次、各阶段之间要既有区别又有联系，既有过渡又有衔接。比如，在全教育体系框架内，基础教育各层次之间的衔接，初级阶段教育向高级阶段教育的过渡，幼教、小学、中学、大学、继续教育等各层次之间的衔接。

第二，思想政治教育先在结构过程要素所整合出来的方案框架要与思想政治教育实践途径相匹配。思想政治教育先在结构所构建起来并相应表达出来的思想政治教育方案框架，要在受教育者思想状况调研、了解、掌握的情况下，进一步加以构造，坚持实事求是的原则和态度，务求符合实际情况，内容设计与思想政治教育对象的思想水平和接受能力更相匹配。这就要求我们对于思想政治教育对象先进行调研了解，在此基础上分析受教育者或接受主体能够接受的程度，探讨接受的途径，避免违背教育规律的盲目施教，确保先在结构所架构起来的教育教学方案的有效性。手段方法与思想政治教育对象的思维习惯、兴趣热点和审美能力要相匹配。实践表明，每位思想政治教育对象不同，其使用的方法不尽相同，甚至截然相反。孔子会根据弟子的不同性格对同一问题给出不同的回答，较好地运用了因材施教的方法。思想政治教育只有采取与教育对象的思想状况和接受特点相匹配的教育方法，才可能成为有效的方法，才可能推动思想政治教育有效性的实现。

总之，思想政治教育诸要素之间是否具有相应的匹配关系，直接关系到思想政治教育有效性能否实现及其实现程度。在思想政治教育中，我们要努力实现上述思想政治教育诸要素之间"结构匹配"的相应性与思想政治教育有效性的统一，这应是我们追求的思想政治教育的一种理想境界。

二、强化运行机制调适的系统建构

钱学森指出："在现代高度组织起来的社会，复杂的系统几乎无所不在；任何一种社会活动都会形成一种系统，这个系统的组织建立、有效运转就会成为一项系统工程。"①先在结构是思想政治教育系统内部的一个子系统，运行中要加强对它内部系统的调适，也要加强它与思想政治教育整体系统相适应的调适。教师精心准备的教育内容可能在教育过程中用不上，或是指向性不对，就要作出相应的调整。这与美国教育家和心理学家斯克里文提出的一种"目标游离"的评价模式相近。我们在评价时仅将注意力集中在预定目标、相应效果上而忽视其他的副效应，使评价人的目标评价很容易受方案制订者所确定的目的的限制。这很像我们平时所说的"计划没有变化快"。也就是说，再缜密的计划也会有疏漏，因而任何计划都是一种可能的假设。这就需要采取一种即时调适的方法，根据具体的实际情况和运行情况，对目标加以修改和调整，以弥补目标的缺陷。这也是我们反复强调先在结构不是僵死之物而是动态之物，必须在完整的教育过程中才能完整地认识、把握先在结构的原因。因此，斯克里文建议把评价的重点由"方案想干什么"转移到"方案实际干了什么"上来。优化接受主体的先在结构，实质就是在思想政治教育活动的过程前、过程中、过程后，善于分析每个思想政治教育阶段的方案"实际干了什么"，实际产生了哪些影响，从而进行有效的动态调节。建构理想化的先在结构给教育者的工作提出了更高要求。教育者首先要客观把握思想政治教育先在结构的真实状况，教育过程中随时监控先在结构的"生成状态—反馈机制—重构能力—外化趋向"的能效链条并适时调试，在实践中不断确认是否已经对先在结构作出准确的把握，保证教育趋向理想效果的同时形成优化的策略和方案。

三、完善教师队伍素质的主体建构

一切抽象玄奥的哲学思想最终都会落实到社会与人生问题上来，这也是思想政治教育哲学作为社会科学的品格和修养。理想化的先在结构彰显了哲学对人类思想的终极关切，但最终要落实到现实的人和现实的社会生活中，贯彻到现实的思想政治教育实践活动中。换言之，任何先在结构都要最终落实到教育主体自身的实践上来。提高教育主体的思想政治素质，是提高思想政治教育实效性的根本。思想政治教育主体的思想政治素质的高低，直接决定了思想政治教育场强的大小，素质越高，场强就越大。场强的大小，与作用力的

---

① 钱学森. 论系统工程（增订本）[M]. 长沙：湖南人民出版社，1982.

大小成正比，就是说，思想政治教育主体的思想政治素质越高，其主体场的场强就越大，他对受教育者产生的影响就越大、越深刻。因此，要想提高思想政治教育的实效性，首先就要提高思想政治教育主体的思想政治素质，它既包括理论素质，又包括业务能力。建构理想化的先在结构，离不开对现实生活的考察，离不开对人的思想实际的考量。所以先在结构的理想建构要从教育主体的自身素质入手，建设一支高水平、高层次的教师人才队伍。教育者的素质十分重要，倘若教育者本身对于思想政治教育的不认同甚至是排斥或反对，有的甚至有人格和心理上的障碍，就有可能在对受教育者进行教育的过程中流露出自身的思想倾向，从而影响受教育者的价值判断和选择。因而建构理想化的先在结构，其次要强化教师队伍的培训。此外，要充分调动和发挥社会和学校的作用，给教师队伍建设提供政策、制度和财力方面的保障，建立起一支多层次、多梯度的教师队伍，并努力实现思想政治教育先在结构建构体系的制度化和规范化。

四、突出评测体系的制度建构

近年来，我国思想政治教育研究较为重视思想政治教育的评价。思想政治教育评价，就是根据我国思想政治教育的社会主义性质和要求，通过系统地搜集资料和对资料的定性和定量分析，对思想政治教育活动过程及其效果作出价值判断，以促进思想政治工作的改革和完善的一种方法。思想政治教育评估体系是指由各个评估指标相互区别、相互联系地组成能够反映思想政治教育效果的指标体系。思想政治教育需要有一整套评估体系，同样，思想政治教育先在结构也需要有一套系统的评估体系。建构科学的、系统的评测体系是优化思想政治教育先在结构的重要途径，尤其是要形成一整套制度体系，以使先在结构的评测工作获得长远的、稳定的政策保障。

思想政治教育评测体系的制度建构，需要把握以下三个方面。

第一，在建构原则上突出务实与务虚相结合。务实主要指的是针对整体的思想政治教育先在结构的状况，在把握其运动变化发展的规律的基础上，实事求是地进行分析评判，保证评价体系的科学性、可行性、可比性、有效性。不能片面夸大先在结构现实状况所存在的问题，也不能盲目回避先在结构的不合理状况。要与高校实际相联系、与学生实际相联系，绝不能流于形式。制度建构切忌假大空，要有战略规划，但也要能够把握好全局与微观的关系、引领与落实的关系，具有可操作性，能够反映出思想政治教育工作的实效，使各层次、各部门的思想政治教育工作者都能够易于理解和掌握，根据出台的政策展开评测。务虚主要指的是必须抓住评估体系中的根本问题、战略问题，有问题意识、目标意识和引导意识，保证评价体系的导向性、动态性、渐进性和积极性。

第二，在建构理论上突出形而上与形而下相结合。一方面，要加强对于先在结构评测体系的深入研究，用理性构建的方式把握先在结构的理想状况，不断创新理论，使对于思想政治教育先在结构的认识更加具有理论支撑和学理支持。另一方面，要积极开展对于各层次思想政治教育平台实践中的先在结构的现实状况调研，展开实证考察，深入到具体的实际情况，制定具体的方法和途径，建立和完善一整套与思想政治教育先在结构发展水平相适应的评价机制。这可以大大提高思想政治教育工作的实效，对思想政治教育先在结构的未来发展具有重要意义。

第三，在建构方法上突出定性与定量相结合。综合运用多种评价手段，有利于使思想政治教育先在结构评价体系更加规范化、系统化。哲学社会科学领域的研究探索，主要以定性分析来把握概念。对思想政治教育先在结构的评价，要在定性的基础上凸显定量研究，通过统计数据进行分析判断，可借鉴、采用大数据思维、方法，加强定量分析的有效性，以弥补单纯定性分析所带来的过于概念化、笼统化等方面的不足，使体系建构更加富有科学性和有效性。思想政治教育所指向的是可变性大且具有较强反复性的思想意识。这就要求思想政治教育决策者在决策过程中留有余地，保留较大的可调性空间，更偏重于定性的决策，不能过分追求精确的量化，使之在具有质的确定性的同时，允许存有量的模糊性。建立完善的思想政治教育先在结构的监控平台和评价体系也是如此。要突出评价目的的发展性转变，突出评价体系的完备性和可测性，强调以自我评价为主体的多元化评价方法。建构评价体系要避免工具化、功利化、形式化，还要避免过于精确或者过于笼统。要注重评价标准的相对统一以及评价主体的多元化。应采取多维评价模式，如过程性评价和终端性评价相结合、定性评价和定量评价相结合、自我评价与他人评价相结合、个体评价与集体评价相结合等方式。

由此可见，建构起科学、合理、有效的思想政治教育评价体系是一项复杂的系统工程，它是相对系统地体现教育公平和公正的一种手段方法。建立科学的评价体系，确保先在结构的不断完善、优化，并且以制度来保证其有效发挥作用，是未来需要进一步深入探讨的重要课题。

五、营造良好外围气氛的环境建构

马克思曾说："既然是环境造就人，那就必须以合乎人性的方式去造就环境。"①创设优越的思想政治教育环境对于思想政治教育先在结构的理想建构十分重要。它不是先在结构的内在调适，而是先在结构的外在保障。思想政治教育环境包括思想政治教育的政策环境、社会环境等。教育者应积极引领受教育者进入具体的思想政治教育情境，统筹资源，开发和创设鼓励知识主体发挥合作精神的环境。

① 中央编译局. 马克思恩格斯文集：第1卷[M]. 北京：人民出版社，2009.

▶ 第二章

思想政治教育整体有效性问题研究

思想政治教育整体有效性，是思想政治工作的生命力之所在，也是思想政治教育的目的和归宿，也应是我国思想政治教育理论和实践工作者关注的焦点。这一问题最终体现在走出校园的大学生能否成为中国特色社会主义事业合格的建设者和接班人。

第一节　思想政治教育整体有效性的主要理念

一、以人为本

(一)人的自然性

1. 人的自然性需求是思想政治教育整体有效性的原始动力

第一，人的自然性需求奠定了思想政治教育整体有效性的物质性基础。人们首先必须吃、喝、住、穿，然后才能从事政治、科学、艺术、宗教等。人的自然性需求是思想政治教育理论与实践最基本的出发点和物质基础，没有这个物质基础，思想政治教育就没有产生和存在的基础。

第二，人的自然性需求的矛盾性决定了思想政治教育的自然性调节功能。追求利益和满足需要是人活动的基本动力和个体积极性的源泉，这是马克思关于人的需要理论的最基本的观点，也是无产阶级政党进行思想政治教育的根本出发点。社会各种矛盾的产生和发展从根源上讲，都来自人们不同的利益诉求，现代思想政治教育存在的合理性，就在于要通过一切可能的方式来满足和协调人的物质需要和利益诉求，这里所表现的就是思想政治教育的调节功能：一是通过思想政治教育的理论宣传、思想引导等，提高人们对自身物质利益诉求及其实现方式合理性的认识；二是通过教育引导，激励人们积极自愿地为自己的实际利益而奋斗；三是通过有效的协调、积极的疏导等，调节人们之间的利益关系，化解人们之间的利益冲突。

第三，人的自然性需求的发展性决定了思想政治教育的自然性提升功能。人没有纯粹的自然性，具有的是被提升了的社会化的自然性。生产工具的每一次进步都伴随着人性的提升，只要人们通过生产劳动满足了现实个人的基本生存需求，就会必然地在此基础上产生许多新的需求。可见，由于摆脱了自然界的束缚而具有了自觉的能动性，人的需要超出了一般生物受其机体条件制约而具有的发展特性，马克思称其为"社会化的自然性"。因此，个人自然需求的发展性决定了思想政治教育对人的自然性的提升功能，思想政治教育的一个重要功能正在于合理引导学生个人的自然性需求，并不断提升他们的自然性需求。

2. 坚持解决思想问题同解决实际问题相结合的原则，充分发挥思想政治教育对人的自然性的调节和提升功能，提高思想政治教育的整体有效性

思想政治教育说到底是做人的工作，把解决思想问题同解决实际问题结合起来，在关心人、帮助人中教育人、引导人，是思想政治教育的一条重要方法，也是我党开展思想政治工作的一条重要原则。关心群众生活、帮助群众解决实际问题是我党长期以来形成的优良传统，党之所以能够动员和组织成千上万的群众，战胜各种艰难险阻，取得一个又一个的伟大成就，其中的一个重要原因，就是党始终把解决思想问题同解决实际问题结合起来，党也是在帮助群众解决各种实际问题的过程中，逐渐得到群众的认可和拥护的。

人类基本物质生活需要的满足是人类生存和发展的第一前提。思想政治教育要重视人的利益，尤其是现实中个人的利益，调节人的自然性需求，及时满足人们的合理需求，大力丰富人的自然性，这是做好思想政治工作、提高思想政治教育整体有效性的重要基础。

（二）人的社会性

1. 人的社会性需求是思想政治教育整体有效性最直接的动力

人的社会属性包括多个方面的特性，其中有些特性是顺应人类整体发展要求的特性，如群体性、交往性、合作性、自觉性等。也有一些是阻碍人类整体发展的特性，如损人利己、损公肥私等，这些属性一般是人的自然属性发挥到对社会不利时表现出的特性。自然属性的发展要比社会属性悠久得多，社会属性在自然属性的基础上演化形成，往往与人的自然属性发生矛盾。随着人类社会的发展，其对人的社会性（正向）要求越来越高，人的这

种社会性需求是思想政治教育整体有效性最根本的人性基础。

第一，人的社会性需求是思想政治教育整体有效性的社会性基础。马克思主义认为，人在本质上是社会存在物，人的现实本质是社会关系的总和。但人要真正融入社会，获得个人的生存意义，必须在一定的社会中经过社会化才能真正实现。思想政治教育即社会或社会群体用一定的思想观念、政治观点、道德规范，对其成员施加有目的、有计划、有组织的影响，使他们形成符合一定社会或一定阶级所需要的思想品德的社会实践活动。人的社会化过程离不开思想政治教育，思想政治教育在人的社会化过程中发挥着不可替代的重要作用，这就构成了思想政治教育整体有效性的社会性基础。

第二，人的社会性需求的矛盾性决定了思想政治教育的社会性调节功能。个人的自然性和社会性需求之间存在矛盾性。按照弗洛伊德人格结构理论，本我、自我和超我之间不是静止的，而是始终处于冲突—协调的矛盾运动之中。思想政治教育存在的合理性，在于要通过一切可能的方式来协调人的自然性和社会性诉求之间存在的矛盾性，提高人们对自身自然需要和社会需要的认识，激励人们积极自愿地通过社会倡导的方式为自身需要的实现而努力。

第三，人的社会性需求的发展性决定了思想政治教育的社会性提升功能。理解人、尊重人、发展人是思想政治教育的指导原则之一，也是思想政治教育整体有效性提升的根本途径之一。这就要求思想政治教育一定要重视个人复杂的社会关系，实践中不仅要关心人、理解人、服务人，更要尊重人、尊重人格，做到以情动人、以理服人、情理交融，发挥思想政治教育的育人功能，提高现实的个人的社会化程度，丰富其社会性。个人社会需求的发展性决定了思想政治教育对人的社会性的提升功能，思想政治教育的一个重要功能就在于正确引导个人的社会性需求，调节个人的自然性和社会性诉求之间的矛盾性，调节个人的社会性和社会性需求之间的矛盾性，并不断提升个人的社会性需求，有力地提高思想政治教育的整体有效性。

2. 坚持社会主义核心价值观引领作用，充分发挥思想政治教育对人的社会性的调节和提升功能，提高思想政治教育的整体有效性

社会主义核心价值观既是构建社会主义和谐社会的精神支柱，也是形成全社会思想共识的基础。社会主义核心价值观不仅关系到人的人生观、价值观和道德观的塑造，而且也直接影响人的政治观、文化观、社会观的培育和养成，并在很大程度上影响着社会主义意识形态与先进文化建设。要用社会主义核心价值观引领社会思潮，尊重差异，包容多样，最大限度地形成社会思想共识，形成全民族奋发向上的精神力量和团结和睦的精神纽带。各级学校加强和改进思想政治教育，要在社会主义核心价值观的指导下，发掘教育内容，完善教育机制，创新教育方式，提升教育效果。要引导学生树立中国特色社会主义共同理想，正确认识和把握当代中国社会发展进程中出现的思想道德问题，把民族精神教育与时代精神教育统一起来，从而构筑起符合中国特色社会主义发展要求的思想道德观念，提高

思想政治教育的整体有效性。

二、科学发展

(一)思想政治教育科学发展的基本要求

教育的科学发展观的基本要求是教育的全面发展、协调发展和可持续发展。以教育的科学发展观指导思想政治教育，就是要坚持全面协调可持续的发展观，促进学生思想政治素质、科学文化素质和身心素质的全面协调发展；坚持教学与教育相结合、理论教学与实践教学相结合、继承与创新相结合，促进思想政治教育实践活动全面协调发展；统筹课内外思想政治教育，统筹"三育人"各个环节，兼顾与学生学业相关的就业、心理和情感等实际问题，促进思想政治工作全面协调发展；树立可持续发展的理念，既立足当前，又着眼长远，紧抓长效机制建设，促进思想政治教育的可持续发展。

在我国现阶段，思想政治教育的全面、协调和可持续发展，首先是指学生思想政治素质的全面、协调和可持续发展，既要满足社会培养人才的目的，又要满足人的全面发展的需要，实现"合目的性"与"合需要性"的有机统一。思想政治素质是具有整体性的有机存在，既包含认知、体验、实践、自我教育等能力要素，又包括知、情、意、行等个性要素，还包括世界观、人生观、价值观、道德观等社会关系要素，体现了人的自然属性、社会属性、精神属性的有机统一。学生思想政治素质的全面、协调和可持续发展，指的就是学生的能力素质、个性素质、社会关系素质的全面、协调和可持续提升。

思想政治教育的全面、协调和可持续发展，还要求思想政治教育实践体系的全面、协调和可持续发展。思想政治教育的根本目的是提高人的思想政治素质，由于人的思想政治素质是具有整体性的有机存在，所以全面提高思想政治素质是一个系统工程，单靠某一环节或某些实践活动是无法达成的，应将各个教育主体整合起来，将思想政治素质视为整体性对象，并整合各种教育方式方法和途径，使思想政治教育实践活动具有促进学生整体素质全面发展的整体性功能。

(二)思想政治教育科学发展的根本特征

教育的科学发展观的根本特征就是其整体有效性。科学发展观具有科学性、实践性特征，以教育的科学发展观为指导，坚持以人为本，处理好思想政治教育各个阶段、内部各个因素之间的关系，实现思想政治教育全面发展、协调发展和可持续发展，其根本特征就是提高思想政治教育的整体有效性。

思想政治教育这一人类实践活动，其有效性存在于这一实践活动及其结果与活动主体对活动及其结果的整体要求之间的价值关系中。这一价值关系的主体就是实践活动的主体，价值关系的客体就是实践活动本身及其结果。思想政治教育有效性的本质体现的是思想政治教育这一实践活动本身及其结果所具有的满足主体需求的功能属性。思想政治教育整体有效性，是要考察思想政治教育这一实践活动及其结果，在整体上满足主体需求的功能。其内涵首先是指这一实践活动的结果的整体有效性，即是否全面、有效地实现了实践主体进行思想政治教育活动的整体目标——"合需要性"与"合目的性"；其次是指提高这一教育实践活动水平上的有效性，即是否有效地促进了思想政治教育实践活动本身的全面、协调、可持续发展——"合发展性"。因此，整体性视野中的思想政治教育有效性，不只是思想政治教育单个要素的有效性，也不是各个要素有效性的简单相加，而是思想政治教育要素、过程和结果的整体有效性；思想政治教育要素、过程和结果的整体有效性不是静态有效，也不是各个阶段有效性的简单叠加，而是各个要素在各个阶段有效性的有机统一，是整体有效性的全面、协调、可持续提升。

（三）思想政治教育科学发展的基本方法

统筹兼顾是坚持科学发展观的根本方法，坚持统筹兼顾也是思想政治教育科学发展的基本方法。将统筹兼顾的基本方法贯穿始终，就是要总揽思想政治教育全局、科学筹划、兼顾各方，就是要逐步建立起开放的、多层次的运行机制，把握重点，做到"六个统筹"兼顾。

一是统筹思想政治教育与其他各育，协调处理好思想政治教育与其他各育的关系，充分发挥各育的育德功能和育才功能，实现德、智、体、美各育的全面、协调发展。二是统筹第一课堂与第二课堂，既加强思想政治理论课教学，又开展学生素质拓展计划和创业计划等形式多样的实践教育活动，引导学生学以致用。三是统筹显性载体与隐性载体的育人功能，发挥校园文化的引领作用，拓展教学、管理、服务等育人环节，努力培育隐性化的教育和手段，形成思想政治教育整体合力。四是统筹解决思想问题与解决实际问题，把思想政治教育渗透在为学生服务的过程中，既解决思想问题又解决实际问题，促进学生的健康成长。五是统筹先进性要求与广泛性要求，号召学生中的优秀分子积极践行先进性要求，引导全体学生分层次、分阶段地达到先进性的要求。六是统筹校内和校外两个教育资源，利用好社会这个大课堂，同时营造好校园这个小环境，提高思想政治教育的整体有效性。其中，全面发展是"六个统筹"的核心内容，协调发展是"六个统筹"的关键环节，可持续发展是"六个统筹"的一条主线，整体有效性是"六个统筹"的根本特征。

第二节　思想政治教育有效性的相关研究

一、研究的基本领域

（一）人类整体性思维及其理论成果的历史回眸

注重整体性是中国传统思维的基本特征。在长期的生活和实践中，中国人形成了"天地人万物一体"的整体宇宙观。这种宇宙观表现在思维方式上，就是强调要用整体的观念来看待一切。尽管中国历史上世界观和哲学领域流派纷呈，但这种整体性的宇宙观及思维方式一直作为主流贯穿于各种思想和学说。中国古人不但用整体性的观点看待世界，而且用整体性方法改造自然和处理事物。例如，战国时期的都江堰水利工程和我国传统中医思想，就是运用整体性方法处理问题的典范。

西方整体性思想源于古希腊文明。与中国古人一样，古希腊人也在自己的生活和实践中形成了自己的整体宇宙观，"四根说""原子论"都能突出体现出这一点。哲学意义上的整体性观念是由黑格尔提出并论证的，黑格尔的巨大功绩就在于他第一次把整个自然的、社会的和精神的世界描述为不断运动、变化和发展的整体性过程。但黑格尔的整体性只是概念的整体性，它不是客观存在的对象性整体，而是纯粹思辨的结果，这就把整体性头脚倒置而呈现出神秘的色彩。同时，黑格尔这种自满自足的整体是封闭的整体，要求设立一个发展的终点——绝对精神，绝对精神完成自我认识的运动后达到绝对真理，发展也就此停止了，因而只能成为最后的终结的整体。

对人类整体性思想进行科学概括的任务，历史地落在了马克思、恩格斯的肩上。马克思在对黑格尔历史哲学进行批判的过程中发现，黑格尔历史哲学保守封闭的体系中蕴含着珍贵的辩证法思想——整体性的思维原则和方法。在对黑格尔历史哲学进行革命性改造后，马克思提出关于社会历史进程的整体性思想。在马克思看来，一切现实的事物都是一个具有多方面内容的整体，这个整体的每个部分都内在地相互联系、相互作用，通过相互作用成为整体的一个部分、一个环节；在认识过程中，首先要认识这些部分和环节，进而揭示出它们的内在联系，弄清这些部分和环节在整体中的地位和作用。因此，对事物的认识必须经历两个方向相反的过程：一是从表象的具体深入到内部的联系，二是按照内部的有序联系再逐渐上升到表面的规定，最后达到从整体上把握整个对象。马克思还把社会看作一个结构性整体，揭示了新世界观的根本特征之一就是整体性。坚持马克思主义整体性思想，就要求我们在认识事物的过程中，将对象和客体置于多重结构和复杂关系中来把握，避免思维的片面性、孤立性和静止性，反对思维的单一性、琐碎性和凌乱性；要把认识对象当作整体来看待，正确处理好整体和局部(属性、要素、关系、运动)及各个发展阶段之间辩证统一的关系。

（二）思想政治教育整体有效性理念

思想政治教育的根本目的是提高人的思想政治素质。从人的本质意义上讲，思想政治素质是人的社会本质的表现；从人心理的内在结构上看，思想政治素质体现了知、情、意、行的统一。这表明了人的思想政治素质所具有的整体性内涵，也决定了思想政治教育实践体系应有的整体性结构。从这个意义上理解，思想政治教育有效性就是思想政治教育这一实践活动，要全面、有效地实现提高人的思想政治素质这一预设目标，并能不断提高这一教育实践活动的水平，促进思想政治教育实践活动本身的全面、协调、可持续发展。由此可见，在整体性视野中观照和研究思想政治教育有效性问题，不仅是马克思主义理论学科发展的应有之义，还是学生思想政治素质全面提升的内在需求，也是思想政治教育实践活动发展的逻辑必然。

以马克思主义整体性思想为指导，立足于人的思想政治素质所具有的整体性，遵循学生思想品德形成与发展的规律和思想政治教育规律，在定位观上，科学确立思想政治教育在教育体系中的地位，摆正思想政治教育与智育、体育、美育等诸育的关系，协调发挥其他诸育的整体性育德功能；在目标指向上，坚持以人为本，确立"主体发展性"德育目标，以培养学生全面发展的人格为根本，立足于学生思想政治素质的整体性提升；在操作模式上，着力于学校各类德育资源的整体性配置，把思想政治理论课、日常思想政治教育、第二课堂活动、人文社会科学课程及各类专业课程的育德功能有机统一起来；在实施途径上，着眼于大学与中学、小学德育途径的纵向衔接，实现学校的主导作用、家庭的辅助作用、社会的影响作用的整体性发挥；在有效性评价上，着重于思想政治教育要素有效性、过程有效性和结果有效性的整体性评价，实现思想政治教育评价的"合需要性""合目的性"与"合发展性"的有机统一。

（三）思想政治教育整体有效性的内涵与本质

人类的实践活动带有明显的目的性。作为人类的一项基本意识，有效性意识伴随着人类实践活动的产生而产生。在效用尺度的支配下，人类的实践活动在满足人类的相应需要、实现人类的相应目的方面所表现出的积极特性，就构成了人类实践活动的有效性。

思想政治教育整体有效性，本质上体现了思想政治教育这一实践活动所实现的整体性功能。价值理论中的功能说认为，价值是关系范畴，也是功能范畴或功效范畴。根据价值的这一本质特点，价值是主客体相互作用中客体对主体的积极效应或功效，这种理解使我们对价值本质的认识更具体，有利于回答价值到底是什么的问题，有利于确证价值的客观存在，也使我们对价值存在的认识更深入一步。根据价值的这一本质特点，我们从功能或功效出发去理解有效性，才能把握有效性的本质，使我们对有效性本质的认识更具体，有利于回答有效性到底是什么的问题，有利于确证有效性的客观存在，也使我们对有效性存在的认识更深入一步，基于这样的理解，我们才能对有效性进行建构。

思想政治教育整体有效性的本质是这一实践活动本身及其结果所具有的满足主体需求的功能属性。思想政治教育整体有效性的实现，需要各个要素整体发展，以系统思维考虑思想政治教育的要素、过程与结果的综合有效性，如德、智、体、美、劳综合协调共进，同时强调立德树人、德育优先的根本要求与原则。学校在其他要素中发掘、培育思想政治要素，达到课程思想政治的目标，实现课程思想政治与思想政治理论课程同向同行，整体协调推进思想政治教育。

（四）思想政治教育整体有效性的建构

作为一种价值属性的体现，有效性所指的是特定实践活动及其结果所具有的相应功能或功效，且这种功能或功效又是实践活动及其结果在与相应的价值关系中所表现出来的。离开了实践活动及其结果的特定属性，有效性便没有了得以确立的基础；离开了特定的价值关系，有效性也同样无从谈起。思想政治教育有效性的本质是由构成这一实践活动的诸要素及其相互作用所构成的矛盾的运动过程和结果所决定的。在这个意义上，我们需要对思想政治教育整体有效性进行双重建构：一是整体功能建构，即思想政治教育活动及其结果的整体功能或功效建构；二是整体机制建构，即思想政治教育实践活动本身的机制建构。前者的建构重在保证思想政治教育要素及其相互作用的结果的有效性，后者的建构重在保证思想政治教育过程的有效性。

总之，在整体性视野下研究思想政治教育有效性问题，是要以马克思主义整体性思想统摄思想政治教育和思想政治工作，创立思想政治教育整体有效性理论，创新思想政治教育有效性实践模式，建构思想政治教育整体有效性的"理论—实践"模型，解决思想政治教育整体有效性问题。这一问题的基本论域，一要阐发思想政治教育整体性理念，二要阐释思想政治教育整体有效性的本质与内涵，三要建构具有可操作性的思想政治教育整体有效性运行模式。阐发思想政治教育整体性理念对于阐释整体有效性的本质与内涵、建构整体有效性运行模式具有前提意义，是研究这一问题的逻辑起点；阐释思想政治教育整体有效性的本质与内涵是思想政治教育整体有效性研究的核心内容，既是对整体性理念的理论化描述，又是构建整体有效性模式的理论依据；建构思想政治教育整体有效性运行模式是思想政治教育整体有效性理论在实践中的应用，是我们加强与改进思想政治教育的基本依据。这三个方面具有紧密的逻辑关系，构成思想政治教育整体有效性研究的基本问题。

二、研究的方法

（一）把握认识方法的整体性

马克思主义经典作家在阐述事物的整体性时，一般都会同时谈到事物之间的相互联系、相互作用。恩格斯在《反杜林论》中总结人类几千年来思维方式发展的规律时概括说，古希腊哲学的世界观之所以"实质上是正确的"，就因为它"是一幅由种种联系和相互作用无穷无尽地交织起来的画面"。又说，"我们所面对着的整个自然界形成一个体系，即各种物体相互联系的总体"，"这些物体是互相联系的，这就是说，它们是相互作用着的，并且正是这种相互作用构成了运动"①。由此不难看出，从整体上考察事物，在方法上需要注意三个问题：其一，要把握事物的种种联系和相互作用交织起来的"总画面""总联系"，首先要把握事物的各个细节，弄清各个细节在"总联系"中的地位，这样才能正确地把握事物"总画面"的一般性质。其二，既要看到相互联系的一面，即事物内部不同要素之间及其与外部其他事物之间的客观关系，把握事物的整体性知识体系；又要看到事物相互作用的一面，即事物内部不同要素之间及其与外部其他事物之间的运动关系，把握事物整体性知识体系的各个细节。其三，要看到相互作用是事物运动、变化和发展的内在动力，是事物整体生态的实质内容，而相互联系则只是事物整体生态的外在形式，没有相互作用，也就无所谓相互联系。这就是说，考察事物的整体性要有整体性视野，要从事物的不同方面的相互关联的特性入手，通过分析和把握事物不同方面的相互作用，实现对事物的整体的把握。持这样的方法和态度来分析和把握思想政治教育这一客观存在，要求我们对一切种类和类型的方法要有整体性视野，形成一种方法论的整体性。理解和把握思想政治教育有效性问题无疑应持整体性的方法和态度。

（二）把握认识对象的整体性

马克思整体性思想是在反映客观世界整体性的基础上形成的。自然界是具有整体性的有机存在，人类社会也是具有整体性的有机存在，自然运动和社会运动作为两种基本的物质力量，通过人类实践构成了一个大的整体，即"自然—社会"系统。运用整体性方法来审视思想政治教育的有效性，要把作为认识对象的思想政治教育作为整体来把握。

---

① 恩格斯. 自然辩证法［M］. 北京：人民出版社，2018.

第一，思想政治素质是具有整体性的有机存在。从人的本质意义上讲，思想政治素质是人的全部社会本质的表现；从人心理的内在结构上看，思想政治素质体现了知、情、意、行的统一；从人的思想政治观念看，思想政治素质包括世界观、人生观、价值观、道德观等要素；从人的行为和能力看，思想政治素质包含认知、体验、实践、自我教育等能力要素。这表明了人的思想政治素质所具有的整体性，也决定了思想政治教育实践体系应有的整体性。

第二，思想政治教育实践体系是具有整体性的有机存在。思想政治教育将实践作为其理论体系的基础，是建立在实践活动基础上的社会现象。实践是构建思想政治教育整体逻辑体系的出发点，表现在人的整体性活动上，包括人的思想与行为、人与社会、施教者与受教者等诸多矛盾关系的处理。同时，实践是研究思想政治教育所有理论问题的基本视角，思想政治教育包含诸多理论问题，如思想政治教育的目标与原则问题、思想政治教育的内容与方法问题都是以实践为基础构建其整体性的。

第三，按照马克思整体性思想，思想政治素质的整体性和思想政治教育实践体系的整体性，是具体的又是历史的，是特定历史时期的具体整体与发展变化中的历史整体的有机统一。因此，必须在实践中全面把握认识对象的整体性。

（三）把握整体性的基本特征

整体性是指客观事物的诸方面（属性、要素、部分、运动等）和各个发展阶段之间相互依存、相互联系、相互影响和相互作用的有机统一性。要把握思想政治教育的整体性，必须厘清思想政治教育整体性的基本特征。

第一，整体的客观性。思想政治教育的整体性，是指思想政治教育这一实践活动，以其构成要素相互联系、相互作用的整体性而客观存在。思想整体性是对对象整体性的客观反映，对思想政治教育的整体性认识，就在于在如实反映其历史原貌的基础上运用逻辑的方法把它们综合为一个思维的"统一体"。

第二，整体的相对性。整体随着条件的变化而处于经常性的变化中，而且在空间的排列和时间的持续上呈现出层次性；同一层次的各部分通过相互作用而构成高一层次的整体，不同层次整体的性质和功能不同。

第三，整体功能耦合性。整体的功能是由构成整体的局部或要素的功能耦合而成的，整体结构的合理性、相互作用的有序性、局部功能的协同性、发展阶段的可持续性决定着整体的功能。思想政治教育的有效性亦即思想政治教育整体功能的实现，需要我们在分析思想政治教育的不同要素、局部功能的相互作用的基础上，优化这一整体实践活动的结构。

第三节　思想政治素质及教育功能的整体性建构

一、人的思想政治素质整体建构的实现与过程

人的思想政治素质是在社会实践的基础上，在客观外部环境与主观内部因素的影响下，在主体思想矛盾运动的过程中形成与建构的。

社会价值导向客观制约着人的思想政治素质建构。社会价值导向反映了一个社会的基本价值目标和价值取向，是社会根本利益和主流文化的集中体现。人的思想政治素质建构虽然具有主体性，但我们不能无限夸大这种主体性，任何主体能动性都是在社会价值的导向下发挥作用的。在人的思想政治素质建构的过程中，无论是启动、选择、内化，还是外化、反馈，社会价值、原则规范都起着导向和调整作用，这是因为，社会价值、原则规范是特定社会价值和要求的提炼，其内容和精神符合社会整体利益的要求。此外，社会价值、原则规范作为一种外在的强制，它渗透在社会生活的方方面面，通过风俗习惯、社会舆论、模范人物、社会风气等表现出来，在一种特定的社会风气中，从本质上讲，个人的自我价值定位或进行自我价值评判选择的标准是派生的，是社会一般价值取向的投射，人们对社会的接纳、承认、重视是先定性的，个体会自觉不自觉地与社会现状或基本倾向保持一致，以获得稳定的安全感。社会认可是个体自我价值的源泉，只有获得社会认可，个体才能获得安全感、认同感和成就感。社会价值不仅影响着人的思想政治素质构建的范围和广度，而且通过价值观念、规范原则，引导人自觉纠正偏离社会价值的行为，实现人的思想政治素质的合社会性。

主观内部因素决定着人的思想政治素质的建构。社会价值导向虽然深刻制约、影响着人的思想政治素质的建构，但起决定作用的还是人的自身因素，特别是人的主体性的发挥。人的思想政治素质的建构活动不是被动的、盲目的、消极的，而是主动的、积极的、有目的的。只有在主体意识的指导下，建构活动才能成为人的活动。主体自觉性使人成为活动的主体，使人既能把整个世界包容于心中，达到把握世界的目的；又能反观自身，把握自身内在的主观世界。在处理客观外界的要求、社会价值观念时，无论是选择、舍弃、改写、认同，起主导作用的往往都是主体自身。主体虽受环境的制约，但对众多的环境因素又有选择的自由，凭借自身的判断与辨别，主体可以决定对某些影响积极接受而对某些影响加以拒斥。当然，人的选择自由并不是绝对的，而是相对的，因为人毕竟只能在客观

环境提供的范围内进行选择和比较，人的意志在根本上还是社会存在的反映。主体自觉性还体现在人对自身行为的调节和控制上。主体自觉性的重要表现是目的性，人的思想政治素质建构是有目的、有意识的行为，在思想政治素质建构过程中，主体不断地调节和控制自己的思想和行为，克服困难，向着预定目标不断前进，表现出自我克制、毅力、信心以及顽强不屈的精神状态。

人的思想政治素质的建构就是这样在客观环境与主观因素共同作用下实现的，具体来说，人的思想政治素质的建构经历了以下过程：

（1）启动。建构主体在社会实践过程中，接受来自客观外界的大量的思想、政治、道德等信息，这些信息刺激了建构主体的需求，并使其产生了特定的动机，建构主体开始启动思想政治素质的建构活动。

（2）选择。建构主体运用一定的思维方式和思维方法，依据主观的或客观的评价标准，对进入认知领域内的各种思想政治信息进行价值判断，并将社会所要求的特定的思想观念、政治观念、道德观念与原有的思想政治素质基础进行比较，进而作出判断、筛选或取舍。

（3）整合内化。建构主体通过选择、整理、融合，接受特定的思想、政治、道德等观念、规范，并将其纳入自己的态度体系，变为自己意识体系的有机组成部分，成为支配、控制自己思想、情感、行为的内在力量。

（4）外化践行。内化的结果不能停留在认知阶段，必须由能动的主体意识转化为自觉的社会行为，即"外化"。所谓"外化"是指建构主体将自身由内化而形成的思想观点、价值观念、道德准则自主地转化为思想道德行为，并养成相应的行为习惯。良好的行为习惯是外化的结果，也是个体思想政治素质形成的标志。

（5）反馈调整。反馈调整是建构主体经过建构过程的启动、选择、整合内化和外化践行，对其中取得的效果和结果，如所取得的成绩、存在的不足及外界的评价等进行归纳和总结，并在此基础上不断调整自己的思想观念和行为。反馈调整有利于建构主体及时调整自己的思想观念和行为，实现思想政治素质的螺旋上升。

二、思想政治教育整体功能建构

1. 建构思想政治教育主体发展性目标体系

思想政治教育以促进人的思想政治素质的现代化为中心，以促进人的思想政治素质的发展为根本。劳伦斯·科尔伯格（Lawrence Kohlberg）继承了杜威的发展性道德教育思想，强调"认知—发展"的道德教育。但"认知—发展"的表述忽视了道德情感和道德行为，因而是有局限性的。因此，我们所说的主体不仅是"认知主体"，同时也是"情感主体"和"行为主体"；我们所说的"发展"也不仅是"认知的发展"，同时也是"情感的发展"和"行为的发展"。主体发展性表达了德育的本质属性，体现了现代德育以人为本的精神，突出了主体德行的发展。

主体发展性是思想政治教育的整体特征。思想政治教育以培养人具有现代思想政治素质的主体人格为根本，直接着眼于人，着眼于人的思想政治素质的发展。主体发展性思想政治教育是教育者、受教育者能动地自主建构思想道德的对象性活动，是在教育者的组织领导下，教育者、受教育者共同参与的活动；是教育者的启发、引导、指导与受教育者的认知、体验、践行互动的活动；是教育者的价值导向与受教育者自主建构相统一的活动；是教育者与受教育者相互教育与自我教育、教学相长、品德共进的活动。作为现代德育的根本指导思想，主体发展性贯穿在思想政治教育活动的始终，贯穿在思想政治教育活动的各个方面。

2. 建构"一个指导、三个吸收"相统一的思想政治教育内容体系

建构思想政治教育内容体系，要以社会主义核心价值体系为指导，汲取中国优秀传统思想文化精华，吸收世界思想文化精粹，吸纳在建设中国特色社会主义伟大实践中所创造出的先进思想文化成果。一是以理想信念教育为核心，深入进行树立正确的世界观、人生观和价值观教育。要坚持不懈地用中国特色社会主义理论体系武装学生，深入开展党的基本理论、基本路线、基本纲领和基本经验教育，开展中国革命、建设和改革开放的历史教育，开展基本国情和形势政策教育，开展科学发展观教育，使学生正确认识社会发展规律，认识国家的前途命运，认识自己的社会责任，确立中国特色社会主义共同理想和坚定信念。二是以爱国主义教育为重点，深入进行弘扬和培育民族精神教育。深入开展中华民族优良传统和中国革命传统教育，培养团结统一、爱好和平、勤劳勇敢、自强不息的精神，树立民族自尊心、自信心和自豪感。要把以爱国主义为核心的民族精神教育与以改革创新为核心的时代精神教育结合起来，引导学生在中国特色社会主义事业的伟大实践中，在时代和社会的发展进步中汲取营养，培养爱国情怀、改革精神和创新能力，始终保持艰苦奋斗的作风和昂扬向上的精神状态。三是以基本道德规范为基础，深入进行公民道德教育。要认真贯彻《新时代公民道德建设实施纲要》，以为人民服务为核心、以集体主义为原则、以诚实守信为重点，广泛开展社会公德、职业道德和家庭美德教育，引导学生自觉遵守爱国守法、明礼诚信、团结友爱、勤俭自强、敬业奉献的基本道德规范。坚持知行统一，积极开展道德实践活动，把道德实践活动融入学生学习生活之中。修订完善学生行为准则，引导学生从身边的事情做起，从具体的事情做起，着力培养良好的道德品质和文明行为。

3. 建构以思想政治理论课教学为主渠道，主题教育活动与日常教育相结合的思想政治教育方法途径体系

建构思想政治教育实施途径体系，要大力推进思想政治教育的学科建设，不断完善思

想政治教育的课程体系，发挥思想政治理论课的主导作用。思想政治理论课是帮助学生树立正确世界观、人生观、价值观的重要途径。要按照充分体现当代马克思主义最新成果的要求，全面加强思想政治理论课的学科建设、课程建设、教材建设和教师队伍建设，进一步推动思政教育进教材、进课堂、进学生头脑。要联系社会主义现代化建设的实际，联系学生的思想实际，把传授知识与思想教育结合起来，把系统教学与专题教育结合起来，把理论武装与实践育人结合起来，切实改革教学内容，改进教学方法，改善教学手段。要加强对思想政治理论课的宏观指导，采取有力措施，使思想政治理论课教育教学情况不断改善。

抓好以规范全程为特征的入学教育、国防教育、形势与政策教育、职业道德教育、社会实践教育、就业教育等主题教育活动，发挥主题教育的导向作用。开展多种形式的校园文化活动，大力加强文化素质教育，开展丰富多彩、积极向上的学术、科技、体育、艺术和娱乐活动，把德育与智育、体育、美育有机结合起来，寓教育于文化活动之中，推进校园文化建设，营造健康向上、丰富多彩的校园文化氛围，发挥校园文化的潜移默化作用；深入开展社会实践，建立社会实践保障体系，探索实践育人的长效机制，引导学生走出校门，到基层去，到工农群众中去，建立社会实践与学习相结合、与服务社会相结合的管理体制，积极组织学生参加社会调查、生产劳动、志愿服务、公益活动、科技发明和勤工助学等社会实践活动，使学生在社会实践活动中受教育、长才干；要重视心理健康教育，根据学生的身心发展特点和教育规律，注重培养学生良好的心理品质和自尊、自爱、自律、自强的优良品格，增强学生克服困难、经受考验、承受挫折的能力；努力解决学生在学习、生活和成长发展中反映出来的思想和实际问题，提高思想政治教育的引导力、感染力和凝聚力。通过服务育人、管理育人，把党和政府对学生的关怀落到实处。

4. 建构以党委领导、专职思想政治工作队伍为骨干、专兼职队伍结合、教学工作者与管理工作者结合的思想政治教育担当体系

一是党委统一领导，党政齐抓共管。学校党委的主要工作是分析研究思想政治教育工作的形势，制订思想政治教育的总体规划和年度计划，对思想政治教育作出总体部署。二是专职队伍与兼职队伍相结合，形成由学校党政干部、共青团干部、"两课"教师、辅导员为主体的专职队伍。同时，发挥学校党政机关工作人员、广大专业课教师、服务人员的作用，学校所有教职工都要承担对学生进行思想政治教育的责任，关心学生的学习、关爱学生的生活，做到教书育人、管理育人、服务育人。三是积极发挥社会力量的作用，采用"双进"模式，即邀请社会各界专家学者、杰出人物来校讲学，组织学生深入社会、服务社会，为思想政治教育工作营造良好的社会环境。四是依托班级、社团、学生会等学生组织，推进学生自我教育、自我管理、自我服务。着力加强班级集体建设，组织开展丰富多彩的主题班会等活动，发挥团结学生、组织学生、教育学生的职能；加强对学生社团的领

导和管理，帮助学生社团选聘指导教师，支持和引导学生社团自主开展活动；高度重视学生生活社区、学生公寓、网络虚拟群体等新型学生组织的思想政治教育工作，选拔学生骨干参与学生公寓、网络的教育管理，发挥学生自身的积极性和主动性，增强教育效果。

第四节 思想政治教育整体有效性实施的保障

一、组织保障

（一）建立和完善思想政治教育行政运行系统

学校党委领导的主要职责是制订思想政治教育的总体规划、作出思想政治教育的重大决策，规划、决策的执行与实施主要依靠校长及其领导下的行政系统。为了学生的全面发展，校长要对学生德、智、体、美全面发展负责，要把思想政治教育与教学、科研、社会服务结合起来，同时部署、同时检查、同时评估。只有这样，学校的各项工作才能在党委的统一领导下形成党政齐抓共管的统一的体系。随着教育体制改革的不断深化，学校行政部门在思想政治教育中的重要作用也日益凸显。思想政治教育的许多决策、规划离不开学校行政部门的参与和实施，必须建立和完善思想政治教育的行政运行系统，把思想政治教育渗透在行政业务工作和行政管理之中，强化行政管理部门的思想政治教育职能。首先，行政管理部门的领导干部要在党委的统一部署下，党政协调配合，共同参与思想政治教育工作重大问题的决策。要在领导学校的教学、科研、管理等业务工作的同时，经常分析广大师生的思想状况，切实做好师生的思想政治教育工作。其次，行政管理部门领导人要牢固树立思想政治教育意识，把思想政治教育融于学校管理之中，建立长效机制，使自律与他律、激励与约束有机地结合起来，有效地引导学生的思想行为。最后，行政部门领导要为思想政治教育工作的开展创造条件，提供人、财、物方面的保障，努力营造教书育人、管理育人、服务育人的良好氛围。

（二）建立和完善思想政治教育合力机制

学校还应建立和完善高校思想政治教育合力机制，努力形成学校思想政治教育各部门、各主体相互配合、彼此联系、共同推进的合力局面。首先，要形成学校党、政、团、学等部门思想政治教育的合力。党委负责制订思想政治教育目标、计划，对思想政治教育重大问题进行决策；行政部门既参与学校思想政治教育部分重大问题的决策、讨论，又通过行政管理具体落实各项思想政治教育计划和决策；团委、学生处在全校范围内配合党委和行政部门开展思想政治教育，组织各项校园文化活动、社会实践活动。党、政、团、学各部门应相互沟通、相互协调。其次，要形成学校党政干部、共青团干部、思想政治教师、班主任或辅导员等各教育主体的合力。各教育主体因部门性质和分工不同，在思想政治教育方法和途径上存在差异，有各自的工作规律、职责与分工，但要避免各自为政，应加强合作、沟通与支持，以取得事半功倍的效果。总之，思想政治教育作为一个系统工程，追求的是整体效应，思想政治教育组织领导必须采取各种措施，促进各部门、各教育主体既分工明确又相互协调，形成合力。

二、工作队伍保障

（一）建设结构合理、专兼配合的思想政治教育工作队伍

思想政治教育工作队伍的结构主要包括年龄结构、学历结构、职称结构等。其中，思想政治教育工作队伍的学历结构已实现高学历转变，尤其是高校思想政治教育工作队伍，拥有研究生及以上学历的比例已超过70%。从年龄结构来看，思想政治教育工作队伍中，老、中、青三代年龄结构有三种模式：一是老、中、青三代呈正三角形模式，即青年人多于中年人，中年人多于老年人，这种结构有利于队伍的"传、帮、带"，有利于队伍的稳定和持续发展，被称为"前进型"结构。二是呈纺锤形模式，两头小，中间大，虽有利于眼前工作开展，却后继乏人，不利于队伍未来的发展，被称为"静止型"结构。三是呈倒三角形模式，老年人多于中年人，中年人多于青年人，因老年人太多，难以胜任工作，被称为"衰退型"结构。显然，思想政治教育工作队伍应建立"前进型"年龄结构，避免或改造"静止型""衰退型"年龄结构。在职称结构方面，思想政治教育工作队伍中低级职称比例大，高级职称比例小，这些状况显然不利于思想政治教育工作者全面、高效地开展教育。在思想政治教育工作队伍建设过程中，应尽量将以上三种模式调整到最佳状态。

思想政治教育工作队伍中的党政干部、共青团干部、思想政治教师、辅导员和班主任是专职从事思想政治教育的人员，他们是思想政治教育的核心和骨干，在思想政治教育活动中起主导作用。除了专职人员，思想政治教育工作队伍还应当吸收一定比例的兼职人员。兼职人员的来源主要是退休教师、党务管理干部、专业教师、研究机构人员等。聘用兼职人员从事思想政治教育工作，可以有效缓解当前教育迅猛发展造成的思想政治教育资源的有限性和需求的迅速扩大性的矛盾，可以调动更多的人参与、从事思想教育活动，扩大思想政治教育的覆盖面和影响力，为思想政治教育工作队伍注入新鲜活力。当然，专职

人员和兼职人员也应该结构合理，做到以专职人员为主、兼职人员为辅，兼职人员和专职人员相配合，群策群力，共同提高思想政治教育实效。

（二）建立健全思想政治教育工作者"乐教"机制

思想政治教育工作者具备良好的素质，还必须对思想政治教育工作真心喜欢、真心热爱，真正"乐教"，才能以高度的激情投入工作，不断改进工作方式，提高工作的成效。

实践中，与学校的其他教职员工相比，思想政治教育工作者责任大、任务重、付出多，但是待遇低、受尊重程度低，职业发展空间狭小，严重影响了"乐教"心理的形成。以思想政治理论课教师为例，他们既要成为社会主义理论宣讲者，又要联系学生实际解疑答惑，成为学生成长的指导者和引路人。因师资力量不足，他们承担着比其他学科教师多几倍的教学工作量，但是，由于对学生进行世界观、人生观、价值观教育，内容上似乎"务虚"，教学效果又具有潜在性，不能立竿见影，广大师生对思想政治教育十分轻视，思想政治教师受尊重程度低，自信心、自豪感严重受打击。此外，由于教学任务繁重、琐碎，投入科研的时间有限，又由于基础学科特别是政治理论学科创新较难、思想政治理论课项目很难争取，与大部分专业教师相比，思想政治理论课教师出科研成果要难得多。而学校现行管理体制虽然强调教学科研并重，但由于教学质量无法量化，考核中科研便成了硬性指标，与津贴、职称、晋升、评优等直接挂钩，科研成果相对不多使思想政治理论课教师在津贴、职称等方面均处于不利地位。

三、经费运营保障

（一）确保思想政治教育基本设施、设备建设

基本设施、设备是思想政治教育的基本物质保障，是开展思想政治教育必不可少的物质条件。例如，思想政治教育工作部门的活动场所、学生心理咨询的场所、学生群体活动的场所、开展就业服务工作所需的场所等。又如，思想政治理论的教育教学也必须有基本的物质保障，包括专题图书、教学资料、计算机、多媒体设备等。教师要提高教学效果，就离不开现代化教学手段；在多媒体教学中，软件的开发、教学网站的建立、信息的发布都离不开一定经费的支持。学校应根据思想政治教育的发展情况，不断地改善和优化基本设施和条件。

（二）确保思想政治教育工作的专项经费

思想政治教育活动的关键在于建设一支精干、高效的思想政治教育工作队伍，必要的

专项经费则是建设这支队伍的物质基础。学校要确保思想政治教育专职人员的待遇不低于其他学科教师的待遇，确保思想政治工作者的学习进修、培训提高、社会考察、表彰奖励，以及组织思想政治教育理论研究、课程建设、实践调查、聘请专家学者指导、参与教育活动等所需的经费。

（三）确保贫困生资助经费

贫困生是学校的弱势群体，比其他学生群体更需要思想上的关注和理解、心理上的沟通与疏导。对贫困生进行思想政治教育是思想政治教育的重要任务，直接关系到校园的和谐和稳定。加强贫困生的思想政治教育，必须高度重视对贫困生的扶贫工作，把物质扶贫和精神扶贫结合起来。因此，学校必须加大贫困生扶贫力度，特别是要设立贫困生专项资助经费，扩大学校奖、助、补、减的资助，帮助贫困生解决经济困难。

四、环境支持保障

（一）创造良好的校园物质环境

创造良好的校园物质环境主要是根据校园建设规划，改善设施，美化环境，建设能够体现学校精神的优美校园。学校里那些独具匠心的校园建筑，那些独具特色的建筑艺术，构成了不同的学校风格。校园建筑其实是一种文化符号，它传达着教育者的理念，蕴含着学校的精神，是校园里无声的教师。校园里的建筑、设施、绿化、装修，宿舍的管理、清扫、服务等都是学生陶冶情操的因素，优美的校园环境不仅是"人化"的结果，而且具有"化人"的作用，能使学生受到潜移默化的影响。良好的校园物质环境建设需要整体设计和规划，如根据学校的特色设计既体现民族特色又具有现代风格的教室、图书馆、体育场等设施，根据学校的传统、培养目标设计不同的雕塑、景观等；良好的校园物质环境建设还需要加强管理和维护，要对师生尤其是学生进行环境意识教育，提高学校师生员工的环保意识，要设计各类活动，让学生通过义务植树、义务劳动等形式参与到环境建设当中来。整洁、文明、稳定、优美的校园环境，既是学生健康成长的场所，也是学生文明素养养成的有力保障。

（二）建设良好的校园文化环境

广义的文化包括物质文化和精神文化。狭义的文化指精神文化。校园文化属于狭义的文化，它是学校所具有的特定精神环境和文化气氛，主要包括校园历史传统和被全体师生员工认同的共同文化观念、价值观念、生活观念等意识形态，是一个学校本质、个性、精神面貌的集中反映，具体体现在校风、教风、学风、班风和学校人际关系上。加强校园文化环境建设，应着重加强包括校风、教风、学风、班风在内的校园风气建设。要提炼学校的办学理念，打造独树一帜的学校精神，设计独具特色的校训、校徽与校歌，增强全校师生的凝聚力、荣誉感、自豪感；要抓好教风和学风建设，在全校形成干部职工实事求是、艰苦奋斗、勤政廉政、团结协作、高效严谨、服务周到，广大教师认真负责、耐心细致、治学严谨、开拓进取、为人师表、教书育人，全体同学勤奋学习、积极向上、严谨求实、自强不息、尊师重教、遵纪守法、举止文明、行为高雅的良好局面；要充分发挥学生的个性特长，开展学生喜闻乐见的丰富多彩的学术、科技、体育、娱乐等活动，弘扬主旋律，培养学生对社会主义文化和民族文化的认同感，自觉抵制消极、落后的思想侵蚀和渗透；要从实际出发，引导学生成立各类兴趣小组、社会团体，开展形式活泼、多姿多彩的社团活动和实践活动，使学生开阔视野、提高能力、陶冶情操；还要在全体师生员工中营造尊重、平等、诚信、宽容、互助、和谐的人际关系，促进广大师生员工的密切合作，形成团结统一的集体，以更好地发挥整体效应。良好的校园风气一旦形成，就会像空气一样弥漫于校园，通过暗示、模仿、从众、认同等心理机制，对学生健康成长以及思想政治素质的提高起到促进作用。

（三）营造良好的校园网络环境

为学生营造健康良好的网络环境刻不容缓，学校应做好以下四方面的工作：第一，帮助学生认识网络的本质，学会科学地利用网络获取知识与信息，培养基本的网络素养。第二，开展网络道德教育，引导学生自觉避免沉迷网络，倡导网络文明，养成网络自律精神。第三，加强监控和管理，学校应成立专门的网络管理机构，依靠技术手段，对不良信息进行拦截、过滤和清理，营造"绿色网站"、健康网站。第四，积极创办思想政治理论网站，如"红色网站""学理论网站"等，"以科学的理论武装人，以正确的舆论引导人，以高尚的精神塑造人，以优秀的作品鼓舞人"，坚持正面宣传，弘扬主旋律，抵制打击歪风邪气，营造良好的网络舆论环境。

第三章

思想政治教育信息问题研究

第一节　思想政治教育信息概述

一、思想政治教育信息的内涵

思想政治教育信息是在思想政治教育实践过程中应用或产生的，能够体现思想政治教育本质、展现思想政治教育功能的信息。这是对思想政治教育信息的一个功能定义。从功能的角度来看思想政治教育信息既包括教育者传递给受教育者的思想政治信息，也包括受教育者反馈的思想政治信息，还包括教育者和受教育者互动所产生的思想政治信息，三个方面的信息综合起来才是完整的思想政治教育信息。

思想政治教育信息不同于思想政治信息。从两者联系上看，思想政治信息是思想政治教育信息的基础，没有思想政治信息，也就没有思想政治教育信息。思想政治教育信息运动的过程也是思想政治信息传播的过程。从两者区别上看，首先，思想政治信息和思想政治教育信息来源不同。思想政治信息来自思想政治领域中各要素的运动。思想政治教育信息来自教育者对包括思想政治信息在内的相关信息的有意识收集、整理和使用。其次，思想政治信息是关于思想政治的所有信息，所有思想政治信息都有成为思想政治教育信息的潜质，但是并不是所有的思想政治信息都是思想政治教育信息，只有符合统治阶级意志的，在思想政治教育实践中经过教育者加工过的思想政治信息才是思想政治教育信息。最后，思想政治教育信息和思想政治信息具有不同的功能。只有能够调整一定社会思想政治状态的信息，才能成为思想政治教育信息。另外，思想政治教育信息和思想政治信息相比，其载体更为丰富，形式更为多样。

思想政治教育信息不同于思想政治教育内容。思想政治教育内容，是指根据一定的社会要求和针对受教育者的思想实际，经教育者选择设计后有目的、有步骤地输送给受教育者的思想意识、价值观念、政治观点和道德规范等信息。思想政治教育包括政治教育、思想教育、道德教育、法制教育、心理教育，具有共同性、特殊性以及交叉性等特点。思想政治教育的目标，社会形势的发展变化，受教育者的思想政治品德和个性心理特征乃至思想状况等都是影响思想政治教育内容的因素。思想政治教育内容是思想政治教育信息所要传递的主要内容。思想政治教育内容的利用态、传递态构成了思想政治教育信息的主体部分。同一思想政治教育内容可以有多个利用态、传递态。换言之，多个思想政治教育信息可以表达同一思想政治教育内容。思想政治教育内容和思想政治教育信息的侧重点不同。思想政治教育内容侧重于具体的思想意识、价值观念、政治观点的确定，思想政治教育信息侧重于以什么样的方式和数量呈现思想政治教育内容。有时为了强调思想政治教育信息中的思想政治教育内容部分，也用思想政治教育内容来代表思想政治教育信息。但是，思想政治教育信息不仅仅限于思想政治教育内容的利用态、传递态，还包括诸如思想政治教育信息传播时教育者、受教育者的状态信息。例如，老师讲课时的情感信息，学生听课时的专注状态，虽然不属于思想政治教育内容，但是表达了对某种思想政治教育内容的肯定或者否定态度，因此属于思想政治教育信息。两者的应用范围也不一样。思想政治教育内容相对于思想政治教育形式而言，无论是思想政治教育内容还是思想政治教育形式所呈现的信息，都属于思想政治教育信息。思想政治教育信息的范围要远远大于思想政治教育内容。

思想政治教育信息不同于思想政治教育中介。思想政治教育中介是指占统治地位的阶级和国家与受教育者建立起思想政治教育联系的所有中间介质的总和，它包括国家主体与受教育者之间的所有要素，是由组织中介、传媒中介、关系中介、载体中介、内容中介、教育者中介（事实主体）及其在思想政治教育过程中的实践活动构成的有机整体。两者的区别是：思想政治教育信息贯穿于思想政治教育整个过程、所有的要素，是一个截面。思想政治教育中介是包括思想政治教育过程的组织、传媒、关系、载体、内容、教育者在内的中间环节。思想政治教育中介是介于教育者和受教育者之间的介质总和，不包括教育者和受教育者。而思想政治教育信息要突出研究受教育者内在信息运动。两者不是一个逻辑序列。两者的联系是：思想政治教育中介本身的传播也是思想政治教育信息传播的部分内容，因为思想政治教育中介也是思想政治教育横截面的一部分内容，有的中介本身即为思想政治教育信息载体。研究中介运动，可以丰富对思想政治教育信息运动规律的认识。

二、思想政治教育信息的特征

思想政治教育信息除了具有信息的一般特征，诸如普遍性、表征性、依附性、关系性、间接性、独立性、共享性、整体性、时效性和技术性等之外，还具有如下特征。

第一，具有导向性特征。思想政治教育是一定社会的意识形态教育，其目的就是把人们现有的思想水准提升到符合一定社会、一定阶级要求的应有的思想水准。思想政治教育信息服务于此目的。在思想政治教育过程中，通过教育者与受教育者的互动，教育者用思想政治教育信息引导受教育者得到新的信息，更新观念，改变思维模式，使现有的思想政治信息结构调整到应有的思想政治信息结构，从而实现思想政治教育的目的。要实现这种导向性，思想政治教育信息必须具有明确的口径。思想政治教育信息异常丰富、全面，但哪些信息能成为思想政治教育信息，哪些不能成为思想政治教育信息，应该按照思想政治教育信息标准来确定。思想政治教育信息的导向性，使得思想政治教育信息始终处于竞争的态势之中。思想政治教育信息代表的是一定社会中占统治地位的一定阶级的思想政治信息。在一个社会中，除了这种信息外，还有与之相对立的思想政治信息存在。思想政治教育信息和其他思想政治信息"相比较而存在，相斗争而发展"。这种竞争性既是思想政治教育信息传播的摩擦力，也是思想政治教育信息演化、传播的动力。教育者在这种竞争的信息环境中用思想政治教育信息引导受教育者逐渐形成特定的思想观点。

第二，具有转化性特征。思想政治教育信息来源十分广泛。不仅有思想政治领域的信息，还有自然、社会、教育、心理、学校、家庭、社区、教师、学生等方方面面的信息。甚至可以说，一切信息都有成为思想政治教育信息的潜质。这是因为思想政治在社会生活中无孔不入，每一种信息都会或多或少、或直接或间接地与思想政治相连，都可以从中抽象出若干思想政治教育信息因素，因而可以纳入思想政治教育信息的视野。但是，这些信息犹如伴生矿，必须通过思想政治教育的特殊析取、转化，才能够成为思想政治教育信息。一般信息要转化为思想政治教育信息，需要遵循思想政治教育所提倡的"三贴近"原则（贴近实际、贴近生活、贴近群众），用事实、典型、数字说话，用人民喜闻乐见的形式、鲜活生动的语言回答人们关心的问题，实现从常态信息向思想政治教育信息的转化。

一般信息转化为思想政治教育信息的方法有很多。可以从芜杂信息当中分离出思想政治教育信息，也可以把几个看似无关的信息按照思想政治教育信息的逻辑组合成思想政治教育信息，甚至可以利用一些逻辑、修辞方法引出思想政治教育信息。

思想政治教育信息的转化性本身也说明思想政治教育信息的边界不确定性。信息具有关系性特征，信息主体的反应能力、反应方式以及自身需求等因素不同，信息内容、信息呈现方式、信息呈现程度等也不一样。一名优秀教师可以将信手拈来的信息转化为思想政治教育信息，有些教师却不能。能否成为思想政治教育信息还和接受者有密切关系。受教育者无法接收的信息，无法成为思想政治教育信息。在特定环境当中传播者和接受者的信息状态也可以决定某个信息能否成为思想政治教育信息。

第三，具有创新性特征。思想政治教育信息需要以思想政治教育内容为基础，根据受教育者的具体情况以及教育者自身的情况重新进行建构，需要不断结合新情况、新问题进行新的阐述，这个过程就是创新思想政治教育信息的过程。一个信息是否能够成为思想政治教育信息，依赖于教育者和受教育者对信息的挖掘、联想、理解、领悟。例如，一棵树能否成为思想政治教育信息？如果这棵树和自然联系起来，和人与自然的关系联系起来，和科学发展联系起来，那么就可以成为思想政治教育信息，这个联想的过程也是思想政治教育信息创造的过程。思想政治教育信息的创新性和思想政治教育内容不同，一般而言，思想政治教育内容应该是相对固定的，可以围绕着思想政治教育内容产生数量众多的思想政治教育信息，因此，思想政治教育信息比思想政治教育内容更具有创新性。例如，在学生不同阶段围绕着同样的思想政治教育内容而形成的思想政治教育信息有着很大的不同。"小学讲故事，中学讲历史，大学讲道理"这样的教育思想值得借鉴。故事、历史、道理都体现了思想政治教育的内容，都是思想政治教育信息的表现形式。只有应用这些不同形式的思想政治教育信息，才能符合不同年龄段受教育者的特点，更好地体现教育功能，使思想政治教育内容得以贯彻。

第二节　思想政治教育信息的质量及其提高策略

一、思想政治教育信息的质量

(一) 思想政治教育信息的质

事物的质是一事物成为它自身并区别于他事物的内部所固有的规定性。某物之所以是它自己，而不是他物，就在于其特定的质的规定性。唯物辩证法认为，特定的质就是特定的事物存在本身，质和事物存在是直接统一的。事物的质是内在的，要通过该事物与他事物相互作用才能表现出来。这种表现就是事物的属性。由于事物之间的复杂联系，事物呈现出多重属性。根据在确定质上的不同作用，属性又分为本质属性和非本质属性。要在事物的诸多属性中，确定哪些是对事物的质具有决定作用的本质属性，必须考虑到社会实践的需要，把实践作为实际的确定者。离开人类实践去确定事物的质，也就失去了实际意义。信息是事物的内部结构、运动状态及其变化方式的反映和再现。信息作为关系性范畴，它的质是多重存在的。相对于本体而言，信息具有呈现本质；相对于主体对信息的把握而言，信息具有意义本质；相对于主体价值而言，信息具有效用本质。思想政治教育信息的质即思想政治教育信息的品质，也就是思想政治教育信息所固有的内在规定性。毫无疑问，思想政治教育信息的质也是多重存在的，具有呈现本质、意义本质和效用本质的特点。把握思想政治教育信息的质，必须考虑思想政治教育实践的要求。只有在思想政治教育实践当中，才能更充分地理解思想政治教育信息的质的规定性。

（二）思想政治教育信息的量

在唯物辩证法的思想中，事物的量是事物的规模、程度、速度以及它的构成成分在空间上的排列组合等，可以用数量表示的规定性。量的规定性又可分为内涵的量和外延的量。外延的量是表示事物存在的范围和广度的量，内涵的量是表示事物等级程度、构成方式、功能过程的量。质和量是事物两种不同的规定性，质和事物的存在是直接同一的，而量与事物的存在并不直接同一。同一事物在一定范围内数量的增减、功能的变化、结构的变动并不影响某物之为某物。任何事物都是质和量的统一体。对于信息量的考察，也要从信息的质和量相统一的角度去考察。信息多级质的存在，必然有相应的量的规定性。思想政治教育信息的量即思想政治教育信息在数量上的规定性。思想政治教育信息多级质的存在，使得思想政治教育信息的量有不同的内容。

二、提高思想政治教育信息质量的策略

（一）通过话语创新提高思想政治教育信息的质量

第一，在时事中进行挖掘。话语创新离不开"新"的事实。面对同一理论，思想政治教育要不断用新的事实替代已有的事实去说明问题。思想政治理论课是和社会现实结合最为紧密的课程。思想政治理论课教师要自觉地用马克思主义理论分析当下发生的时事，理论应用得越多、越彻底，思想政治理论课的说服力就越强。

第二，在交流互动中得到启迪。同行之间的交流、师生之间的交流等都能给思想政治理论课话语创新以启迪。当代学生具有独特的话语系统。思想政治教育要取得良好的效果，就必须找到思想政治教育话语系统和学生话语系统的接口，并进行有效对接，才能使思想政治教育进入到学生的话语系统中。例如，学生遇到好事的时候常说"人品大爆发"，其隐含的逻辑前提是"做好人就会有好事"，承认了思想道德修养的重要性。这样的语言不

妨应用到教学中去。同时，也要努力转换话语视角，把思想政治理论课中的理论和学生的实际生活结合起来。例如，讲到科学发展观时，要提出这样的问题：学生如何以科学发展观为指导，实现科学发展？讨论这个话题，就能够把理论和学生的实际生活紧密结合起来，使学生在探索自己如何发展的时候受到更多的启迪。

第三，在网络中分析语言。网络已经成为人们生活的一部分，也日益成为思想政治教育环境的一部分。由此，社会话语也呈现出网络化、娱乐化和西方化的特点。网络是一个原生态的话语宝库，其中的语言丰富无比，对其语言进行分析，有利于思想政治教育的话语创新。

第四，从生活、文艺作品中撷取话语。"处处留心皆学问"，生活中、文艺作品中的很多语言可以为思想政治教育所借鉴使用。生活中、文艺作品中的话语大多形象、幽默而不乏深刻。思想政治教育既需要有清晰的思路，也需要从生活中、文艺中汲取形象化、趣味化的话语，才能使思想政治教育充满生活的气息、审美的气质，从而使思想政治教育"以正合，以奇胜"。

第五，从其他学科中迁移话语。从其他学科中迁移话语历来是各种理论创新、话语创新的一个途径。例如，"市场是一只看不见的手"的说法就是亚当·斯密（Adam Smith）从牛顿的著作中引用的。思想政治教育的对象来自不同地域、不同家庭，受教育者丰富的背景为思想政治教育提供了极其丰富的话语创新资源。思想政治教育者更要善于把各行各业的术语灵活地迁移到思想政治教育中来。

（二）通过逻辑方法提高思想政治教育信息的质量

总体而言，话语创新必须遵循而不可违背形式逻辑的基本规律。形式逻辑的基本规律是同一律、矛盾律和排中律。同一律要求在同一思维过程中，每一个概念、判断都必须是确定的，并且与自身前后保持一致，用公式表示为"A 是 A"；矛盾律要求同一思维过程中，两个互相矛盾的思想不能并存、同真，用公式表示为"A 不是非 A"；排中律要求在同一思维过程中，两个互相矛盾的思想不能同假，必定有一个是真的，用公式表示为"A 或者非 A"。这三条基本规律从不同侧面要求思维具有同一性。

思想政治教育有着明确的立场、观点、方法，创新思想政治教育话语在逻辑层面必须符合逻辑同一律、矛盾律和排中律的要求。话语创新要遵循同一律的要求，坚持从思想政治教育预设的立场、观点、方法出发，不能任意扩大或缩小思想政治理论概念的内涵和外延，更不能使它变成另一个概念。整个话语创新过程必须保持概念的前后一致。我们要注意区分容易混淆的概念，区分概念的过程既是明晰概念的过程，也是话语创新的过程。要遵循矛盾律、排中律的要求，在大是大非面前，该坚持什么，该反对什么，要有鲜明的立场和态度，思想的无矛盾性是话语创新的基本原则，不能容忍"模棱两可""模棱两不可"

等违背矛盾律、排中律的错误。

在批驳一些错误观点时，如能挖掘出对手自相矛盾的地方，话语的说服力就能大大增强。像"双重标准"这种情况就是违背矛盾律的典型表现。

（三）利用推理改善思想政治教育信息质量

1. 探求思想政治教育信息因果联系的"五种武器"

思想政治教育中存在很多因果性论述，因此，发现、阐述因果联系是思想政治理论课话语创新的重要手段。在互相联系的许多现象中，如果一现象出现，必然会引起另一现象的出现，那么前者为因，后者为果。现象之间的因果联系具有复杂性。一个原因可以产生多种结果，一种结果可能由多个原因引起。探寻因果关系的推理可以采用求同法、求异法、契合差异并用法、共变法和剩余法。求同法就是在被研究现象出现的若干不同场合中寻找出共同原因的方法。这种方法是异中求同。求异法是在被研究现象出现与不出现的两个矛盾场合中，通过比较来寻找出由于某一原因而导致某一结果的方法。这种方法是同中求异。契合差异并用法就是求同法和求异法一起使用的方法。共变法就是看一种变化是否会引起另一种变化。剩余法就是减去已知部分，确定另外一部分的方法。思想政治理论课话语创新要善于使用这些因果联系方法进行话语创新。

在使用这些因果联系方法的时候，要注意避免诸如将时间或空间上相邻的事情当作因果关系、因果关系倒置等错误。

2. 通过类比推理，提高思想政治教育话语的"新鲜度"

类比推理就是通常所说的"打比方"，是根据两个或两类事物在某些属性上相同，推断它们在另外的属性上也相同的一种推理。黑格尔说："类推可说是理性的本能。"类比推理是中华民族所偏爱的一种思维形式。类比推理能把抽象的理论形象化，不仅能够降低学习中的思维强度，而且能使理论获得感性的支撑，从而使人加深对理论的认识，提高对理论的情感认同，因此，类比推理能大大增强思想政治教育的说服力，并为话语创新打开广阔的空间。

思想政治教育中有一类特殊的对比，即把国家和人作比较，这样既可以用人生哲学的道理说明政治道理，也可以用政治道理说明做人的道理。比如，对人生来说，难走的路都是上坡路，好走的路都是下坡路，这个道理同样适用于国家；再如，对国家来说，要坚持科学发展观，人也存在一个科学发展的问题。用人生哲学的道理比喻政治道理，可以使政治道理更接地气；用政治道理比喻人生道理，可以使人生道理更深刻。

类比推理虽然可以给抽象的理论以形象化的视野，有助于增强说服力，但是它不是严格的推理形式，因此，在使用类比推理的时候既要善于找到两类事物之间的相同性进行类比，也要注意两类事物之间有无重大差异，以及相关性如何、有无遗漏信息等情况，从而避免作不恰当的类比。

第三节 思想政治教育信息的载体及其创新

一、思想政治教育信息的载体

凡是承载思想政治教育信息的载体即为思想政治教育信息载体。载体必须装载着思想政治教育信息，才能算思想政治教育信息的载体。载体好比一个舞台，只有思想政治教育信息在场，才能成为思想政治教育信息载体。思想政治教育信息和思想政治教育信息载体存在的一个基本矛盾，即思想政治教育信息的整体性和思想政治教育信息载体的独立性之间的矛盾。思想政治教育信息本身是完整的，具有共享性、可复制性、可处理性等特征。但是每一个承载思想政治教育信息的事物或者活动是独立的，有着自身的运动规律。思想政治教育信息离不开载体，但载体本身具有独立性，使得思想政治教育信息有离散的倾向。这个基本矛盾的演变决定着思想政治教育信息的运动样态。

二、思想政治教育信息的载体的创新

（一）载体要富有吸引力、感染力

设计的载体首先要吸引受教育者的注意力。思想政治教育实践中，会经常发现有些受教育者很难进入接受思想政治教育的状态，即使在场，也是"思接千载，神通万里"，总是跑神，也有受教育者总是把注意力集中到别的课程学习上去了。况且有了手机、平板电脑这些更能吸引注意力的东西，受教育者很容易就被这些信息设备吸引过去。这种"身在曹营心在汉"的状态降低了思想政治教育的效果。这要求我们要不断提高思想政治教育信息载体的吸引力和感染力，以使受教育者沉浸在思想政治教育过程中，对于外部的种种诱惑产生免疫力。

语言是思想政治教育最基本的载体，逻辑是思想政治教育最基本的思想工具。教育者首先要尽最大努力驾驭好语言，运用好逻辑。在深入学习理论的基础上，要在表述层面上下足功夫。通过不断锤炼语言，锤炼逻辑，把思想政治教育内容深入浅出地表达出来。这样的语言境界才能够吸引受教育者，并且使受教育者沉浸于其中而受到教育。这既是教育者的基本功，也是教育者在整个事业生涯期间不懈努力的一个方面。

要选择、设计互动程度高的载体。思想政治教育过程中，教育者、受教育者和互动平台构成了互动的要素。教育者和受教育者之间、受教育者之间、受教育者和平台之间互动程度高，受教育者就容易进入角色，在互动之中使精神专注起来。例如，组织良好的课堂讨论就容易点燃受教育者参与的热情，营造思想政治教育的"信息场"，可以使教育者、受教育者都处于激活状态，在思想碰撞之中领悟理论，激发灵感，消除疑惑，增强信心。要选择、设计具有审美效果的载体。美的事物总是令人向往，能激发人的美感，进而引导人去求真求善。我们不妨从美好的事物开始，让受教育者在审美过程中昂扬斗志，去体悟思想政治教育带来的真和善。

要选择、设计能够充分发挥受教育者潜力的载体。思想政治教育的一个重要功能就是开发功能。所谓开发功能，是指通过思想政治教育，最大限度地发挥人的主观能动性和发掘人的内在潜能。选择、设计能够发挥受教育者潜力的载体，就是要尊重受教育者的兴趣爱好，发挥受教育者的特长与优势，充分调动受教育者的积极性、主动性和创造性。秉持这个原则，很多的事物和活动都可以设计到载体里面。例如，在教育者指导下放手让受教育者开展校园文化活动就是很好的载体，它能够充分调动学生的积极性、主动性，释放受教育者的活力和创造性。再如，课堂上分组自学自讲，也能起到类似的作用。

（二）载体要选择受教育者认同度高的人和事来"借宾定主"

思想政治教育载体一方面出自教育者的设计，另一方面这种载体应该是受教育者主动接受的。发现、使用及创新受教育者所主动接受的载体，就要了解受教育者的"口味"。如果出现"众口难调"的情况，就要多设计几种载体来满足不同受教育者的不同口味。一般而言，符合受教育者口味的载体能够获得较大的认同。有了对载体的认同感，受教育者对思想政治教育信息的接受就顺畅多了。口碑较好的公众人物也容易获得受教育者的认同，教育者设计载体的时候，应该巧妙地利用这一点，让思想政治观点通过公众人物的嘴说出来。影视界起用一批一线青年演员来演革命题材影视剧，进行爱国主义宣传和近现代史教育，从思想政治教育角度来说，也是寻找受教育者认同度高的思想政治教育信息载体的一种尝试。

（三）浓厚的"载体转向"意识

思想政治教育信息载体的发现、使用及创新，归根结底要求思想政治教育工作者具有浓厚的载体意识。信息运动离不开载体，离开了思想政治教育信息载体，思想政治教育信息就不可能存在。发现、使用、创新载体就是在传递思想政治教育信息。可以说，任何人和事物都有成为思想政治教育信息的潜质，思想政治教育工作者不妨经常观察、思考一下，能为哪些人和事附加上思想政治教育信息，从而让这些人和事实现"载体转向"，变成思想政治教育信息载体。教育者需要时时具有载体意识，要善于从正在发生的事情中，从周围日常生活琐事中，从受教育者自身面临的问题中去发现载体、使用载体、创新载体。"世事洞明皆学问，人情练达即文章。"这里不妨将"世事洞明"理解为思想政治教育工作者能够站在历史的高度和时代的潮头，利用马克思主义的立场、观点、方法去观察问题、分析问题、解决问题；将"人情练达"理解为能够对受教育者的思想特点、思想状态、社会思潮、个性心理、社会心理理解透彻。教育者必须不断地提高对载体重要性的认识，努力做到世事洞明、人情练达，并以世事、人情作为载体，这样才能够做好思想政治教育这门学问、这篇"文章"。

第四节　思想政治教育信息素养的提高

一、提高对思想政治教育信息素养的"觉"与"悟"

所谓"觉"即对思想政治教育信息本体的知觉，所谓"悟"即对信息价值的领悟。在我们所处的这个时代，信息素养影响着我们能力的提高、影响着我们生存和发展的状态，它绝对不是可有可无的一种品质。因此，必须高度重视自身信息素养的提高。在遇到问题时，能够想到通过广泛地收集信息、分析信息，从而找到切实可行的思路去解决问题，这就是有信息觉悟的表现。思想政治教育信息总是处于不断的变化之中，新的问题不断涌现，因此，思想政治教育工作者不能守旧，而要有充分利用信息的意识，通过对相关信息的分析去解决问题。

提高信息素养的"觉"与"悟"，具体来讲包括以下内容：首先，要提高对信息的敏感度。要能够从大量的、司空见惯的甚至微不足道的事物和社会现象中，发现有价值的信息，并能迅速地捕捉住、迅速地转化为思想政治教育信息。应当努力锤炼这种敏感性。否则，有价值的信息带来的机会可能稍纵即逝。其次，要懂得把注意力，把人的心理活动长久地指向、集中于发现、了解、搜集、组织、运用思想政治教育信息上，形成一种习惯性的倾向。最后，提高对信息价值的判断力，能够准确判断信息的价值，并进行筛选。

信息意识素养是信息素养的灵魂。只有具备较高的信息意识素养，才能自觉地学习信息知识和技能，自觉地按照信息素养的规范要求自己，最终提高自身的信息能力。信息知识水平是信息意识形成的重要基础。因此，深入了解信息的作用，了解信息技术带来的社会影响，了解政治、经济、文化、社会以及人的信息化的必然趋势，才能自觉地提高信息意识。

二、提高思想政治教育信息素养要在整合上下功夫

从一定程度上说，信息能力就是使用电脑和网络的能力。更集中一点，就是软件的应用能力。一般而言，需要掌握操作系统、文字处理、上网浏览、搜索以及多媒体处理等技能。对于这些软件，只有尽可能多地、尽可能详尽地掌握，才能更好地处理信息。对信息技术利用得越充分，思想政治教育信息处理的效率就越高。需要说明的是，信息技术的应用应该结合思想政治教育主体的工作、学习和生活来进行，将信息技术整合进去，成为工作、学习和生活的一部分，这才是真正的信息化，才能真正发挥信息技术的作用。在进行整合的时候，应当充分利用不断发展的信息技术，来实现资源共享和沟通协作。

三、不断提高对信息的选择、组织和利用能力

信息的选择是人们对信息价值的分析、判断和取舍的活动。信息的组织是根据主体的需要对信息进行有序化的活动。信息利用则是指将获取的信息用于学习、研究与使用的行为。要对信息进行选择、组织和利用，必须先对信息进行评价。进行信息评价时，应考虑信息的内容质量、信息的范围、信息的易用性、稳定性和连续性等方面，取用高质量的信息，抛弃无用甚至有害的信息。在此基础上，要对所选择的信息进行有效的组织，按照一定的标准使之有序化，并不断更新，使之成为有使用价值并且便于使用的知识。

四、遵守信息规范

信息规范是法律、道德等规范在信息网络中的延伸。随着信息技术的进步，人们所处的信息环境在不断变化，因此必然要改变相应的规范。法律和道德属于社会意识形态的范畴是第二性的，但是，法律、道德规范一旦变得完善，就可以对维护良好的信息环境起到重要的作用。因此，要保持一个好的信息环境，就要了解与信息获取、使用相关的法律法规、道德规范。信息规范内容十分广泛，如隐私与安全、信息获取使用的限制及费用、知识产权、言论底线等。思想政治教育工作者要熟知关于信息的法律规范、道德规范甚至是技术规范，并努力提高这方面的修养。

五、积极进行自我心理调适

信息化是人类面临的一个新环境。在这个新环境中，信息不断膨胀，新的信息技术层

出不穷。网络中的不良信息层出不穷，个人隐私屡屡被曝光、滥用，未成年人沉迷于网络游戏不能自拔，面对如此复杂的信息环境，人们容易产生焦躁、不安等不良情绪，甚至产生网瘾等较为严重的心理疾病。面对信息化社会，有些人甚至是未受其利反受其害。因此，信息化过程中的自我心理调适显得尤为重要。首先，要有自我调适的意识，即清楚在处理信息的过程中会发生心理变化，需要调适自己。其次，处理信息应当采取"以我为主"的原则，要根据自己的需要选择信息，让信息为自己的需要服务，而不是跟着信息跑，在无穷无尽的链接中迷失自己。最后，提高自控能力，面对各种各样的信息，要把注意力集中起来，避免过度分散注意力；在信息环境下进一步提高自身的思维能力，避免"学而不思"，仅大规模地采集信息而不能有效地处理信息。抵制不良信息的诱惑，抵制对信息的贪婪也是保持好心态的重要途径。

总之，思想政治教育工作者要不断提高自身信息素养，深化对思想政治教育信息的觉悟，不断提高自身信息技术水平，提高选择信息、组织信息的能力，遵守信息规范，积极进行自我心理调适，才能够在当下复杂的信息环境中更好地完成思想政治教育使命，推动思想政治教育的发展和进步。

第二篇
高校思政篇

▶ 第四章

新时代高校思想政治教育机制构建

～～～～～～～～～～～～～～～～～～

高校思想政治教育机制指的是贯穿高校思想政治教育过程的各要素,按照一定的组合方式而形成的相互关系和运行方式,即高校为满足思想政治教育需要,实现思想政治教育目的而设立的一套组织机构,以及由此形成的机构与机构之间的相互关系、运作过程与过程关系。高校思想政治教育机制构建强调的是,高校思想政治教育各组织机构的职能得以和谐有效地发挥。作为培养社会主义建设者和接班人的重要高地和各种思想文化交流的前沿阵地,高校承担着培养国家和社会栋梁,落实党的教育方针、政策的重大历史使命和责任。高校应主动创新思想政治教育机制构建,优化各组织机构,增强高校思想政治教育的实效性,将大学生的政治立场、政治态度、政治方向统一到社会主流意识形态之中。

第一节　构建高校思想政治教育纵向贯通机制

高校思想政治教育机制主体是由高校党委、宣传部、学生工作部,以及学院党委(总支)、教师党支部、学生党支部等组织构成的纵向运行机制。畅通不同层级组织关系,确保高校思想政治教育纵向机制的顺畅运行,是提升高校思想政治教育实效性的关键。

一、加强高校党委在思想政治教育中的领导作用

高校党委统一领导学校的思想政治工作,承担着学习、宣传和执行党的路线、方针、政策,培养有理想、有道德、有文化、有纪律的社会主义事业的建设者和接班人的重要职责。

高校党委也是贯彻落实党的教育方针、培养社会主义事业接班人，办好新时代中国特色社会主义高等教育的重要组织保证。新时代构建高校思想政治教育纵向贯通机制需要增强对高校党委在思想政治教育中重要性的认识，提升高校党委在思想政治教育中的领导能力和核心作用。

（一）深化高校党委在高校思想政治教育中领导作用的重要性认识

高校党委是贯彻落实党的教育方针政策的重要主体。对于一个政党来讲，教育是巩固其执政基础的重要途径；对于一个国家来讲，教育是维系其经济社会发展的必然选择，任何国家、任何制度概莫能外。我国是中国共产党领导的社会主义国家，教育的根本任务就是培养具有坚定政治立场和定力的德、智、体、美、劳全面发展的社会主义建设者和接班人。高校是人才的聚集高地，高校教师是人类灵魂的工程师，高校大学生是十分宝贵的人才资源，是民族的希望，是祖国的未来。加强和改进高校思想政治教育，就是要坚持不懈传播马克思主义科学理论，抓好马克思主义理论教育，为学生一生成长奠定科学的思想基础；就是要引导大学生正确认识世界和中国发展形势，从中国共产党探索中国特色社会主义的历史发展和伟大实践中，认识和把握人类社会发展的历史必然性，认识和把握中国特色社会主义的历史必然性，不断树立为共产主义远大理想和中国特色社会主义共同理想而奋斗的信念和信心；就是要正确认识时代责任和历史使命，激励学生自觉把个人的理想追求融入国家和民族的事业中，勇做走在时代前列的奋进者、开拓者；就是要广泛开展中国特色社会主义理论体系学习教育，引导师生深刻领会党中央治国理政新理念、新思想、新战略，坚定中国特色社会主义道路自信、理论自信、制度自信、文化自信。当前，面对复杂的国内国际环境，高校党委是党对高校思想政治教育工作进行领导，确保高校思想政治教育始终秉承党性原则，确保党的理论和路线方针政策，中央重大工作部署，中央关于形势的重大分析判断等纳入高校思想政治教育的主要内容和重点任务的重要主体。加强高校党委的领导，确保党的路线方针政策得以贯彻落实，才能确保高校师生站稳政治立场，坚决同党中央保持高度一致，坚决维护中央权威，成为具有坚定理想信念的社会主义建设者和接班人。随着高校思想政治教育全员育人的推进，高校党委自身具备的统揽全局、协调各方的功能更为凸显。只有进一步坚持和加强高校党委对高校思想政治教育的领导，才能号召各系统、各部门党政管理干部，各学院专任教师、政治辅导员，涵养立德树人意识和责任，自觉引领大学生健康成长成才，从而打造全员育人共同体，汇聚"多维育人"动力源，形成党组织统一领导、部门分工协作、党政工团齐抓共治、师生员工充分参与的育人格局。

（二）构建以高校党委为领导核心的体制机制

加强党对高校思想政治教育工作的领导，必须将党委打造成为一个坚强的领导核心，始终贯彻党委领导下的校长负责制。高校领导班子要成为坚持社会主义办学方向，善于领导高校科学发展、团结奋进的坚强领导集体。高校各部门干部任免、人才晋升，思想政治教育阵地建设、发展规划、项目安排、资金使用、评价评奖活动等，都应由高校党委集体研究决定。要在贯彻落实党委领导下的校长负责制前提下，积极发挥学校行政领导在高校思想政治教育工作中的主体作用，高校党委书记主持党委全面工作，对党委工作负主要责任，校长及其他行政领导班子成员要自觉接受党委领导，贯彻执行党委决定，并根据分工落实思想政治教育工作的领导责任、直接责任、第一责任人职责，定期听分管部门工作汇报、研判形势、决策督办。要建立高校党委书记、校长带头讲党课制度，在全校营造良好的思想政治教育氛围。此外，构建以高校党委为领导核心的体制机制，还要压实以党委领导、高校各级党组织为主体的纵向领导体系，确保党对高校思想政治教育工作的领导向纵深发展、向基层延伸，并在一线落实。

（三）建立高校党委对思想政治教育工作的监督机制

加强和改进党对高校思想政治教育工作的领导，不仅需要健全的组织体制，还要通过高校党组织和党员行为权威示范引领，赢得广大师生的认同，从而提升领导的权威性和合法性。高校党委要提升思想政治教育工作的实效性，才能办好中国特色社会主义大学。为此，高校党委要强化压力传导，压紧、压实高校各级党组织狠抓思想政治教育的职责，进一步加强和改进自身对高校思想政治教育的领导制度，建章立制，认真贯彻《党委（党组）落实全面从严治党主体责任规定》，建立各部门履行高校思想政治教育职责清单和失职、渎职责任处理机制，建立学校各级党组织抓思想政治教育的述职评议考核全覆盖，职能部门党组织和教学科研单位党组织向学校党委述职，师生党支部向院系党组织述职的制度，形成一级抓一级，层层抓落实的工作监督机制。此外，针对高校思想政治教育工作的特点，要制定高校党员干部思想政治教育工作纪律要求和思想政治教育工作考核办法，建立指标体系，要用好党内监督"利器"，严格落实党风廉政建设的"两个责任"，切实发挥高校党委和纪委对党员干部执行高校思想政治教育纪律的监督作用，建立有力的督察督办制度，做到有责必问、有责必查、有责必究。

二、增强高校基层党组织在思想政治教育中的堡垒作用

高等学校院（系）及以下教学、科研、管理、服务机构，根据工作需要和党员人数，经

高校党委或上级党组织批准设立的党的基层委员会、总支部委员会、党支部委员会构成了高校的基层党组织体系。高校基层党组织是党在高校的工作基础和战斗堡垒，关系高校学科建设、人才培养、师资队伍、科学研究、社会服务等各项事业发展。面对新时代高校思想政治教育的新形势、新挑战和新要求，有效激发高校基层党组织新的活力，使高校思想政治教育迈入新时代、实现新发展的坚强保障。

（一）提升高校基层党组织在思想政治教育中的功能认识

2016 年，中共中央、国务院印发《关于加强和改进新形势下高校思想政治工作的意见》（以下简称《意见》），《意见》指出，加强和改进高校思想政治教育应遵循全员全过程全方位育人原则。把思想价值引领贯穿教育教学全过程和各环节，形成教书育人、科研育人、实践育人、管理育人、服务育人、文化育人、组织育人长效机制。高校全员育人是指高校党政系统、各职能部门、各教学单位和全体教职员工以教师学生为重要群体，以实现育人目标为中心，切实履行育人义务和责任，各成员立足自身岗位特点发挥各自的优势，构建以课程、科研、实践、文化、网络、心理、管理、服务、资助、组织为要素的十大育人体系，形成党政工团齐抓共管，横向到边，纵向到底，专兼结合，运转协调的有机整体，以增强育人的针对性和实效性。高校党组织分布在高校各系统、各职能部门、各教学单位、教师学生群体之中，党组织形成的立体式网络化布局，具有动员、引导各系统、各群体围绕育人目标，参与高校思想政治教育的组织优势。要激发高校各教育部门进行思想政治教育的积极性，提高立德树人实效，就需要充分发挥基层党组织在推进思想政治教育工作中的战斗堡垒作用。分布在高校各系统、各部门和各教学科研机构的基层党组织要切实贯彻落实高校党委有关高校思想政治教育工作的决策部署，定期召开基层党组织工作会议，将党的教育路线、方针、政策精神和内容传达到每位教职工，将思想政治教育工作要求纳入部门工作规划，从而构建三全育人格局。

（二）加强高校基层党组织建设

高校院系党委（党总支）、师生党支部等基层党组织和党员队伍建设是高校党的建设的重要基础性工程，是团结、组织广大师生的凝聚力工程。加强高校基层党组织建设，充分发挥高校机关党委（党总支）、院系党委（党总支）以及师生党支部在高校思想政治教育工作中的政治核心作用既是贯彻落实党的教育方针，提升高校党组织对高校思想政治教育工作的领导作用的必然要求，也是团结、动员高校各系统、各部门以及师生员工参与思想政治教育工作的需要。加强高校基层党组织在高校思想政治教育工作中的战斗堡垒作用，首先要求强化院系党委（党总支）和师生党支部建设。院系党委（党总支）和师生党支部是高校教育和管理党员的基本单位，抓好院系党委（党总支）、师生党支部建设就抓住了高校党建工作的基础一环。要坚持将党支部建在教研团队上，建在班级课堂上，建在学生社区上，建在学生社团上，确保教育科研推进到哪里，党的建设就跟进到哪里，党支部的战斗堡垒作用就体现在哪里，为做好高校思想政治教育工作，办好中国特色社会主义大学提供坚强的组织保证。其次，要认真做好党的基层组织负责人的选配工作，要推选出业务能力强、专业技术知识扎实、党建理论功底深厚、群众基础好的专家学者担任基层党支部书记，发挥基层党支部书记在思想政治工作中的引领作用。此外，还要在教师队伍中发展党员，充实高校基层党组织队伍，完善高校基层党组织队伍结构。

（三）完善高校基层党组织工作机制

发挥高校基层党组织在高校思想政治教育中的战斗堡垒作用，还要进一步充实基层党组织工作内容，完善基层党组织工作机制，强化基层党组织在高校职能部门、教学科研机构中的领导核心作用。高校各部门、各院系要将思想政治教育工作纳入院系党政联席会、党组织会议的重要议题，定期研究，推动各项工作任务和要求的贯彻落实；师生党支部要切实担负起党员教育、管理职责，发挥其覆盖面广、联系党员群众深的优势，做好群众宣传、联系和服务工作。高校教务、人事以及学生工作部门要在教育教学、科研管理、教师考核评聘以及学生评优评先中严把政治关，运用考核导向作用，引导师生增强对高校思想政治教育重要性的认识，提升政治思想素质，增进政治认同。

三、发挥高校党员在思想政治教育中的带头作用

高校教师、学生党员既是劳动人民中的普通一员，又是具有共产主义觉悟的先锋战士。发挥高校教师、学生党员的先锋模范带头作用，使工作在高校不同系统、不同部门，具有不同身份和职位的师生党员立足自身岗位，积极推动高校思想政治教育工作，是进一步提升高校思想政治教育实效性的关键。

1. 发挥师生党员带头作用是培养社会主义事业接班人的根本要求

当今社会，最大的竞争就是人才的竞争，而人才的竞争归根结底就是教育的竞争，只有教育办得好，才会有越来越多的人才涌现，国家和社会才会充满活力。高校是人才的聚集高地，高等教育是民族振兴、社会进步的重要基石，是提高人民综合素质，促进人的全面发展，增强中华民族创新创造活力，实现中华民族伟大复兴的关键工程。高校教师是人类灵魂的工程师，是人类文明的传承者，承担着传播知识、思想和真理，塑造灵魂、生命和时代新人的重任。教师对学生的学业发展、处事行为有直接的影响。高校大学生是十分宝贵的人才资源，是民族的希望、是祖国的未来，是推进社会主义建设事业、实现中华民族伟大复兴的核心主体。加强高校思想政治教育工作一方面要针对高校教师队伍开展思想

政治教育工作，通过师德师风建设，使高校教师始终坚持教书和育人相统一，坚持言传和身教相统一，坚持潜心问道和关注社会相统一，坚持学术自由和学术规范相统一，引导广大教师以德立身、以德立学、以德施教，对高校人才培养具有非常重要的意义；另一方面要加强和改进大学生思想政治教育，提高大学生的思想政治素质，把他们培养成合格的中国特色社会主义事业的建设者和接班人。中国共产党是中国特色社会主义事业的领导核心，高校思想政治教育工作也必须在党的领导下进行，唯有这样，才能确保高校始终坚持社会主义办学方向。只有坚持扎根中国大地办教育，坚持以人民为中心发展教育，坚持把服务中华民族伟大复兴作为教育的重要使命，才能确保中国高校成为为国家源源不断输送合格人才的基地。在高校思想政治教育工作中发挥共产党员的先锋模范作用，就是要求师生党员要把执行党的现行政策，同坚持党的理想和按照《中国共产党章程》对党员的要求统一起来，在高校思想政治教育工作中，通过师生党员的骨干、带头和桥梁作用，影响和带动周围的群众，共同推进高校思想政治教育工作，培养社会主义事业接班人。

2. 明确师生党员带头作用的内容

中国共产党是工人阶级的先锋队，也是中国人民和中华民族的先锋队。党员是构成党组织的细胞，党员充分发挥先锋模范作用是党的先进性的集中体现和重要基础。高校师生党员在思想政治教育工作中的先锋模范作用主要体现在以下三个方面。首先，要牢固树立坚定的理想信念。思想政治教育工作是中国特色社会主义高校的"铸魂工程"。当前，高校大学生大多是成长于中国经济建设发展最快、成就最大、科学技术发展最为迅速时期的观念开放、价值多元的"00后"，具有鲜明的时代特征。在此背景下，发挥师生党员的先锋模范作用首先要求师生党员关心国家大事，政治上要求进步，思想上能够牢固树立共产主义理想、社会主义信念和正确的世界观、人生观、价值观，自觉抵制各种错误思潮的侵蚀，与党保持一致，以身作则，并积极影响身边同学。其次，要具备始终坚持与时俱进，不断解放思想转变观念的品质。高校思想政治教育的重要内容就是宣传、贯彻、落实党的路线、方针和政策。党的路线、方针和政策是做好一切工作的先决条件。为此，高校师生党员要不断加强学习，及时掌握能指导当前社会实践的新理论、新概念，确保知识体系的及时更新，也要不断摆脱旧框架的束缚，善于从不同角度认识新生事物，同时还要适应千变万化的时代要求，用新的工作方法来解决思想政治教育工作中出现的新问题，以自己的模范行为影响和带动群众。此外，发挥高校师生党员的先锋模范作用，只讲大道理是不行的，没有精湛的专业知识和业务能力，先锋模范作用难以显现。为此，高校师生党员必须刻苦钻研本职业务，努力提高为人民服务的本领，争创一流的成绩。最后，高校师生党员的先锋模范作用还通过遵守党的纪律得以体现。党的纪律是党的生命力所在，也是党不断发展壮大保持先进性和战斗力的重要保证。党的路线方针政策需要严明的纪律保障才能得以贯彻落实。高校师生党员的先锋模范作用要通过严守党的纪律、维护党中央权威、认真履行义务、正确行使权利来体现。

3. 健全师生党员发挥带头作用的机制

共产党员的先锋模范作用应该是全方位、多层次的。高校思想政治教育是针对高校教师和学生的活动，高校师生党员是一个特殊群体，主要影响范围在校园中。高校师生党员的先锋模范作用应全面体现在其学习、工作、生活等方面，与其日常工作和生活行为与表现密不可分，为此需要从以下两个方面入手，构建高校师生党员发挥先锋作用的机制。首先，要健全党员发展、培训和考核机制，严格坚持成熟一个、发展一个，不达到入党标准的坚决不发展。要建立一套考核激励体系，在考核中锻炼党性，弘扬正气，敢为人先，发挥先锋模范作用。要积极开展培训，通过设置一些目标式培训，提升师生党员能力，培养师生党员推进高校思想政治教育工作的使命感、责任感，增强高校师生党员的组织能力和号召力。其次，要建立高校师生党员联系学生群众机制，充分发挥大学生辅导员、班主任、专业教师、宿舍管理员对大学生成长、成才的培养、监督作用；发挥高校党政管理干部对普通教师的帮扶带动作用，全方面建立党员与群众的联系机制，做到全程参与、形成合力，为师生党员保持先进性、发挥先锋模范作用提供保障和服务。

第二节　构建高校思想政治教育工作部门横向联动机制

新时代高校思想政治教育面临的形势复杂、任务严峻，需要多部门协同推进。对此，《意见》提出，坚持全员、全过程、全方位育人（以下简称"三全育人"），要求将思想政治工作贯穿教育教学全过程，把思想价值引领贯穿教育教学全过程和各环节，形成教育育人、科研育人、实践育人、文化育人、组织育人长效机制。在"三全育人"背景下，需要高校党政部门摒弃部门利益倾向，提升认识，基于职能分工，加强横向联动，协调合作，共同推进高校思想政治教育工作。

一、提升高校思想政治教育工作部门的育人意识

理念是行动的先导，理念不是固定不变的，而应随着环境和条件的改变而改变，唯有这样，才能适应形势变化，推动发展更新。理念也不是自然产生的，是在实践过程中逐步形成的，需要在理论学习中不断深化。构建高校党政部门在思想政治教育工作中的横向联动机制，需要高校党政部门转变观念，增强思想政治教育工作的主动性、自觉性。

1. 高校思想政治教育环境的复杂性要求提升党政部门的立德树人意识

思想政治教育是在一定环境中存在和发展的。思想政治教育环境是思想政治教育要素之一，影响着思想政治教育主体、客体和中介等其他要素，并影响着思想政治教育全过程。高校思想政治教育也是在一定环境下产生和发展的，高校思想政治环境不仅涉及一个社会的经济、政治、技术发展所形成的物质硬件环境，还包括社会传统、社会文化、国际氛围等构成的软环境。高校思想政治环境既包括国内外经济、政治、文化、社会等发展构成的宏观环境，也包括与高校师生活动直接相关的学校环境。当前，党和国家高度重视高校思想政治教育工作，高校思想政治教育工作迎来了最好的时代。然而，当今国际环境复杂多变，各类信息通过互联网、自媒体等途径疯狂涌入高校，加上我们还处于社会主义初级阶段，发展不平衡、不充分问题仍旧存在，从而给高校思想政治教育工作带来了极大的挑战和困难，加之互联网、自媒体对思维活跃、好奇心强以及接受新事物快的大学生具有天然的吸引力，并很快与之形成共生关系，这都在一定程度上增加了高校思想政治教育工作的难度，需要高校党政部门自身提升积极开展思想政治教育工作的意识，并通过课堂教学、课外活动、专业教育、思想政治教学、管理服务、组织机制、文化氛围等全方位营造积极正向的思想政治教育工作环境。

2. 以效率为价值取向的传统观念妨碍了高校思想政治教育工作部门立德树人意识的形成

高校既是按知识和学科逻辑组织起来的学术机构，也是带有一定行政化色彩的科层组织。学术系统以自由和平等为基本价值取向，要求民主化管理；行政系统以效率和约束为基本价值取向，趋向于多层化管理。现代高校的科学决策、目标管理、项目管理都是基于提升管理效率而进行的，因此，追求低成本、高产出是高校行政系统的价值取向。高校思想政治教育的目标是立德树人，涉及培养什么样的人和如何培养人的问题，此外，从高校思想政治教育的科学性来看，以知识为基础的理论传播和研究也更注重自由、平等的价值取向。由此可见，高校思想政治教育与高校行政组织运行价值取向并不完全一致。譬如，以大学生两个重要活动场所——寝室和食堂为例。许多学校顺应后勤产业化趋势，将后勤服务的经营权和管理权承包给公司，而公司更加注重获取经济效益而不是承担育人职责。在全员育人、全方位育人和全过程育人背景下，行政系统的效率观念必然导致部分教育主体无法到位，从而影响思想政治教育的实效性。

3. 切实提升高校思想政治教育工作部门的立德树人使命意识

高校党政部门是思想政治工作的领导者、组织者和管理者，担负着思想政治教育决策与执行的重要任务，把握着思想政治教育的方向。高校党政部门工作人员的观念、意识和行为决定着高校思想政治教育工作的推进进度。为最大程度地动员高校党政部门工作人员参与思想政治教育工作，提高其工作的积极性和主动性，首先要促使其转变观念，充分认识到立德树人在办好我国高校，办出世界一流大学中的重要性，从而基于自身职责使命，从育人和服务的视角改革现有机制，在具体的业务工作中体现管理育人的要求，增强管理、服务育人的意识。例如，在高校开展服务育人工作，就要高校的服务部门端正服务态度、提升服务质量，主动热情地为本单位员工提供优质服务，使高校师生感受到来自集体的温暖，同时在服务育人中渗透思想道德品质教育：食堂教育广大师生勤俭节约，保卫处教育广大师生增强责任意识，国资处教育广大师生爱护公物，校医院要引导广大师生加强体育锻炼，后勤要教育广大师生养成讲究卫生、美化环境的习惯。高校党政部门工作人员观念的转变是由量变到质变的长期演进过程。加强高校党政部门工作人员的理论学习、政策培训、工作研讨，是转变党政部门工作人员思想观念的重要途径。此外，加强高校立德树人使命宣传教育，营造良好的育人校园氛围，也有利于高校党政部门工作人员转变观念，提升育人意识。

二、厘清高校思想政治教育工作部门职能

高校思想政治教育实践空间场域丰富，需要党政部门齐抓共管。然而，长期分治体制下形成的部门壁垒、职能分工却阻碍了多维度场域下的思想政治教育工作的协调推进。新的历史条件下，推进高校思想政治教育工作，需要高校党政部门以加强和改进高校思想政治教育为目标，立足自身工作性质，厘清部门职能，建立思想政治教育责任清单。

1. 高校思想政治教育空间的丰富性要求厘清部门职能

思想政治教育作为一项具体的社会实践活动，是在特定空间中展开的，空间的组织结构、规划布局、价值遵循不仅为思想政治教育提供了赖以进行的实践场，也在一定程度上决定了思想政治教育活动的价值取向。高校思想政治教育空间就是高校思想政治教育活动实践场，是在遵循高校教学秩序的前提下，或安排或协调思想政治教育活动中各构成要素并维持其构成要素的相对稳定的互动关系，在物质空间、精神生活空间、社会空间的互通协调中促进人的思想政治素质与社会主流思想要求相统一的和谐状态。通常来说，高校思想政治教育至少包括两个空间。

第一，课堂教育空间，其中又以思想政治理论课程课堂为高校思想政治教育主渠道。思想政治理论课主要对大学生进行马克思主义理论、中国特色社会主义理论、社会主义道德规范和法治观念等理论教育，解决知与不知、信与不信的问题。高校思想政治教育的教育空间场域需要教学部门、宣传部门共同负责。

第二，日常思想政治教育空间，主要包括图书馆、实验室、寝室、食堂和学生活动中心等学生日常生活和学习的场所。这要求高校图书馆、实验室部门、宿舍管理部门、后勤

公司、物管部门参与到思想政治教育工作中来。当前，随着电子科技和网络技术的迅猛发展与普及，网络空间已成为现实生活的一部分，进一步扩展了高校思想政治教育空间场域。高校思想政治教育要立足高校师生网络空间实践，推进大数据、人工智能、5G技术与高校思想政治教育系统的有机融合，这需要高校信息技术部门予以支持。高校思想政治教育空间多元化和不断拓展，都需要动用高校党政部门的力量，使高校思想政治教育工作更具时代性、针对性，提升实效性。然而，高校不同部门承担着不同的使命和职责，基于自身使命又形成了不同的专业特长，各部门应根据自己的职责任务和工作专长，参与到思想政治教育工作中来，如后勤公司工作人员不能从事课堂教育，专业课教师也不能承担马克思主义理论的专业知识教育。在全员育人、全方位育人理念下，厘清部门职能是推进思想政治教育工作的先决条件。

2. 高校思想政治教育部门分治影响思想政治教育工作的协调推进

《关于进一步加强和改进大学生思想政治教育的意见》提出了"全员育人"的思想政治教育格局，但是在现实中，高校思想政治教育由于空间的多维性、管理部门的多元性，存在职能重叠、执行交叉、互相推诿现象。从管理体制上看，现有高校思想政治教育工作大多存在着分治和通治两种类型。分治体制就是在学校党委统一领导下，由党政领导分别管理大学生思想政治理论课和日常思想政治教育工作。由于思想政治理论课被认为从属于教学工作，或由分管教学的副校长主管，置于整个本科教学的大管理体系之中，或由一位副书记或副校长单独管理。大学生日常思想政治教育工作则由一位主管的副书记或副校长统一管理。通治管理，就是把大学生思想政治理论课和日常思想政治教育工作统一由一位主管的副书记或副校长管理。在校级之下，又建立起了以院系党委（党总支）为中间层级，学生组织为基层组织的三级金字塔式体制。其中，学校党委副书记（或副校长）、学院党委副书记（或副院长）、辅导员、思想政治理论课教师、学生干部等是这个体制中的教育主体，学生政治辅导员或班主任位居末端位置。这样相对独立的体制在全员育人环境下不容易激发其他部门参与大学生思想政治教育的积极性和主动性，容易出现大学生思想政治教育边缘化、被孤立的问题。此外，直接面向学生的思想政治理论课教师和政治辅导员也会因为各种繁重的思想政治教育工作任务而产生巨大压力。从思想政治教育空间来看，课堂教育是思想政治教育的主渠道，而课外教育是主阵地，两者一个偏理论、一个偏实践，属于思想政治教育的重要组成部分，相互补充，缺一不可。但是在实践中，思想政治理论课教学部门负责的思想政治理论教学，学生工作部门开展的经常性思想政治工作，两条线运行，管理分散、各自为政、整体推进不够，课堂教育和课外教育不能有机结合在一起，导致资源浪费，降低了思想政治教育的针对性和实效性。事实上，在现有体制下，党政干部中，除了思想政治教育工作者之外的其他干部很难被事实地纳入思想政治教育主体中来；专业教育的教书育人功能也在弱强之中时隐时现、时有时无。至于其他群体则更难把握，离"全员、全程育人"要求差距甚远。

3. 建立基于部门分工的高校思想政治教育责任细化落实清单

高校党政部门因其工作性质的不同，在高校思想政治教育工作中的目标内容、工作方式、工作方法也各有不同。要以加强和改进高校思想政治教育为目标，建立共同责任机制，立足高校党政部门不同的工作性质，将共同的责任细化、分解，建立各部门思想政治教育责任清单，将高校思想政治教育责任落到实处。例如，高校团组织要全面实施素质拓展计划，组织开展丰富多彩的思想政治教育活动，选拔优秀青年党员教师做团的工作，保证高校共青团组织机构设置和人员配备；要充分发挥高等学校学生会、研究生会在加强和改进大学生思想政治教育方面的重要依靠作用和组织作用，指导学生会和研究生会针对学生特点，开展生动有效的思想政治教育活动，把广大学生紧密团结在党的周围，在大学生思想政治教育中更好地发挥桥梁和纽带作用。高校人事处可以从教师管理服务方面参与高校思想政治教育工作，制定高校教师师德师风建设和考评办法，将教师教书育人情况纳入教师年度考核、职称评审之中；发展规划处要制订本校思想政治教育工作的总体规划、年度计划和重要制度，并组织实施。

三、加强高校思想政治教育工作部门之间的协作配合

高校思想政治教育既具有政治性又具有科学性。思想政治教育工作的双重属性需要高校党政部门积极参与推进。随着高校党政部门思想政治教育工作意识的提升，高校学生工作部门、教务部门、科研部门、人事部门、后勤部门等部门开始积极参与高校思想政治教育工作。为避免高校思想政治教育工作的"碎片化"，出现思想政治教育交叉、重复、留白问题，需要建立高校党政部门协调联动机制，形成思想政治教育工作合力。

1. 高校思想政治教育的多重属性要求部门协作配合

高校思想政治教育具有政治性和科学性。政治性是高校思想政治教育的重要属性，体现为高校思想政治教育承担培养社会主义建设者和接班人的政治使命和任务，要以马克思主义科学世界观、方法论引导广大师生坚定马克思主义立场和共产主义信仰，以党领导人民革命、建设、改革的历史实践教育广大师生员工增强对改革开放和现代化建设的信心，对党和政府的信任，坚持走中国特色社会主义道路的决心。科学性是高校思想政治教育的基础属性。思想政治教育内容是对事物的本质的规律性认识。无论是马克思主义理论，还是中国特色社会主义理论都不是凭空产生的，更不是中国共产党的主观臆想，而是对长期以来的革命、建设，以及改革的经验总结和理论概括，是中国共产党人的集体智慧的结晶，充分反映了治国理政的客观规律。此外，高校思想政治教育工作是在高等教育体系内

进行的，要符合高等教育发展规律、教书育人规律和学生成长规律。政治性和科学性统一于高校思想政治教育各个环节。单纯将高校思想政治教育视为通过传导社会主流意识形态，达到统一思想、团结力量的效果，共同为中心工作服务的意识形态的灌输和教化的过程，忽视思想政治教育的科学性，就无法触及学生心灵，为学生成长成才奠定科学的思想基础和正确的价值导向；单纯强调高校思想政治教育的科学性则会冲击思想政治教育的价值形塑功能。从高等教育改革和变化轨迹可以看出，几乎每一次高等教育改革都会触及思想政治理论课。在当前高校意识形态工作和教育教学工作分属党政不同领导和党政不同部门管理的情况下，加强党政部门之间的协作配合符合高校思想政治教育双重属性的要求。

2. 高校部门樊篱造成高校思想政治教育碎片化

近年来，我国高校思想政治教育获得了长足的发展，思想政治工作队伍不断壮大，思想政治教育空间不断拓展，主体不断增加，载体不断丰富，内容不断创新。学生工作部门、教务部门、科研部门、人事部门和后勤部门都积极参与高校思想政治教育工作，通过课堂教学、日常工作、教师师德师风建设、校园环境塑造等方式，为全方位、全过程育人提供支撑，各方面工作不断向着专业化、精细化发展。但是，各个部门由于工作重心不同，在开展思想政治工作时存在部门本位主义，既不愿别的部门"掺和自己的事"，也不想"种别人的田"，导致各个育人板块相对分离，存在各自为政、协调困难的情形。此外，高校各部门各自为政形成的思想政治工作"碎片化"现象容易导致不同部门、人员、环节的相互推诿、冲突和内耗，制约了思想政治工作质量的整体提升，对于有利可图的事情，不同部门可能竞相争取，导致工作项目和工作目标相互冲突，同类的、低水平重复性工作存在；对于无利可图的事情，部门之间、队伍之间相互推诿，出现缺位现象，一旦出现问题，各部门又开始将学工部门、辅导员作为他们规避和转嫁责任的对象。总之，部门樊篱导致的思想政治教育"碎片化"现象撕裂了育人工作的整体性，不利于教育对象的全面发展。

3. 构建高校思想政治教育部门联动协调机制

提升高校思想政治教育合力，要求高校用明确一致的思想政治教育目标、主题鲜明的思想政治教育内容、科学有效的方法将高校党政部门统一组织起来，构成内部和谐、功能明显的思想政治教育系统。构建高校党政部门联动协调体制机制，首先，要求高校组建专门的推进高校思想政治教育工作小组，整合党政各级工作部门的负责人，定期协商本校思想政治教育工作的重大问题，协同行动部署，确保学校党委统一、党政齐抓共管、有关部门各负其责的思想政治教育领导体制和工作机制。其次，要加强党政部门工作队伍间的协同互动，推动思想政治理论课教师与其他课程教师、任课教师与辅导员、辅导员与机关党政干部及后勤人员、机关党政干部与任课教师等不同队伍之间的常态化交流互动，增进彼此了解，加强沟通合作，实现不同育人主体在不同育人环节上的无缝衔接、在不同工作领域中的紧密对接。

第三节　构建高校专业教育和思想政治教育的合力机制

分学科、分专业进行人才培养是现代高等教育的重要特征，也是培养专业技能人才、实现育才目标的重要途径。思想政治教育是社会或社会群体用一定的思想观念、政治观点、道德规范，对其成员施加有目的、有计划、有组织的影响，使他们形成符合一定社会所要求的思想品德的社会实践活动。思想政治教育所欲达成的价值目标即在于使主体实现精神层面、心智层面以及品质层面的充实，使之形成与社会期望一致的健全的人格属性。高等学校人才培养的过程是育人和育才相统一的过程。专业教育和思想教育的功能差异性以及高校人才培养目标的达成都要求构建专业教育和思想政治教育的合力机制。

一、专业教育和思想政治教育的功能差异性要求二者融合

课程和课堂是高等教育实现人才培养的主要载体和渠道。通常意义上，高校育人课程分为三类：第一类是思想政治理论课，它是关键课程，起引领人才培养的作用；第二类是学校大量的综合素养和通识类课程，这类课程强调隐性和显性相结合，以浸润的方式实现高校的教育目标；第三类是大量的专业课程，包括哲学社会科学课程和自然科学课程。每类课程都蕴藏着自身的价值取向和育人进路。推动思想政治教育和专业教育融合，形成育人合力，需要区分二者的育人理念，挖掘二者融合的潜在本质。

1. 价值引导是思想政治教育的独特功能

思想政治理论课是高校思想政治教育的主渠道和主要阵地，思想政治理论课有其自身的规律性。价值引导是思想政治课程价值性的独特体现。高校思想政治课的价值就是引导大学生坚定对马克思主义的信仰、对社会主义的信念，增强对改革开放和现代化建设的信心、对党和政府的信任，培养社会主义事业的合格建设者和接班人。为此，必须提升高校思想政治课程解疑释惑的能力，增强思想政治理论课的思想性、理论性、亲和力和针对性，做到"知、情、意、行"相统一。思想政治理论课要阐扬马克思主义理论原理，阐明人类社会发展规律、社会主义建设规律、共产党执政规律，引导学生增强对坚持党的领导的信念。思想政治理论课还要提升学生的思维能力，思想政治理论课的教学过程不是简单的知识灌输过程，而是要让学生在直面社会现实、观察社会现象、分析社会问题的过程中，

深入剖析社会历史的逻辑规律，树立正确的理想信念。

2. 技能培养是专业教育的主要功能

何为专业教育？顾明远主编的《教育大辞典》将专业教育定义为："在一定的普通教育的基础上实施的培养某一领域专业人才的教育。"从教育理念来看，专业教育旨在帮助受教育对象获得在现实社会中安身立命的物质资本，从而为教育对象提供立足于社会且得以谋生的工具、手段，具有一定的功利主义取向。功利主义取向在大学生专业选择中体现得较为明显，如当代大多数大学生在遴选专业时并非完全是基于自身的兴趣，而多是以所选择的专业是否是热门专业、是否能够为其日后就业创造便利为抉择标准。虽然专业教育的目的是为学生未来的职业生涯做准备，但大多数情形下，专业教育仍以探究专业领域内普遍的理论知识为追求。它更注重传授专业领域内抽象的理论知识，而非实践的操作技能。在高校，专业学院的教师是学者而并非完全是实践操作者。

3. 专业教育和思想政治教育融合是教育创新和教育的本质要求

思想政治教育与专业教育的融合是一种创新的教育理念。思想政治教育与专业教育的融合即是通过深入挖掘专业教育中的德育内涵和德育因素，着力于将价值观的培育植入专业教育中，将思想政治教育贯穿于教育教学全过程，将教书育人内涵落实于课堂教学主渠道，将知识传授与价值引领结合起来，真正实现在价值传播中凝聚知识底蕴、在知识传播中强调价值引领。思想政治教育与专业教育的融合是教育的本质要求。对知识、美德和实用的追求自古以来都是教育的目的。只注重学生专业知识培养的专业教育容易使受教育对象因沉浸于专业知识与专业技能的学习内化，而在人文底蕴、心智品质以及批判性思维等方面暴露出一定的不足与缺憾，进而阻碍其全面发展。正因为如此，德里克·博克把专业学院的责任概括为以下四个方面：首先，最基本也是最重要的责任便是对学生进行特殊的心智训练，培养学生特殊的分析性思维，以帮助他们解决从业时将会碰到的典型问题；其次，帮助学生掌握从业所需的专业知识；再次，帮助学生掌握从业技能；最后，必须让学生理解专业职责和道德操守。其中，除第二项和第三项纯属专业教育外，第一项和第四项都涉及人的思维方式和价值观的引导。由此可见，从科学意义上讲，专业教育本身就是蕴含知识性、技能性和价值性的复杂的矛盾体，是求知与求善的统一。思想政治教育内容具有抽象性、原则性和政策性特点，要将这些内容真正内化到学生的思想意识之中，仅依靠讲解是不行的，需要从专业知识中汲取丰富的养料，将思想政治教育内容放在一定的社会背景、历史背景和科学知识中进行有理有据的解析，才能让大学生高效感知，从而塑造出健全的人格。推进专业教育和思想政治教育融合要求高校既要阐扬马克思主义理论之"道"，讲授彰显马克思主义真理的逻辑之"学"，设计教学方法之"术"，提高解疑释惑的能力，不断增强思想政治理论课的思想性、理论性、亲和力和针对性，也要把价值观教育融入每门课程及学校生活的每个方面、每个角落，实现全员、全程、全方位育人。

二、思想政治教育的本质要求专业教育和思想政治教育融合

立德树人，培养德、智、体、美、劳全面发展的社会主义建设者和接班人是思想政治教育的本质要求。专业课程蕴含着丰富的思想政治教育资源。促进专业教育和思想政治教育融合，既是思想政治教育的本质要求，又是贯彻落实全方位、全员推进思想政治教育，提升高校师生科学素质、人文素质和思想道德素质的重要举措。

1. 专业教育和思想政治教育融合是落实立德树人根本任务的重要举措

培养什么人、怎样培养人、为谁培养人是教育的根本问题。立德树人是教育的根本任务，是检验高等教育成效的根本标准。教育者既不能简单地传授知识，也不能简单地进行思想品德教育，要将知识的传授和品德的引领结合起来。教师要在传授知识的同时，用自身的道德行为和魅力言传身教，引导学生拥有坚定的理想信念，确立正确的价值追求，塑造高尚的人格。《关于进一步加强和改进大学生思想政治教育的意见》指出："学校教育要坚持将思想政治教育放在育人的首要位置，把人才培养作为育人的根本任务，坚持教书与育人相结合。"由此可见，落实立德树人根本任务，必须将价值塑造、知识传授和能力培养三者融为一体。推进思想政治教育和专业教育融合，建构思想政治教育与专业课程教育相结合的教育体系，拓展高校思想政治工作范围，统筹推进思想政治教育和专业教育融合内容建设，充分挖掘其他专业学科蕴含的课程思想政治资源，将马克思主义原理、社会主义核心价值观、社会主义先进文化教育等融入科学知识的讲授过程，帮助大学生塑造正确的世界观、人生观、价值观，才能实现立德树人之内涵，培养德、智、体、美、劳全面发展的社会主义建设者和接班人。由此可见，推进思想政治教育和专业教育融合事关社会主义接班人的培养问题，影响甚至决定着国家的长治久安、民族复兴和国家崛起。

2. 专业教育和思想政治教育融合是落实全方位育人要求的基本举措

育人是一个系统工程，各个环节要协调配合形成育人合力。《意见》提出："坚持全员全过程全方位育人。把思想价值引领贯穿教育教学全过程和各环节，形成教书育人、科研育人、实践育人、管理育人、服务育人、文化育人、组织育人长效机制。"提出了高校"七方联动"的系统育人机制，以确保全过程全方位育人目标。2017 年，中共教育部党组为进一步把贯彻落实全国高校思想政治工作会议和《意见》，提升高校思想政治工作质量，制定《高校思想政治工作质量提升工程实施纲要》，进一步提出了课程、科研、实践、文化、网络、心理、管理、服务、资助、组织等方面工作的育人功能，提出了切实构建"十大"育人体系的建设任务。全方位育人理念落实到教学过程中，就是要让所有的课程共同发挥育人作用，各类专业课程与思想政治理论课程同向同行，形成协同效应，确保专业知识教育和

思想引领、价值塑造同时进行。

3. 专业教育和思想政治教育融合是培养全面发展的社会主义接班人的基本要求

大学生全面发展需要科学素质、人文素质与思想道德素质的和谐发展。科学素质是大学生成才的重要基础。大学生树立起科学的世界观，才能自觉抵制和反对各种伪科学、邪教、迷信活动，才能分析和解决学习、生活、工作中的各种具体问题，才能具备不断推动社会发展的科学探索精神。正如爱因斯坦所言，一切科学的方法背后，如果没有生机勃勃的精神，它们到头来都不过是笨拙的工具。人文素质是包括人文精神、人文意识、人文品质、文化心理等要素的整体素质，是大学生成人的重要保证。人文素质以人内心的精神世界为基础，思考和关注个体和人类的命运。思想道德素质涵盖政治信念、政治觉悟、思想道德素质等，是大学生提升科学素质和人文素质的精神动力，也是推动大学生成才成人的精神力量，在大学生的综合素质中，思想道德素质发挥着根本性的导向作用。正确的坚定的政治信念可以激发大学生投身社会主义革命和建设的决心和毅力。只有具备良好的思想道德素质，大学生才会把个人发展与祖国命运联系起来，才能树立坚定的理想信念，并内化为一种持久的精神追求和强大的精神动力。

促进专业教育和思想政治教育融合，是推动科学素质、人文素质和思想道德素质共同提升的重要举措。推进专业教育和思想政治教育融合，切实把教育教学作为最基础、最根本的工作，深入挖掘各类课程和教学方式中蕴含的思想政治教育资源，有利于让学生通过学习，掌握事物发展规律，通晓天下道理，丰富学识，增长见识，塑造品格，成为德、智、体、美、劳全面发展的社会主义建设者和接班人。促进专业教育和思想政治教育融合，需要在抓好专业教育和思想政治教育的同时，建设两者合力育人的高水平人才培养体系，解决好专业教育和思想政治教育"两张皮"问题。

三、构建专业教育和思想政治教育合力育人体制机制

马克思主义学院是高校组织实施高校思想政治教育的重要主体，其他专业所在的二级学院是组织实施高校专业教育的重要主体。专业课程是传授专业知识的主要渠道，思想政治教育课程是实施思想政治教育的主渠道。专业教师和思想政治教师是从事专业教育和思想政治教育的重要群体。推进专业教育和思想政治教育融合，关键是要实现思想政治教育主体、渠道和群体的融合，要在高校党委领导下，构建学院协同格局，促进专业课程和思想政治理论课程融合，提升专业课程师资的思想政治工作意识与能力。

1. 构建党委领导下的学院协同格局

当前，几乎所有高校都成立了马克思主义学院，负责开展思想政治教育教学、科研工作，专业教育则由其他二级学院组织实施，学院之间基于学科专业差异，缺乏常态化的联

系协调和合作机制。要推进专业教育和思想政治教育合力育人，需要负责思想政治教育工作的马克思主义学院和负责专业教育工作的专业学院通力合作，各学院要优化课程设置，挖掘各门课程所蕴含的思想政治教育元素和所承载的思想政治教育功能，发挥课程育人的优势。高校党委全面领导本校工作，加强高校党委对专业教育和思想政治教育融合的政治领导和工作指导，是贯彻落实党委领导下的校长负责制的应有之义。高校党委应落实全国教育大会和思想政治理论课教师座谈会精神，抓住制约思想政治教育和专业教育合力育人中出现的学科专业壁垒问题，整合马克思主义学院和其他二级学院的学术资源、学科资源、教师资源，形成党委统一领导、学院密切配合、学科专业教师联动的思想政治教育和专业教育合力育人新局面，形成马克思主义学院和其他二级学院、思想政治理论课程与其他专业课程通力协作的格局。

2. 促进专业课程和思想政治理论课程融合

课程是育人的重要载体，依托各类课程进行价值引领是高校教育的职责和使命。推进思想政治教育和专业教育育人合力不仅要强化思想政治理论课程建设，还需要构建思想政治理论课与各门专业课程联合的教育体系，拓展高校日常思想政治工作的范围。以课程创新为牵引，推动思想政治教育和专业教育融合，首先要求高校立足于"培养什么人、怎样培养人、为谁培养人"这个根本问题，聚焦培养德、智、体、美、劳全面发展的社会主义建设者和接班人这一人才培养目标，充分挖掘专业课程中的育人资源，逐步修订专业人才培养方案，将是否有利于引领大学生价值观作为审核教学计划是否合格的重要因素，把价值观教育完全融入课堂教学当中，使专业教学课堂成为立德树人的重要场所。课程建设要紧紧围绕国家和区域发展需求，结合学校发展定位和人才培养目标，构建全面覆盖、类型丰富、层次递进、相互支撑的合力育人课程体系。此外，还要创新思想教育和专业教育的话语方式，要讲好中国话语、时代话语。一方面要将思想政治理论课的知识点讲得有滋有味，另一方面又要把其他专业课程中的科学知识和人文价值讲得有声有色，触及大学生的内心，让思想政治理论课和其他各类课程配方新颖、工艺精湛、包装精美，实现思想教育和专业教育育人功能的最大化。

3. 提升专业课程师资的思想政治工作意识与能力

教师是人类灵魂的工程师，是人类文明的传承者，承载着传播知识、传播思想、传播真理，塑造灵魂、塑造生命、塑造新人的时代重任。办好思想政治理论课程关键在教师，提出思想政治理论课教师政治要强、情怀要深、思维要新、视野要广、自律要严、人格要正。推进思想政治教育和专业教育合力育人的关键也在于教师。高校教师是思想政治教育和专业教育的实施者，推进思想政治教育和专业教育相融合，要求教师掌握科学理论，掌握马克思主义立场、观点、方法；要求高校教师具有坚定的理想信念，能在大是大非面前保持政治清醒，唯有这样，才能培养出具有坚定中国特色社会主义共同理想、认同共产主义远大理想的时代新人；还要求高校教师具有育人意识，高校专业教学教师是教学的组织者和主导者，只有当教师具备自觉的德育意识时，他才能将课程的育人功能内化为主体自觉，才会主动挖掘专业课程的思想政治教育资源，将价值引领融入课堂教学各个环节。

建设符合思想政治教育与专业教育合力育人要求的高水平教师队伍，从组织体制角度来说，首先要强化马克思主义学院及专业学院基层党组织对教师的政治引导、组织服务和凝心聚力功能。学院基层党组织要针对师资力量分散的缺点，充分利用组织生活、政治学习时间，实施有效的思想政治教育方式，定期对专业课教师、通识课教师开展马克思主义理论教育。要在帮助教职工解决实际困难中激发教师对马克思主义的信仰。专业学院要定期举行德育技能创新培养，提升各门课程教师的政治素质和思想政治理论教学能力，培养一批拥有专业知识，具有强烈育人意识的教师队伍。学校要利用现代各种科技手段，将"育人为本"的理念扩展到校园网、微信公众号、QQ群及微博等新媒体中，宣传师德典型，发挥教学名师示范带头作用，营造浓郁育人氛围，增强高校教职工的育人责任感和使命感；学校要建立有效且稳定的信息收集制度，通过座谈会、问卷调查、个别访谈等方式定期了解广大教职工的思想动态，了解他们关于教书育人的想法，重视他们提出的建议和意见，为学校的相关决策提供依据。选拔专业教师或要求新任专业教师担任班主任或兼职辅导员，以便于他们在具体的工作中进一步了解大学生思想政治教育规律，强化育人意识。改革教职工考核评价体系，将教师师德师风纳入年度考核评价体系。

▶ 第五章

新时代高校思想政治教育课程建设

课程建设是高校思想政治教育改革创新的重要内容之一。要在发展的过程中不断完善高校思想政治教育课程建设的总体思路，创新高校思想政治课程建设理念，着眼现代化人才培养，不断推进高校思想政治教育课程实践发展，积极推进高校思想政治教育课程建设现代化。

第一节　高校思想政治教育课程建设的总体思路

高校思想政治教育为中国特色社会主义事业培养建设者和接班人的使命，决定了我们必须把思想政治教育课程建设置于国家发展大格局中去明确自身位置、落实使命任务、规划未来发展。作为中国特色社会主义事业重要组成部分的思想政治教育课程建设，在整体建设上要充分观照自身的服务功能、发展力量、时代条件和优势，在拥抱现代化中服务现代化，充分融入、服务、推进中国特色社会主义事业这一伟大实践。

一、优化高校思想政治教育课程的服务功能

高校思想政治教育课程的主要功能和作用如下。

其一，服务学科发展和专业建设。课程、专业、学科是紧密联系的三个概念。对专业而言，构成专业的要素是课程，专业是课程的一种组织形式。专业的课程体系一般包括学科的知识。课程建设是专业建设的重要内容和支撑，思想政治教育课程建设状况和水平是

思想政治教育专业发展的重要衡量指标之一。专业为人才培养服务，课程是教学计划，学科是知识体系和学术组织的共同体。学科存在的必要性和有用性很大程度上取决于它的社会价值，即社会服务力如何。为社会提供思想政治教育专业人才和思想政治道德素养较高的社会主义建设者和接班人，提升社会整体思想道德品质水平，是思想政治教育学科和思想政治教育专业社会服务职能的重要体现，思想政治教育课程建设在很大程度上影响着思想政治教育学科和思想政治教育专业的服务效益和发展动力。

其二，服务个体成长。要实现自由而全面的发展，一是要解决认识问题，拧紧"总开关"，树立正确的世界观、人生观、价值观和道德观。二是要解决思维问题，即形成科学的思维方式。思想政治教育课程以马克思主义理论教育为主要内容，马克思主义理论教育是一项集成工程，包含知识与技能、过程与方法、情感态度价值观多维引导。高校思想政治教育课程建设为大学生理论学习和实践编制逻辑严密的计划和安排，引导大学生形成辩证唯物主义和历史唯物主义思维，旨在引导大学生形成理性平和的健康心态，为其改变主客观世界做好心理准备。同时，为大学生认识问题、分析问题、解决问题提供正确的思维方式，为其改变主客观世界提供科学的思维武器。三是要解决路径问题，即坚持理论与实践相结合的根本路径。思想政治教育课程建设的根本目标和任务是为思想政治教育教学提供更加科学的知识组织和计划体系，通过思想政治教育教学帮助解决大学生成长发展中遇到的思想问题和实际问题。从唯物主义认识论可知，思想问题的解决和实际问题的解决是相辅相成、密切联系的。人的思想指导行动，行动的结果又验证、巩固、修正和发展人的思想认识。思想政治教育课程建设从未将二者割裂开来，反而持续规范课程科目设置和课程体系管理，为大学生成长发展示范和提供科学的、正确的路径。

其三，服务社会发展。在我国，高校思想政治教育课程早于思想政治教育学科和思想政治教育专业而出现，从一定意义上讲，有思想政治教育实务的时候，就有了思想政治教育课程；有思想政治教育实务的地方，就有了思想政治教育课程。相较于思想政治教育学科和思想政治教育专业，思想政治教育课程在服务社会方面有着更悠久的历史和更丰富的经验，在满足社会需求上具有更直接的表现和效果。思想政治教育课程建设通过合理设置和管理课程，在确定时间内，通过各种手段将知识教给学生，培养出具有一定特征和规格的毕业生，从而做到为中国共产党治国理政服务、为巩固和发展中国特色社会主义制度服务、为改革开放和社会主义现代化建设服务。这就要求思想政治教育在充分吸收国家治理体系和治理能力现代化红利和优势的同时，坚持为中国共产党治国理政服务、为巩固和发展中国特色社会主义制度服务的根本立场，优化育人机制、巩固育人优势、强化育人效果，积极优化自身价值引导、资政育人、道德培育功能，为中国特色社会主义事业培养生力军，为改革开放和社会主义现代化建设提供有政治定力、有创新能力、有创造活力、有坚定毅力的新一代人才，为社会主义建设事业凝心聚力，为伟大中国梦的实现提振精神，满足党和国家、民族和社会发展对思想政治教育知识的需求，满足人民对思想政治教育知识的需求，使党、国家、民族、人民在社会实践中获得思想政治教育理论的指导。

二、凝聚高校思想政治教育课程建设整体力量

构建"大思政"工作格局，整合高校思想政治教育课程建设力量，是新时代全力推进思想政治教育课程发展的关键。改革开放以来，各级党委对思想政治工作的领导不断加强和完善，思想政治教育在学校工作中的重要地位不断巩固和加强，中央组织领导、地方积极参与、学校具体实施的思想政治教育工作思路逐渐清晰，教育机制互联、教育功能互补、教育力量互动的学校、家庭、社会"三结合"的工作格局逐渐形成，为高校思想政治教育课程建设提供了强有力的组织保障和持久动力。进入新时代，要结合新形势、新任务、新情况、新要求，持续完善"大思政"工作格局，着力解决影响育人合力形成和育人作用发挥的现实问题。

具体地讲，一方面，要加强高校思想政治教育队伍的专业化建设。思想政治理论课建设关键在教师，推进高校思想政治教育现代化，关键在于打造一支专业化的高校思想政治队伍。另一方面，要重视思想政治教育课程建设社会力量的激活和整合。为了更好地适应现代化、服务国家和社会治理，要继续吸收多元力量，除了国家教育部门、各级各类高校、思想政治教育工作者外，应加强关注和吸收用人单位、社会公众和第三方机构等社会力量，把对高校思想政治教育课程建设具有积极意义的主体恰当地、充分地吸收进来、整合起来、利用起来。事实上，以用人单位、社会公众为代表的社会主体很少直接对思想政治教育课程提出要求和评价，但这并不意味着社会主体对思想政治教育课程建设没有需求和期待，社会对思想政治教育的需求和期待往往隐含在对大学生思想政治素质和道德水平的评价中。面对个别大学生道德失范的现象，公众往往会不自觉地感慨："就这还是个大学生呢！"，话里话外流露着失望和不满，反映了社会公众对高等人才思想政治素质和道德水平的较高期待。思想政治教育课程又是大学生思想政治教育的"主渠道"，这种期待自然而然地、主要地落在思想政治教育课程建设和教学身上。如此，以用人单位为代表的社会力量对大学生思想政治素质和道德水平的期待，往往从"需求侧"对高校思想政治教育课程建设发展和教育教学改革提出要求。这就要求国家相关教育部门和各级各类高校通过顶层设计和实践引导，使社会力量关注、支持、积极参与高校思想政治教育课程建设。

三、融合信息技术建设思想政治教育课程

提及现代化，人们最先想到的往往是科技发达、信息畅通、手段先进，那么，国家治理现代化背景下的高校思想政治教育课程建设自然也应该具备现代化的这些特征，以满足

师生和社会公众对现代化教育和课程的期盼，这就要求国家相关教育部门和各级各类高校努力提高思想政治教育课程建设信息化水平，以先进的信息技术助推思想政治教育课程立体化。

改革开放以前，我国高校思想政治教育课程建设处于探索期，课程教材以纸本教材为主，教学辅导读本和教学素材主要以报纸、经典著作、领导人讲话、国家政策文件等文本资源为主，课程教学大多在固定的教室进行，一本书、一个讲台、一面黑板、一支粉笔往往是高校思想政治教育课程教学的标配。整体看来，国家经济社会发展的客观形势不仅导致了思想政治教育教学场所、教学手段、教学形式、教学资源的单一和薄弱，同时也影响着师生教学需求和体验的多维性，高校思想政治教育课程建设整体状况显得不够立体。改革开放以来，我国经济发展和信息技术的推进在为思想政治教育课程建设信息化提供条件和便利的同时，也对高校思想政治教育课程建设的"立体化"提出了要求。高校思想政治教育课程建设立体化是指思想政治教育课程建设要以满足师生、社会、党和国家的多维需求为目标，融合传统思想政治教育课程优势与现代信息技术，挖掘和整合教学资源，开发视频、音频、网络课程，创设多媒体教学环境，融合实地考察、现场教学、VR 教学等实践教学模式，坚持线上与线下相结合，满足师生多维、高效、便捷的教学体验，以课程建设的信息化、课程形式的立体化激活师生多维度的精神文化需求，促进其全面发展。

网络媒介的发展引起了学界对线上教学、教学技术、教学信息化相关问题的及时关注和热情研究，推动学校网络课程开发和应用、线上教学探索和普及、远程教学监督和管理向前迈出了重要一步。高校思想政治教育课程建设应以此为契机，加强思想政治教育网络课程研究和开发，以现有云课堂为基础，整合资源，加强管理，推动高校思想政治教育课程建设立体化。需要关注的是，云课堂展现了教育数字化、网络化、智能化的发展优势，但随之而出现的一些问题也值得我们深思。如部分教师因为家里没有网络，走很远的路到山顶有信号的地方去给学生上课；有的学生因为种种条件限制在田间地头学习，轮流使用一部手机听课；有的教师对在线教育软件操作不熟悉；也有教师为了防止学生"挂课"（播放视频却不学习）想出各种签到办法；有的网络直播课还没有结束，学生的"观后感"就已经上交，等等，这些现象把网络教学的不足摆到了教育者眼前。教育如何适应网络信息时代的需求，教育者如何把网络信息技术科学合理地融入教学过程，如何保证不同条件学生受教育机会的平等，是更好地发挥网络信息技术的育人功能和育人优势，深入推进网络时代思想政治教育课程建设改革应该进一步关注、思考和解决的问题。

四、发挥中国特色社会主义高校思想政治教育优势

相对于其他学科而言，思想政治教育学科在与国际接轨方面显得不够突出，这是由学

科特殊性决定的，思想政治教育课程以马克思主义为指导思想，在中国共产党的领导下开展理论教育和思想引导，传授马克思主义理论和中国特色社会主义理论，阐释中国共产党的路线方针政策，培育中国特色社会主义时代新人，要坚定"越是民族的，就越是世界的"理念，立足中国实际，着眼现代化需求，建设好中国特色社会主义高校思想政治教育课程。

当下我国高校思想政治教育优势有以下四个方面：其一，有中国共产党的领导、支持和推进，这是高校思想政治教育课程建设的最大优势。中国共产党是马克思主义的政党，坚持马克思主义为指导，实践的观点、发展的眼光、辩证的思维、人民的立场赋予我国高校思想政治教育课程建设以强大力量和群众基础；中国共产党历来重视理论指导和理论创新，结合革命建设发展实际发展和传播马克思主义，为高校思想政治教育课程建设提供理论引领和内容依据；中国共产党领导下，国家相关部门对高校思想政治教育工作高度重视，协同联动，努力形成"大思政"工作格局，为高校思想政治教育课程建设提供了力量保证。其二，有各级各类高校马克思主义学院的积极探索。各级各类高校马克思主义学院高度重视开发、拓展和创新思想政治教育的课程形式、教学活动场域、教学资源的创新、拓展和开发高度重视，这是思想政治教育课程建设的实践优势。社会主义高校的思想政治教育队伍是一支坚定信仰马克思主义、坚决拥护党和国家路线方针政策、在教学中积极探索努力奋斗的队伍，对于思想政治教育课程而言，他们既是课程计划的执行者、教学活动的组织实施者，也是课程建设的重要推动者和反思者，他们在理论研究和教学实践中从未停止过对思想政治教育课程建设的深入思考和积极探索，在理论和实践方面产出了一批优秀的成果，他们是思想政治教育课程建设的主体优势。其三，有中国共产党思想政治工作的优良传统和思想政治教育课程建设的丰富经验。从早期的思想政治教育课程设置到"98方案""05方案"，我国高校思想政治教育课程建设呈现良好的发展态势，这是思想政治教育课程建设的历史优势。其四，有人民群众精神文化需求的鞭策和助力。新的历史条件下，我国的社会主要矛盾已经转变为人民群众对美好生活的向往和不平衡不充分的发展之间的矛盾。经济水平的提高和物质生活的改善使公众对社会道德风尚、舆论热点、国内外时政、党和国家的路线方针政策等给予了更多的关注。一方面，为思想政治教育教学营造了良好的社会氛围；另一方面，这种关注本身就是对思想政治教育教学和课程建设的推动，对课程教学效果的监督和评价，是思想政治教育课程建设的社会优势。

第二节　高校思想政治教育课程建设的理念创新

高校思想政治教育课程建设要首先解决理念的问题，把现代化新理念、新思路融入高校思想政治教育课程建设中，强化共同参与意识、协同配合意识，注重实效性，关注长远发展，充分发挥观念的力量，推动思想政治教育课程建设与时俱进、创新发展。

一、强化共同参与

主体力量在高校思想政治教育课程决策、课程设计、课程实施、课程评价各环节有着至关重要的作用，要明确各类课程建设主体的责任和任务，增强共同参与意识，确保思想政治教育课程的系统性和全面性。

首先，突出各级党委在思想政治教育课程建设中的领导地位。各级党委是思想政治理论课课程建设的领导力量和课程决策的主导力量，在思想政治教育课程建设中贯彻新理念、部署新格局、形成新理论、制定新政策、统筹新实践中的领导地位和重要作用。要从党委层面切实加强对思想政治教育课程的重视和支持，营造良好的外部环境，提供坚实的条件保障，努力形成全党全社会努力办好思想政治理论课的新局面、新形势。

其次，发挥一线教师在思想政治教育课程建设中的关键作用。办好思想政治理论课关键在教师，关键在发挥教师的积极性、主动性、创造性。事实上，教师在高校思想政治教育课程建设中的关键作用不仅体现在以教学为主的课程实施中，也应该体现在课程决策、课程开发、课程评价等其他环节，贯穿课程建设始终。然而，目前我国思想政治教育课程决策和开发更多地依赖国家教育行政部门、各级各类高校和权威专家，一线思想政治理论课教师在思想政治教育课程建设中的作用有待进一步激活和发挥。为此要坚持外在激励和内生动力相结合，提高一线思想政治理论课教师参与课程决策的积极性和主动性，营造教师主动参与的整体氛围，拓展广大思想政治理论课教师参与课程决策和开发的有效途径，充分发挥教师在高校思想政治教育课程建设中的关键作用。

最后，提高大学生参与思想政治教育课程建设的积极性。大学生参与思想政治教育课程建设主要体现为完成课程学习和配合课程评价。可尝试通过平等化的教学设计来增强大学生参与思想政治教育课程建设的积极性。平等化的教学设计强调教师在实施课程计划、设计和开展教学活动时，充分尊重大学生的求知意愿和主体性地位，满足大学生的主体性需求。尊重学生的主体性地位，即教师在进行学情分析、教学设计、教学活动组织的过程中，征集学生要求，听取学生意见，真正把学生当作教学参与的主体和求知的主角，给予学生全过程参与教学的自由，维护学生全过程参与教学活动的权利。满足学生的主体性需求，即面对教学对象提出的合理的、有利于教学活动开展和目标实现的要求。教师应尽量满足，把学生思想政治理论学习的空间建构出来，让学生自由自在地汲取知识。马斯洛需要层次理论把人的需要分为生理需要、安全需要、社交需要、尊重需要和自我实现需要。在马斯洛看来，"自我实现"是学生的最高层级需求。只有在尊重学生主体性地位，满足学生主体性需求的基础上，思想政治教育教学才能在真正意义上充分发挥学生的主体性作用，引导学生在自我探索、自我发现、自我认知、自我教育的过程中激活参与课程建设的积极性和主动性。

二、加强协同合作

高校思想政治教育课程建设要将协同理念贯穿始终，积极盘活高校思想政治教育课程建设资源，激活高校思想政治教育课程建设活力，构建高校思想政治教育课程建设新格局。

一是增强高校思想政治教育课程主体的协同意识。协同推动思想政治理论课建设的合力没有完全形成，是新形势下高校思想政治教育课程建设面临的重要问题之一。高校思想政治教育课程建设要体现协同性，关键要重视课程建设主体的协同，严格顶层设计和逐级贯彻，保证宏观层面、中观层面、微观层面建设力量思路一致，齐心协力，努力形成学校、家庭、社会协同推动思想政治理论课建设的合力，进而实现全党全社会关心支持思想政治理论课建设的浓厚氛围，在协同联动中激活思想政治教育课程建设发展和改革创新的深层力量。

二是整合高校思想政治教育课程建设资源。思想政治教育课程建设不仅承载着传播马克思主义理论的学科任务，承担着发展思想政治教育专业的专业职责，也肩负着培养时代新人的光荣使命。它既是一个科学项目，也是一项灵魂工程；既对每一位大学生的全面发展产生影响，也深刻影响着整个国家、社会、民族的思想认识和精神状态，理应集全社会之力，共同打造高校思想政治教育课程建设资源库，为课程建设提供充分保障。"兵马未到，粮草先行。"从战略上讲，高校思想政治教育课程建设资源共同体的打造和巩固，是思想政治教育协同育人的前提和保障。

三、追求整体效能

高校思想政治教育课程要在继续提升质量和水平的同时，加强课程整体效能，增强社会主义人才思想政治素养培育的整体性、系统性和全面性，充分发挥思想政治教育资政育人、服务社会的功能。

第一，在提升思想政治教育课程质量的同时兼顾课程效率。从课程建设和实施效果看，一切不利于大学生世界观、人生观、价值观形成的课程内容和活动设计从一定意义上讲都是无效的，甚至可能会让学生产生厌学心理，对大学生思想政治道德品质的形成产生负面效应。基于此，应牢固树立思想政治教育课程建设主体的效率意识。如课程实施环节，效率意识体现在课时安排、活动秩序、学情分析等诸多方面，教师应在教学设计、组织、实施、开展过程中争取以较少的时间保质保量完成教学任务，在同样的时间内，更好、更多地完成教学任务，增强大学生学习思想政治教育课程的获得感。

第二，以"大中小一体化"为依托，增强高校思想政治教育课程的承接性。2019 年 8 月，中共中央办公厅、国务院办公厅印发《关于深化新时代学校思想政治理论课改革创新的若干意见》；2020 年，教育部印发《新时代学校思想政治理论课改革创新实施方案》，关于学校思想政治理论课一体化的指示和规定越来越系统、越来越详细，"一体化"作为一种基本思路在学校思想政治教育课程建设中越来越受到重视。高校思想政治教育课程建设要自觉置身学校思想政治教育课程发展全局，加强与中小学思想政治教育课程的紧密衔接，确保价值引领、思想引导、道德培育的连续性和递进性。

第三，以"课程思政"为抓手，增强高校思想政治教育课程的延展性。"课程思政"的提出和落实，不仅是高校教职员工切实履行立德树人职责的重要推手，有利于融合专业教育与思想政治教育，也是新时代高校思想政治教育工作的重要组成部分。人才培养的整体性决定了"课程思政"与"思想政治理论课程"不能也不可能各自为战，从一定意义上讲，"思想政治理论课程"为"课程思政"建设提供了方向指引和内容依据。因此，高校思想政治教育课程建设要在课程体系建设的同时，重视思想政治教育元素的开发、利用、分解和转化，将抽象的理论知识转化为课程思想政治的基本元素，形成稳定的"转化—融入—连接"机制，以"思想政治理论课程"和"课程思政"的协同，增强高校思想政治教育的渗透性和实效性。

第三节　高校思想政治教育课程建设的实践发展

高校思想政治教育的现代化除了要更新思想政治教育的总体思路和理念之外，也要关注其内容、形式、管理、评价等方面的创新发展，将现代化元素和现代化观照充分融入思想政治教育课程建设的全过程、各方面。

一、思想政治教育课程内容现代化

马克思在《黑格尔法哲学批判》导言中阐述："路德战胜了虔信造成的奴役制，是因为他用信念造成的奴役制代替了它。他破除了对权威的信仰，是因为他恢复了信仰的权威。他把僧侣变成了世俗人，是因为他把世俗人变成了僧侣。他把人从外在的宗教笃诚解放出来，是因为他把宗教虔诚变成了人的内在世界。他把肉体从锁链中解放出来，是因为他给人的心灵套上了锁链。"因此，马克思强调："正像当时的革命是从僧侣的头脑开始一样，现在的革命则从哲学家的头脑开始。"同样的道理，高校思想政治教育在新一代人才的培养上，也要优先、着重解决思想认识和精神品质的问题，确保培养出的人才可以更好地适应和推进现代化。为此，思想政治教育课程要加强培育大学生适应、服务现代化的精神品格。基于此，高校思想政治教育课程建设应积极主动地关注、研判和服务于国家治理现代化的精神需求，在大学生思想意识和精神品质的培养方面进一步探索和完善，努力塑造国家治理现代化背景下中国特色社会主义人才形象，锻造大学生服务国家建设的自觉与能力。

思想政治教育课程建设要致力于培养大学生的理想信念。人是社会实践的主体，国家治理现代化以人的现代化为前提和归宿。高校思想政治教育课程为社会主义人才的思想政治素养把关，要在吸收和融合物质生产现代化、科学技术现代化、生活方式现代化优势的同时，努力促进大学生价值追求、思维方式和心理状态的现代化转型，以培养堪当民族复兴大任的时代新人。理想信念作为大学生追求社会化的内在自觉和持久动力，对大学生精神现代化转型具有重要牵引作用。高校思想政治教育课程建设要把理想信念教育放在重要地位，引导大学生牢固树立共产主义远大理想和社会主义共同理想，在崇高理想的指引下自觉增长才干、形成担当精神，进而提升服务现代化的能力。

思想政治教育课程建设要致力于培养大学生的法治观念。中国特色社会主义法治体系的形成在为大学生法治观念、法治精神和法治素养的培育提供了良好环境，同时，也提出了迫切要求。高校思想政治教育课程承担着大学生法治素养培育的重要使命，要向大学生传授法治社会所需要的知识、技能及价值观，在学习法律知识、掌握法律方法、参与法律实践的过程中，引导大学生正确看待和对待法律，正确使用法律看待和对待自身，养成守法习惯，守住法律底线，自觉成为知法、用法、守法、护法的时代新人。为此，要在思想政治教育课程内容中充分融入社会主义法律和法治相关知识；要积极借鉴世界法治教育先进经验，推进大学生法治服务和法治实践课程化、常态化，在课程教育和社会参与的协同中增强大学生法治意识；要加强社会主义法治文化宣传教育，使大学生在法治文化的滋养中培育和坚定法治精神。

思想政治教育课程建设要致力于培养大学生的国家精神和契约精神。国家精神和契约精神的形成与否是一个人能否正确认识国家概念，是否认同和拥护执政党的路线方针政策，是否具备群体归属意识和群体价值观念的重要影响因素和评价指标。我国高校思想政治教育课程建设历来重视对中国共产党和中国特色社会主义政治、经济、文化、社会、生态常识的讲解，重视对马克思主义理论知识的系统传授，重视对共产主义道德品质的剖析和示范，以引导和帮助大学生形成对祖国的深厚感情、对社会主义和共产主义的执着信念、对马克思主义的坚定信仰。新的历史条件下，高校思想政治教育课程建设要继续巩固现有的国家精神和契约精神培育内容和方式，结合新时代新成就不断丰富国家精神和契约精神的科学内涵，引导大学生树立"国家兴亡，匹夫有责"的责任意识和担当意识，塑造为国家和社会担当责任的时代新人形象，助力社会主义现代化人才的综合素质提升和整体品质锻造。

二、思想政治教育课程形式多样化

网络信息技术的快速发展使新媒体新技术融入高校思想政治教育成为不可逆转的潮流。在新的历史条件下，人们获取、浏览、分享信息的范围和方式发生了很大变化。就思想政治教育课程来讲，网络信息获取、浏览、分享的快速便捷冲击着传统课堂讲授的吸引力；网络信息的广泛性冲击着教师讲授的权威性；网络信息获取、浏览、分享的即时性衬托着教材、教参的局限性。互联网成为青年大学生重要的活跃场，新媒体新技术成为思想政治教育课程实施的重要手段，互联网思维也成为思想政治教育教学的重要理念。在这一背景下，思想政治教育网络课程的开发利用为人们所关注，不少高校的马克思主义学院在思想政治教育课程改革创新中，融合新媒体新技术积极开发和利用网络课程。尤其是在疫情背景下，在国家教育部门"停课不停学"的号召下，线上教学成为全国各级各类学校开展教学的新常态。高校思想政治教育课程建设和教育教学也以空前的规模从教室搬到网络，从线下转到线上，为思想政治教育融合新媒体新技术以及网络课程开发提供了良好契机和广泛基础。

着眼于高校思想政治教育课程形式现代化改革，我们应从现阶段"云课堂热"现象中思考以下问题：其一，思想政治教育课程的特殊性。相对于其他学科而言，思想政治教育课程有其独特性。除了传播知识培养技能外，思想政治教育课程更多地将重点放在学生情感态度价值观的培养上，因此在课程编制和教学活动中往往更加注重交流与对话、合作与探究、言传和身教，以实现师生之间心灵互通、情感沟通和思想碰撞，如何在师生互动、课堂监督和教学评价等方面做出妥善安排，尽可能在云课堂中拉近师生距离，确保教学影响不打折扣，是思想政治教育网络课程开发和建设必须关注和重视的问题。其二，传统课堂与网络课堂的融合性。由于客观形势紧急，此次线上教学热潮更多地依托网络直播来实现，教师往往经过短期的培训，在熟悉相关软件操作及功能使用之后便投入教学，速度比较快，效率比较高，凸显了教育事业应急应变能力，展示了我国教育教学信息化、现代化的坚实基础和强劲力量。但与此同时，我们也应该就着这场"云课堂热"，加强研判，深入分析，切实推进思想政治教育课程形式现代化改革向前迈出一步。事实上，"云课堂热"并不意味着思想政治教育课程形式现代化的实现，"云课堂"与传统课堂不是你取代我或者我取代你的擂台比武，也不是"你方唱罢我登场"的巡回表演，而是在教育教学、熔铸灵魂、提振精神的过程中协同联动、扬长避短、融合发展，共同服务于社会主义人才培养的两个育人阵地。新的历史条件下，推动高校思想政治教育课程形式现代化改革，既要避免陷入"一刀切"的误区，根据教学内容和学生接受习惯科学开发和合理安排线上线下课程，做好两种课程的协同和配合，同时也要根据各地区各级各类高校的实际情况，把握好课程形式改革的节奏，以免使"疾风骤雨"式的改革抵消思想政治教育"和风细雨"的优势。其三，高校思想政治教育网络课程的开发和推广。在党和政府的重视和支持下，教育部每年认定"国家精品在线开放课程"，推出精品资源共享课，各地区各高校也推选、公开相应层级的精品课程。但从整体上看，对比大学生思想理论需求，优质的网络公开课程仍然不够，需要在公开网络课程的开发和推广上下功夫，以公开实现共享，以共享推进共同发展，充分发挥思想政治教育网络课程的引领示范和普惠功能，筑牢网络意识形态阵地。

三、思想政治教育课程管理规范化

新时代要求高校思想政治教育课程管理理念、管理内容、管理手段、管理主体实现多元化、民主化、多样化发展，要努力形成上下互动、规范高效的新型思想政治教育课程管理模式。

首先，树立正确的思想政治教育课程管理理念。要使高校师生充分认识到相关教育部门、高校、二级学院等对教学过程的监督和检查是正常教学管理工作的组成部分，是对教学活动的"把脉看诊"，目的是促进教学任务更好地完成。通过摆正师生对教学过程管理的态度，使师生消除敷衍应付和厌倦情绪，以平常心对待课程管理与教学检查。一方面，这有利于消除教学过程管理的隐形阻力，掌握真实的教学情况和教学效果，发现和解决教学过程中存在的问题，提升教学管理效率；另一方面，可降低师生的思想压力和心理负担，让其以平常心对待监管工作，以更专注、更投入、更稳定的状态投入思想政治教育教学，减少监管和管理本身给思想政治教育教学带来的不便和干扰。

其次，进一步明确思想政治教育课程管理的对象和内容。课程管理不同于教学管理，课程管理主要包括课程生成系统管理、课程实施系统管理和课程评价系统管理。从严格意义上讲，教学管理指的是课程实施管理。然而，在思想政治教育课程建设和教育教学理论研究及实践中仍有不少师生将课程管理与教学管理混淆，久而久之，容易造成课程管理和教学管理脱节、教学管理代替课程管理、课程管理对象和内容不明确、课程管理效果不明显等问题，从不同程度上导致和加剧教师和学生参与思想政治教育课程管理的被动状态，难以激发和释放思想政治教育课程管理的主体积极性。随着我国高校思想政治教育工作的不断发展和课程建设改革的深入推进，党和政府、高校、马克思主义学院（马列教研部）对思想政治教育课程管理越来越重视，而厘清思想政治教育课程管理的对象和内容，是明确不同主体在高校思想政治教育课程管理中的职责、任务、分工的基本前提和重要依据。我国高校思想政治教育课程管理可以分为国家和教育行政部门宏观层面的管理、学校内部中观层面的管理、马克思主义学院或马列教研部微观层面的管理。宏观层面的课程管理主要负责确定课程指导思想和建设目标，设置和调整课程体系，划定课程教学大纲，制定课程建设标准，编写课程通用教材。中观层面的课程管理主要负责贯彻执行国家教育部门对思想政治教育课程建设的有关精神和规定，完善学校思想政治教育课程管理、改革和评估的制度体系，为思想政治教育课程建设提供支持。微观层面的课程管理主要负责研究和制订课程计划的实施安排，授课教师的选拔、培训和教育，总结、研判、反馈思想政治教育课程的实施情况。

最后，健全思想政治教育课程管理机制。思想政治教育课程管理是立体的、系统的、全过程的、全方位的、多层次的，涉及要素较多，监管对象复杂，因此在高校思想政治教育课程管理中，要坚持自上而下和自下而上相结合，坚持制度约束和主体自觉相结合，坚持政府指导、社会监督和学校管理相结合，政府、学校和社会沟通协商、相互支持，构建新型的政府、学校和社会之间的关系，形成职能边界清晰、多元主体参与、各司其职、分工合作的思想政治教育课程管理机制，以思想政治教育课程管理科学化，助推高校思想政治教育课程建设现代化。

四、思想政治教育课程评价科学化

高校思想政治教育课程评价无非出于两种目的：一是评估课程存在的必要性，即课程实施是否具有现实意义，是否产生了应有的价值；二是寻找课程发展的可能性，即课程目标和任务是否如期完成，课程计划的制订和实施在哪些方面需要调整和改进以实现课程价值最大化。作为一个开放的系统，高校思想政治教育课程建设与社会政治经济文化发展不断发生相互作用，思想政治教育课程建设随着社会条件的变化而不断推进，思想政治教育教学对象即大学生的学习特点、思维方式、接受习惯、认知水平、理论需求也在发生变化，这就要求高校思想政治教育课程评价要适应时代发展，从党和国家、民族和社会对思想政治理论和高素质人才的需要出发，充分利用信息技术优势，科学构建评价模型和评价体系，助推高校思想政治教育课程建设现代化发展。为此，要立足变化发展的实际，努力构建与时俱进的思想政治教育课程质量评价指标体系，采用现代化技术手段，构建综合性评价体系，优化思想政治教育课程质量评价的导向功能、激励功能、诊断功能、调节功能和监督功能，以评促改，以评促建，提升思想政治教育课程建设的现代化水平。

健全多方参与的思想政治教育课程质量评价机制。目前，我国高校思想政治教育课程评价的着力点仍然在社会评价力量的挖掘和整合上。有学者在研究中认为，学校有义务向政府和社会报告教育成效。同样，社会有权利也有义务去监督、评价高校思想政治教育课程质量。其中，用人单位不仅是大学生毕业走入社会的"第一站"、参与社会活动的重要组织，同时也是检验高等教育"成品"的第三方，他们最直接地感受到思想政治教育成果即大学生思想政治素养和道德品质的状况，在思想政治教育课程评价、课程建设方面具有高校不具备的优势。吸收用人单位等社会力量进入高校思想政治教育课程质量评价主体群，探索建立科学有效的第三方评价主体引入机制，努力形成供给侧评价与需求侧评价相结合的评价格局，把市场需求转化为思想政治教育课程建设的目标和力量，形成强大的思想政治教育课程建设合力，构建多方参与的思想政治教育课程质量评价机制，是推进思想政治教育课程评价现代化的关键。

系统构建思想政治教育课程质量评价体系。课程建设本身就是一个完整的系统，过程中的每一个环节，就其自身来讲也是更小范围内的一个整体，强调系统构建思想政治教育课程质量评价体系内含两个方面的现实遵循。其一，要在评价指标体系构建、内容选择、主体构成、手段确定等方面坚持以"有利于社会主义人才培养"为中心，这是整个思想政治教育课程建设的中心，也是课程质量评价的中心。也就是说，课程质量评价虽然是作为课程管理的一个环节存在和出现，但却不能不顾及课程建设整体安排，这是由课程评价的开放性和课程的系统性决定的。其二，要在评价指标体系构建、内容选择、主体构成、手段确定等方面形成相互印证、相互支撑的效果，确保不同层级的评价指标和内容在评价过程中和评价结果的处理中不会出现"互相打架"的矛盾现象，确保制定的评价体系严谨、全面，能够覆盖思想政治教育课程质量评价的全部内容。在实际操作中，评价形式的选择要以服务于、有利于评价工作顺利开展为依据。在此基础上，要确保评价结果能切实反映想考查的问题，评价主体能准确理解和运用评价工具。

总而言之，要把高校思想政治教育课程建设融入、置于中国特色社会主义事业的大背景、大格局中加以考量，进一步明确新时代高校思想政治教育课程建设的总体思路，更新课程建设理念，创新课程建设模式，积极推进思想政治教育课程建设的现代化。

▶ 第六章

高校思想政治教育的网络舆情及危机应对

在信息网络技术全面普及的今天，网络舆情成为思想政治教育不可忽略的事物。新时代高校思想政治教育创新发展要积极利用法治思维、用户思维、大数据思维研判高校思想政治教育风险，全面认识新时代思想政治教育的机遇与挑战，促进新时代思想政治教育转"危"为"机"；要提升网络舆情分析和谣言处理能力，赢得舆情应对主动权，共建清朗网络空间；要筑牢意识形态底线、师德师风底线、学术道德底线，坚守政治安全、作风安全和学术安全；辩证处理好"育"与"导"、"一"与"多"、"知"与"行"的关系，推动网络思想政治教育有序发展。

第一节　风险研究预判和危机治理意识

当今世界，正面临百年未有之大变局；当代中国，正处于新时代发展的重要战略机遇期。发展与挑战共存，机遇与风险同在，新时代高校思想政治教育面临的各类复杂性与不确定性因素增多。高校作为推动青年成长发展的主阵地、应对矛盾风险的最前沿，肩负人才培养、科学研究、社会服务、文化传承创新的重要使命，同时也是巩固和发展社会主义意识形态的重要战场。增强风险研究预判和危机处理意识是新时代高校思想政治工作者提升思想政治工作能力、实现育人效果最大化的必然要求。

一、高校思想政治教育风险研究预判意识

随着互联网技术与网络移动终端的快速发展，高校思想政治教育环境呈现出自由、开放、平等、交互、合作、个性、虚拟和全球化等诸多特点，传统思想政治教育话语权受到削弱，高校思想政治教育难度加大。社会学家吉登斯在《风险社会》一书中指出，科技越发展，其背后隐藏的风险也就越多。对于新时代背景下的高校思想政治教育，风险与机遇并存。一方面，5G、大数据以及人工智能的介入使得高校思想政治教育在育人内容、育人模式等方面均实现了不同程度的发展；另一方面，高校思想政治教育也面临着大数据、人工智能等新技术带来的风险与考验。加快建立并完善系统性的高校思想政治教育风险预警与研判机制，对新时代思想政治教育尤为必要。因此，增强新时代高校思想政治教育风险研究预判意识是当前高校思想政治教育工作的重要内容。

1. 以法治思维研判高校思想政治教育风险

法治思维是指人们按照法治的理念原则判断和处理问题的一种理性思维方式，强调法律运用是解决处理分析事物的核心手段。提高运用法治思维的能力，就是要求思维主体在活动中崇尚法治、尊重法律，自觉将法律付诸实践，善于运用法律手段来解决问题。提高运用法治思维的能力是促进高校内涵式发展的必然要求，也是做好新时代高校思想政治教育工作的必然要求。当前高校思想政治教育领域主要面临着西方意识形态渗透加剧、主流意识形态消解、学生思想观念异化等风险。这些风险给高校思想政治教育的有效开展带来了新的困难和挑战。

对高校思想政治教育风险的研判有助于更好地降低风险，从而减少高校师生因缺乏法治思维而引发的问题。一是增强规则意识。法治思维也就是要有规则意识。俗话说，国有国法，家有家规，任何违反规则、法律的行为都可能带来风险。高校工作者要及时审查高校思想政治教育中任何踏过规则红线、法律红线的行为，并加以治理。二是坚持程序公正。程序公正指的是在思想政治教育工作中，各种决策的产生以及执行过程需要符合相应的程序规范。程序公正的基本原则是坚持公开、公正、公平。高校在做出相应决定时，要秉承就事论事、讲道理和有理有据、表公正原则，做到有据可查、有理可诉。三是注重法治引领。高校要善于将法治思维应用到学生管理工作当中，遵守国家法律法规，依照学校管理的程序和方法，完善高校相关规章制度，提高教育工作者的法治水平，有效培育和强化学生的主体意识和责任意识，使高校师生能够用法治的理念和精神来分析和解决实际生活中的各种问题。

2. 以用户思维研判高校思想政治教育风向

"用户"一词源自科技领域，意指科技媒介产品的使用者。随着互联网的发展与普及，

我国网民规模越来越大。中国互联网络信息中心第 51 次《中国互联网络发展状况统计报告》显示，截至 2022 年 12 月，中国网民规模达 10.67 亿，互联网普及率达 75.6%。这意味着，连接互联网的媒介产品拥有亿级的用户规模。当科技产品、媒介产品在市场上攻城拔地、收割用户时，其成败的关键之一在于是否具有用户思维，是否站在用户的立场上制定正确的战略。在学界关于用户思维存在多种阐述中，"一切以用户为中心"始终是核心所在。一般而言，用户思维要求在产品生产运营的各个阶段，始终站在用户的角度思考问题，了解用户的特征、需求，增强与用户的互动，吸引用户的参与，关注用户的痛点，让用户获得存在感、归属感和成就感等良好体验，从而获取用户好感，增强用户黏性，积累用户资源。

高校思想政治工作者要学会运用用户思维研判高校思想政治教育风险，将高校师生的利益诉求、情绪表达等作为研判的重点，扮演好管理者、服务者角色。一方面，要坚持以生为本，做好学生的知心朋友。高校思想政治工作者要始终坚持"以学生为中心"的育人理念。当前中国高校大学生已经进入"00 后"的年代，作为互联网的"原住民"，他们身上天生有互联网的印记。与此同时，这些"00 后"高校大学生多是独生子女且生活环境较为优越，呈现出较强的个性特征与个性追求，乐于在微博、微信、QQ 空间以及各种论坛、贴吧发表言论，表达自己的观点与看法，倾向于利用网络媒介受众广、传播速度快的特点来满足自身的需求。高校思想政治工作者要充分考虑当代大学生的特点，思想政治教育要做到因事而化、因时而进、因势而新。另一方面，要坚持立德树人，做好学生的人生导师。高校教师要坚持教育者先受教育，努力成为先进思想文化的传播者、党执政的坚定支持者，更好担起学生健康成长指导者和引路人的责任。但是近年来，教师违反师德师风网络舆情事件频发，引发网友广泛关注与讨论，令人深思。高校要加强师德师风建设，强化思想引领，完善奖惩制度，严格执行师德失范"一票否决"，努力引导教师做到教书和育人相统一，言传和身教相统一，潜心问道和关注社会相统一，学术自由和学术规范相统一。简言之，当今时代是"内容为王"的时代，不是传统意义上强对弱的单向传播时代，而是广泛听取大众意见、吸纳大众建议的双向甚至多向沟通的时代。从用户思维出发，站在多元的用户立场研究预判高校思想政治教育风向具有重要的时代意义。

3. 以大数据思维研判高校思想政治教育风险

当下，大数据成为学界业界诸多领域的热门词汇以及研究风口，尽管目前学界对于大数据的定义仍存在诸多争议，但大数据给社会带来的深远影响已是普遍共识。随着大数据时代的到来，人们的生活方式、工作方式、组织方式与社会形态都随之发生深刻改变。一般而言，大数据指的是无法在一定时间范围内用常规软件工具进行捕捉、管理和处理的数据集合，是需要新处理模式才能具有更强的决策力、洞察发现力和流程优化能力的海量、高增长率和多样化的信息资产。时至今日，大数据已成为推动社会发展和变革的一个重要因素。因此，借助大数据思维研判高校思想政治教育风险是必要之举。

高校作为培养人才、科学研究的重要阵地，不可避免地要置身于大数据发展的环境之中。如何运用大数据思维来加强青年意识形态教育工作的实效性，已成为高校思想政治教育新的时代课题。一是利用大数据强化高校管理与服务。作为培养社会主义事业建设者和接班人的重要阵地，高校可以借助大数据分析，充分考虑人才培养的目标和青年成长成才的需求，进一步强化对应帮扶和引导服务。利用大数据技术助力教育者对纷繁复杂、堆积如山的数据和信息进行收集、分析、整合、研判等，在结合"用户画像"的基础上，充分了解教育对象的心理和思想状态，了解其所关注的焦点、所持的观点，掌握其阅读喜好等。这能够使意识形态的宣传和教育更加有的放矢，进行个性化教育和宣介，进而提升意识形态工作的针对性和实效性。二是利用大数据探寻思想政治教育深层规律。高校要树立大数据意识，科学利用数据技术，深入探寻思想政治教育工作的深层规律，不断提高意识形态教育工作的质量，引导广大青年在社会环境复杂、思想文化多样的大背景下，坚守正道。三是利用大数据做好舆情应对。高校作为社会主义意识形态教育的前沿阵地，加强网络舆情的监督对学校的稳定具有重要意义。伴随着互联网成长的青年，习惯借助自媒体平台来表达自己的思想动态。因此，高校可以充分利用大数据的优越性，了解、分析高校网络舆情动态，及时把握青年思想走向，合理介入引导。

二、高校思想政治教育危机应变意识

随着5G、人工智能、大数据等新业态的发展，互联网的普及以及内外分裂势力猖獗、渗透活动增强，网络舆论管控难度增加，高校思想政治教育危机逐渐向复杂深刻的方向发展，高校思想政治教育危机的应变难度与复杂程度也在不断增加。新时代高校思想政治教育工作中既面临着深刻复杂的风险，也面临着前所未有的机遇。因此，要清醒地认识到新环境下高校思想政治教育工作所面临的挑战风险，也要认识到风险背后的机遇，并抓住新的时代特点，审时度势，提升新时代思想政治教育转"危"为"机"的能力水平。

1. 全面认识新时代思想政治教育的"危"

第一，信息化发展给思想政治教育工作带来挑战。当今社会，信息化水平不断提升，各行各业都受到信息化浪潮的冲击，"互联网+"浪潮迅速席卷至各行各业便是例证。在教育教学工作方面，信息化水平的提升给思想政治教育工作带来了挑战。网络时代，网络化学习成为主流，思想政治教育的网络化工作有待加强，具体体现在网络课堂教学与现实课堂教学的有机结合还有待推进，思想政治教育教学手段的信息化水平还有待提升。

第二，意识形态斗争不断增强给思想政治教育工作带来挑战。随着经济全球化进程的不断推进，政治多极化已成为必然趋势，自媒体也成为中外意识形态交锋的重要战场。西方资本主义国家为了谋求超然的霸权地位，借助互联网和自媒体推动信息霸权，主动挑起意识形态斗争，使得传统的以经济制裁和军事对抗为主的"硬实力"比拼，转向以意识形态交锋、文化侵略为主的"软实力"竞争。在这一过程中，自媒体成为西方国家进行"西化"和"分化"的重要武器。同时，西方国家还借助文化交流、经贸合作、人才流动等隐性手段，进行意识形态渗透，以此遏制和狙击中国的大国崛起和民族复兴。

第三，舆论传播便捷化给思想政治教育工作带来挑战。中国正处于经济转型期、发展攻坚期、改革深水区的历史进程中，社会阶层利益分化加大了社会主义意识形态"凝心聚力"的整合难度，利益诉求多元化增加了社会主义意识形态舆论引导难度，社会思潮暗涌也让社会主义意识形态的主导地位受到冲击，这更容易让自媒体上的非主流意识形态潜滋暗长、隐蔽传播。更重要的是，网络和自媒体是现实世界的"放大镜"，现实世界中的偶发事件、普通事件，极易经过自媒体的传播被夸大甚至歪曲，客观上造成了群众的政治信任度下降。在这样的情况下，如果党员干部和高校教师依然在舆论斗争领域不敢说、不愿说、不会说，在网络上"失言"和"沉默"，便等于将意识形态工作高地拱手相让，这无疑会弱化思想政治教育的实效。

2. 全面认识新时代思想政治教育的"机"

第一，国家顶层设计。新时代思想政治教育面临的最大机遇便是中国共产党的顶层设计。高校思想政治教育应该抓住机遇，以高标准提升思想政治教育水平。

第二，民族的伟大复兴进程。实现中华民族伟大复兴，是近代以来中华民族最伟大的梦想。现在，我们比历史上任何时期都更接近中华民族伟大复兴的目标。历史和现实都告诉我们，青年一代有理想、有本领、有担当，国家就有前途，民族就有希望，实现我们的发展目标就有源源不断的强大力量。

第三，颠覆性技术的迅猛发展。近年来，以大数据、云计算、人工智能为代表的新兴技术迅速发展，颠覆性技术的战略地位日益突出，受到党和国家的高度重视。颠覆性技术的发展与运用给社会发展进步和人们的生产生活带来了深刻影响，也带动了教育教学理念、教学方式的加速更新。高校引入新技术手段，应用多媒体平台，有利于提升思想政治教育的趣味性和实效性。

3. 促进新时代思想政治教育转"危"为"机"

第一，以学生为本，创新高校思想政治教育内容。高校思想政治教育面对的对象主要是大学生群体，高校思想政治教育创新工作应基于这一基本点展开。高校思想政治工作者要深入学生群体，充分了解掌握大学生群体的思想动态、行为特点、心理机制，结合大学生群体的特点进行思想政治教育创新。不深入了解大学生在想什么、做什么，开展思想政治教育就会变成纸上谈兵，是脱离实际的行为。在了解新时代大学生的行为特点、心理机制的基础上进行思想政治教育内容的创新可以从贴近学生思想实际、贴近学生关注的热点社会事件、贴近学生的生活和专业学习等方面入手。

第二，以技术为支撑，创新思想政治教育方式。在信息技术尚未发达时，思想政治教育工作的领域集中于线下，如课堂讲授、讲座论坛等。信息技术的快速迭代，使得思想政治教育工作的领域由单纯线下作战，扩展为线上线下相结合，意味着既可以通过线下渠道进行传统宣讲，也可以通过线上平台进行意识形态的裂变扩散。这使得思想政治教育的传导空间急剧扩张，其触角也能接触到更多群体和对象。比如，物联网作为互联网基础上的延伸和扩展的网络，是由各种信息传感设备与互联网结合而形成的巨大网络，能够实现在任何时间、任何地点，人、机、物的互联互通，让每一个联网的物体都可能被媒体化、平台化。由此可见，利用物联网能够实现意识形态工作领域"万物互联"，监控范围可突破现有领域，向更精、更深的领域拓展。

第三，以时代为契机，优化思想政治教育环境。中国特色社会主义进入了新时代，高校思想政治教育也进入了新的发展阶段。新时代给高校思想政治教育带来了新的发展契机，新时代思想政治教育工作有着更稳定和谐的社会环境，有着更具时代性的理论指导，有着更先进的技术保障。在面对新时代的发展优势，高校思想政治教育工作者要有更坚定的理想信念、更优质的教育内容和更先进的教育理念，来适应新时代思想政治教育的发展需要，提高高校思想政治教育的实效性。

第二节　提升网络舆情分析和谣言治理能力

意识形态工作是党的一项极端重要的工作。做好网络舆情应对工作，是做好意识形态工作的重要组成部分，是推动网络意识形态工作从决策层面向执行层面转化的应然要求，也是推进新时代高校思想政治教育创新发展的应有之义。在网络舆情应对中，要做好网络舆情分析与谣言处理工作，以弘扬主旋律、传播正能量。

一、提升网络舆情分析能力，赢得舆情应对主动权

高校网络舆情分析研判是高校网络舆情应对的重要环节，它一头连接着舆情的监测与收集，另一头连接着舆情的应对与引导，起着承上启下的重要作用。高校网络舆情的分析研判，是指对监测与搜集到的大量信息进行深入剖析，并研究判断可能的发展态势、动向

和结果以及对社会的影响，对舆情及其事件的发展趋势、风向、苗头进行全面的预判分析，找到影响舆情发展的关键节点，以便提高舆情处置的针对性和前瞻性。建立和完善高校网络舆情研判机制，运用科学方法对网络中的舆情信息进行及时搜集、有效鉴别、合理筛选，已成为当前高校有效开展学生思想政治教育、确保校园安全稳定和谐的一项基础性工作。

1. 核查信息真伪，把握舆情属性

罗伯特·希斯认为，避免危机的发生或者将危机消灭在萌芽状态是成本最小、最经济，也是最成功的危机管理方法。通过对网上微弱、零散的信息进行分析，发现其中正在酝酿之中的事件的端倪和可能产生的后果，及时采取措施化解，可以避免发酵形成难以控制的舆情。面对舆情事件首先要进行信息甄别。信息甄别，是指对监测和收集到的网络舆情信息进行真伪、正误的初步分析与鉴别。研判工作需要通过核查、比对等方式，去芜存菁、去伪存真，进而相互印证，并最终达到准确无误。一是要学会区分信息和舆情，区分舆情与谣言。谣言在分析与研判阶段应被识别出来，并及时提请相关责任主体辟谣。因此，在网络舆情分析与研判的最初，应将谣言从舆情信息中区分开来，并寻找有力证据，尽快辟谣，避免其成为大规模的舆情事件。二是判断真舆情与伪舆情。在网络信息洪流中，网络推手、网络打手，都在一定意义上制造了伪舆情，造成"舆论绑架司法"的现象时有发生。只有加强研判力度，分清舆情与谣言、真舆情与伪舆情，才能精确地进行舆情应对与引导。三是搭建舆情"研究室"，强化研判机制。预测性研判是指在网络舆情行将发生的早期阶段，高校管理者根据网络信息热度、敏感词、点击量、转发量、跟评量等指标进行文本分析，从而确定相关信息在舆情事件中可能的演绎风险，以此对舆情信息的层级、类别以及属性进行分析。对舆情事件进行快速识别和准确预测趋势，从而制定有效的应对处置策略，可以将可能发生的舆情事件的危害降到最低程度。

2. 了解民意指数，把握舆情风险

后真相时代，情绪、情感成为掀起舆论浪潮的首要动因。美国学者萨德曼曾认为，"风险＝危害＋愤怒"，在舆情事件中，情绪催化风险，甚至会演变为情绪对抗，致使舆情逐步升级为混沌状态。因而舆情回应要选择适当的话语表达方式，要有态度、有温度、有尺度，最大限度地把握风险。一是有态度，缓和公众情绪。舆情发生时，网民由于得不到更多的信息来源，所发出的舆论声音都倾向于第一爆料人或第一发声媒体的报道基调，这时的舆论不稳定性大，最容易被不良、不全报道左右情绪。对负面信息进行"一刀切"的封堵、删帖，容易引发舆论的无端猜测，第一时间表明高校彻查的态度，使公众感受到高校的担当，这对于舆情的整体走向意义重大。二是有温度，情感动员体现人文关怀。舆情处置应以攻心为上，在充分尊重公众的知情权、表达权的同时，还需善用大数据分析技术

"击中"舆论关切，敏锐捕捉热点背后的社情民意，在回应内容和回应态度上实现与网民的同频共振。在舆情回应上，多一点"接地气"和人文关怀的表达，官方话语体系和民间话语体系的衔接性才能增强，网民内心的认同感才能提升。三是有尺度，把握好舆情回应的分寸。高校对舆情回应的"火候"要把握到位，避免因急于回应或乱回应引发更大的负面舆情。在舆情回应时，要掌握好回应的时机，在全面了解事实、统一口径之后，选择恰当的时间节点发声，还要遵循舆情回应的真实性原则，坚决杜绝不实内容，维护高校信用和形象。

3. 借助外部力量，把握舆情热度

在舆论爆发期，各种言论泥沙俱下，"意见领袖"对事件的评判，影响舆情事件的传播力和立场观点的风向。高校要充分利用"意见领袖"的力量，澄清公众疑虑，还原事实真相，缓解舆论压力。一是联合媒体主动设置议题，转移舆论焦点。媒体作为重要的传播主体拥有最广泛的传播渠道与受众，在舆论爆发期，媒体的报道会影响事件的走向。高校应尽可能地提供最完整、最真实的信息，与专业媒体协商合作，通过专业、权威的报道，赢得公众的认可。二是借助专家发声回应质疑，以专业权威释疑解惑。随着网络的日益普及，网络逐渐成为一个展现情绪、表达民意的公共平台。网络上的主流声音弱化、主流价值淡化，以致谣言蜂起、难以识别。高校在网络舆情事件应对过程中，要充分利用专家进行权威发声，进行舆情事件的专业解读，化解公众疑惑。三是高校培养自己的"意见领袖"，进行舆论对冲自净。高校要注重"意见领袖"的培养，主动掌握网络意识形态宣传的主导地位，占领网络舆情制高点，充分利用网站、报纸、广播、宣传栏和微博、微信公众号等媒介资源，掌握高校网络舆情的主动权，借此增强舆情引导的影响力、传播力。在日常管理中，管理者要多走进学生群体，培养学生自我管理的能力，尤其是要通过学生干部了解网络舆情，培养"意见领袖"，及时发现可疑舆情信息，引导舆情事件往有利方向发展，最大限度地避免突发事件给学生带来的负面影响。

4. 分析舆论焦点，把握舆情拐点

高校在舆情应对时，要进行动态性的实时跟踪、及时研究和研判，注重分析研究网民比较突出的意见和诉求等，通过针对性、专业性、连续性地回应，把握舆情拐点，平息舆论，从根本上解决问题、化解矛盾。一是直击"靶心"，回应对准舆论痛点。危机公关中素有"黄金 24 小时"的说法，即在事件发生后 24 小时之内最好给出回应。对于突发性网络舆情事件的处置，要通过信息发布来争夺舆论话语权，第一时间发布信息，确保传播渠道通畅，避免谣言"发酵"。高校要摆脱"假沟通""捂盖子"等被诟病的老套路。此类"冷处理"式的回应，会导致网络谣言和"阴谋论"大面积滋生，造成次生舆情蔓延。面对汹涌澎湃的舆论，高校要根据舆情态势和舆论风向回应社会关切，消除校方和民众之间的信息不对

称，谨防被过度解读。二是"对症下药"，从源头上稳定舆论。高校应及时制定处理结果，以最快速度、最稳妥方式处理舆情事件。深知第一时间表明"正在调查中""暂时没有任何确切消息"本身就是一条重要信息，它能够防止错误信息和谣言的滋生与蔓延，避免"禁果效应"。高校在舆情回应时，要以事实说话，不轻易下结论，不轻易求割裂，要就事论事地讲道理，有理有据地表公正，做到有据可查、有理可诉，稳定舆论环境。三是"连续不断"，用碎片还原真相。网络舆情分析是一个线性过程，调查事件是需要投入时间的探索过程。但是在信息瞬息万变的当下公众最缺乏的就是时间。因此，校方要谨慎选择满足网民信息渴望的方式，过头的话不讲，过早的定论不下，要阶段公布讲过程，简明扼要赢主动。此外，在阶段性的回应过程中，必须能够从宏观视角把握全局，找出具有普遍性和代表性的问题，在动态的回应中解决矛盾，避免因问责不及时和处置不当引起网络舆情反弹。

5. 研究传播态势，掌握舆情规律

高校网络舆情的演变过程复杂多样，高校舆情的产生和变动，受到现实社会和网络空间的双重影响。探析高校网络舆情的发生和演进过程，正确认识和理解高校网络舆情的发展规律，并在规律探寻中找到引导高校网络舆情健康走向的对策，对高校舆情管理、营造清朗的网络空间，具有十分重要的意义。一是妥善处置，避免"烂尾舆情"引发公众槽点。舆情研判的目的在于引导处置，在舆论危机解除后，高校要在核查信息源、掌握基本事实、动态跟踪传播态势、分析媒体焦点及民意倾向、排查舆情风险的基础上，通过专业的定位分析，提供专业的处置措施和咨询参考意见，杜绝"冷处理""不了了之"，给舆论场一个客观而满意的结果。同时，高校应注意研判舆论是否有"死灰复燃"的可能性，及时制止舆论的二次爆发。二是形象修复，重塑高校公信力。在舆情危机过后，高校要及时消除影响，修复受损形象。高校要积极主动地向媒体提供新闻素材，利用媒体报道进行舆论引导加持，从正面积极重塑形象，提高高校自身美誉度和信誉度。此外，要努力实现从宣传意识向品牌意识的转变，维护学校的权益和形象。三是总结经验，形成"档案库"。每一次舆情事件的处理都是高校不断提高治理能力的过程。在信息高速传播的今天，只有吸取教训、归档学习、创新手段，舆情治理能力才能得到提升。高校要反思舆情处理应对工作中存在的不足，及时查漏补缺，做好后续工作。同时，高校要将舆情事件进行归类整理，建立舆情事件库，为以后类似舆情事件的处理提供有效参考，提高工作效率。

二、提升网络谣言处理能力，共建清朗网络空间

社交媒体迅速发展的背景下，网络已经成为高校大学生了解社会的主要工具。媒体技术的发展加快了信息传播速度，致使高校舆情的形成显现即时化、碎片化、裂变式的特

点，极大地促进了谣言的传播。网络谣言的传播过程是一个群体博弈过程，高校要想营造一个洁净的网络舆论环境，就要在加强辟谣力度的同时，形成数据、法律、平台、联合、教育全方位工作格局，拆除网民的"心理隔膜"，形成全民辟谣的"最大公约数"。

1. 数据管理：智能甄别评估，加强舆情研判

传统谣言应对往往依靠"人防"，费时费力且效果不佳。在社交媒体时代，需要运用大数据新技术，创新网络谣言化解路径。一是加强舆情信息监测，完善舆情预警机制。高校谣言化解涵盖信息监测、研判、分析、处理等环节，只有这些环节落到实处，才能有效避免和妥善处理谣言和突发性事件。高校应成立网络舆情监测中心，收集掌握网络谣言的线索和证据，尤其要重点关注可能引发谣言扩散的风险，及时进行研判，将新情况、新问题及时反映给学校相关部门。二是健全网络舆情评估，提升网络谣言甄别能力。高校要设立网络安全专门机构，建立网络舆情监控管理系统，引进或购买网络信息监控设备，开发网络信息监控软件，运用先进网络技术手段屏蔽网络谣言，削弱网络谣言的影响力。对网络谣言实施智能化甄别评估、全天候监测预测提供技术支撑，进而作出危害性程度数据评估，通过数据的挖掘、清洗，针对性提出辟谣"谋略"。三是加快队伍建设，"技术+人力"发挥辟谣潜力。当前高校舆情工作人员多为高校师生兼职人员，素质参差不齐，流动性大，对于数字辟谣缺乏经验。高校应注重人才培养，提高专业化管理水平。在谣言散布的第一时间，高校舆情工作人员应发挥谣言过滤器的功能，履行好"把关人"职能，从源头上遏制网络谣言，筑起网络谣言的第一道"防火墙"。此外，还应注意发挥舆论引导作用，通过对网络谣言的监测和评估，选择合适的"切入点"和语言文本，使辟谣产生最大的"落地效果"。

2. 联动管理：线上线下联动处置遏制态势

网络谣言本身内含不同动机和价值诉求，与各类社会问题、价值认识等密切相关。为此，高校需要提升网络谣言化解的成效。一是各部门合作打通壁垒，避免产生"信息孤岛"，降低辟谣效率。高校宣传部、学生处、教务处、保卫处、信息中心等应该通力协作，紧密配合，建立网络工作与现实工作相衔接的联动机制，及时互通信息，保证信息交流的顺利畅通，提高专业化管理水平，形成一条稳固的谣言化解链。谣言化解是一项长期性工作，需明确各部门职能分工，细化处理流程、方法，制定相应的管理制度，包括考核办法、问责机制等，使网络舆情管理规范化、制度化、细致化。二是解决实际问题，用实际行动筑牢"防谣"大门。谣言止于公开、止于真相。处理网络谣言，最有效的办法是让信息公开制度高效运转起来，让信息公开的速度大于谣言传播的速度，让真相"跑"起来，让谣言消失在"阳光"下，权威信息公开透明是防"谣"的第一步。谣言照应了现实的一部分，真正做到彻底的"辟谣"就要切实解决实际问题。回应师生的现实关切，有效处理真实存在

的各种议题，增强学校权威性。三是多元共治，鼓励学生辟谣，降低谣言易感性。学生是网络原住民，对网络非常熟悉，要最大限度地发挥学生队伍的潜在力量。管理者要多走进学生群体，培养学生自我管理的能力，通过学生干部了解网络舆情，培养"意见领袖"，调动学生主动辟谣的积极性。通过学生群体之间的无门槛，可以使"忠言逆耳"的真相深入人心，也可以杜绝谣言对学生群体的感染，形成谣言化解的最大合力。

3. 法律管理：完善法律法规加强惩戒力量

网络不是法外之地，法律法规可以有效遏制网络谣言的产生和传播。为此，需要从三个方面努力：一是进一步完善法律法规，让辟谣有法可依。政府应制定更有针对性的政策法规。在媒介形态快速迭代的当下，多数法律法规内容已经很难适用于监管当下快速发展和变化的网络传播行为。政府应制定更有针对性的政策法规，界定造谣主体的法律责任与平台运营商的监管责任，针对不同互联网平台进行差异化管理。让高校在辟谣时有理可依，有法可撑，并以制度性规范和惩戒方式令行禁止，让谣言制造者不敢造谣，让传谣者传播有所畏惧。二是加强惩戒力量，让造谣者畏惧造谣。首先，高校应加强突发事件信息公开的透明度，快速结案和及时公开，运用各大网络媒介平台和移动新闻端，对典型网络谣言处置案例及时进行公示，以此警示有意造谣者，主动引导健康舆论氛围。其次，对于造谣者敢于"亮剑"，用法律手段维护正当权益。同时运用大数据及时跟踪网民反馈和评价，精准预判舆情走势，并实施精准引导。三是组建"辟谣联盟"，形成长效机制。网络谣言对高校传统的管理方式提出了挑战，在一定程度上，高校对网络谣言的监管和处理能力明显滞后。辟谣是一个长期博弈的过程，高校应该与智库、政府、媒体、互联网平台合作，共同建立谣言收集制度和分析研判机制。高校要减少"临时抱佛脚"的应激式监管，建立相互配合的常态监管机制，尽最大可能压缩虚假信息传播空间，提升真实信息的触达率和转化率。

4. 平台管理：提升行业自律落实政治责任

随着自媒体的兴盛，网络平台宣传作用凸显。只有以平台管理提升辟谣的广度，主动掌握网络主流意识形态宣传的主导地位，占领网络舆情制高点，才能牢牢把握网络舆论的领导权、管理权、话语权。一是打造平台，抢占舆论阵地。当谣言产生后，公众对信息的高度渴求与信息渠道的狭窄造成严重的供需失衡，公众只能求诸非正常渠道获取信息，这一状况不仅会因传播渠道的本身缺陷产生严重的信息噪声，而且也会使公众对非正常渠道产生信任依赖，从而削弱高校辟谣力量。所以，高校要拥有稳固的舆论阵地，即有影响力的发声渠道是非常必要的。高校要培养具有专业水准的"发言人"，强化高校社交媒体平台建设，打造自己的公众信得过的有影响力的"意见领袖"，在辟谣信息发布后才能够最大限度地发挥正向的舆论管理效能。二是借船出海，协同权威平台形成辟谣合力。高校应与大型网络新媒体形成良性合作模式，构建立体式网络谣言监测体系，运用大数据、人工智能、云计算等先进信息技术对网络舆论实施多级联动、多家联合监测，确保数据资源共享、信息交流畅通和全天候全网络的谣言监控，制定平台辟谣应急机制，完善网上谣言查证和举报平台，从而有效遏制谣言的产生和传播。三是加强平台管理，削弱传谣阵地。平台作为信息的集散地，也是谣言的生产地和中转站，只有加强平台管理，落实惩罚制度，才能有效驱除辟谣阻力。高校要建设好自己的移动传播平台，推动构建以思想政治工作网、易班网和中国大学生在线"三驾马车"为引领的校园网络新媒体传播矩阵，管好用好QQ空间、微博、微信、知乎、抖音、B站等商业化、社会化的互联网平台，拓展短视频、音频、小程序等新媒体社交平台。同时，高校要对各类师生网络平台进行政治职责和新闻宣传舆论引导职责的审查管理，对各大新媒体平台实施谣言管理清单责任制，根据谣言监测数量、影响程度、涉面广度等指标，实施公开透明的奖惩追责制度，从而进一步遏制谣言的产生和传播。

5. 教育管理：培育网民理性价值认识

有效消除网络谣言，不仅要通过法制化、制度化、社会化建立长效机制，形成阻击谣言的社会共识，还要促进师生媒体素养培育，切实提升学生的自律意识，不造谣、不信谣、不传谣、敢辟谣，全面阻止谣言兴风作浪、蛊惑人心。一是提高谣言辨别能力，理性对待谣言产生谣言"抗体"。通过网络素质教育培养学生对媒介信息的分析与判断力，引导学生树立健康的网络道德观，强化责任意识，养成良好的网络行为，科学利用网络，增强对谣言的鉴别力，自觉抵制网络谣言。同时，要注意从多个权威信息源获取舆情信息，培养健康的信息处理习惯，不断提高心理承受力、思想免疫力和行动支持力。二是克服从众心态，不做谣言的"二传手"。当人人都拥有"麦克风"时，众声喧哗的舆论生态随即形成，信息的芜杂也是不可避免的。当前学生网民普遍热衷于表达，情绪极易被煽动，在很多事件发酵之初，急于表达自己的观点和情绪，而等不及最后的事实真相。高校大学生应该理性认知自我的局限性，不盲目从众，不被他人情绪所裹挟，在未全面了解事实真相的情况下不传播、扩散相关信息。三是培养良好的用网习惯，做合格的"发声者"。对于受众而言，培养良好的用网习惯是避免媒介认知偏差的有效途径。在选择信息时应更多关注权威信息的发布，提升对海量信息的分析与判断能力。高校师生要提升媒介素养，在进行媒介接触时既要注重价值判断又要关注事实真相，在尊重客观事实的基础上进行主观判断，减少因事实失实造成的谬传误传。高校师生只有做到自律，才能在纷繁复杂的信息环境中保持清醒判断，做负责任的"发声者"和冷静的"接收者"。

第三节　深化底线思维和辩证思维的治理应用

新时代，在开展思想政治教育的过程中，思想政治教育工作者要适应中国特色社会主义新时代和国家治理现代化的发展要求，提高坚持和运用底线思维和辩证思维的能力。

一、运用底线思维护航思想政治教育安全发展

所谓底线，就是不可逾越的界限，是事物发生质变的临界点。底线思维是重要的思想、工作和领导方法，善于运用底线思维是高校思想政治教育工作坚持正确政治方向的必然要求，也是高校思想政治教育工作面临严峻挑战的形势使然。

1. 筑牢意识形态底线，坚守政治安全

思想政治教育活动是连接意识形态与社会大众的桥梁，意识形态是思想政治教育最根本的属性。当前的大学生群体从"90后"逐步向"00后"群体过渡，呈现全新代际特征，各种影响和谐稳定的社会思潮和舆论时常出现，严重影响师生的意识形态，高校意识形态建设面临新的挑战。为提高高校思想政治工作的实效性，高校思想政治工作者必须筑牢意识形态安全底线，守好政治安全。

其一，要有坚定的政治方向。高校思想政治工作者是党的理论政策的传播者和宣传者，是学生健康成长的引路人，担负着培养担当民族复兴大任的时代新人的重要责任。这要求高校思想政治工作者必须首先具有坚定的政治方向，时刻保持清醒的头脑。其二，要有敏锐的政治定力。在宪政民主、新自由主义、历史虚无主义等错误思想观点企图争夺话语权，动摇马克思主义在思想领域的指导地位，从而否定党的领导和我国社会主义政治制度的形势下，高校思想政治工作者必须有持久的政治定力，紧绷政治这根弦，保持政治敏锐性、提高政治鉴别力，坚决抵制错误的、腐朽的思想观点和社会思潮。同时，要指导学生明确正确方向，守住革命文化、传统文化、先进文化的红色地带，转化民族主义、人权主义、功利主义等灰色地带，严控普世价值、公民社会、新自由主义等黑色地带。其三，要敢于发声亮剑举旗。要有主动"亮剑"的精神和勇气，而且要将"守住底线"的意识外化为"守土有责"的行为。在大是大非问题上要勇于发声，在错误行为上要敢于亮剑、敢于斗争，共同维护我国政治建设，营造风清气正的政治生态。同时，做好意识形态的引路人，发挥价值导向功能，体现思想政治教育的引导作用，善于利用各种方式方法指导学生坚定正确政治方向，树立远大理想信念，做到听党话、跟党走。

2. 筑牢师德师风底线，坚守作风安全

近年来，党中央、国务院把师德师风建设工作提到一个新高度加以重视，先后出台《关于建立健全高校师德建设长效机制的意见》《关于全面深化新时代教师队伍建设改革的意见》《新时代高校教师职业行为十项准则》《关于高校教师师德失范行为处理的指导意见》《关于加强和改进新时代师德师风建设的意见》等系列文件，进一步强调和明确了新时代师德师风建设的重要性。高校是知识传授、道德教育、文明传播的前沿阵地。教师是立教之本、兴教之源。师德师风的建设关乎教育事业兴衰，关乎民族发展未来。高校思想政治工作者是学生灵魂的工程师，其本职工作是育人，为党和人民培养德、智、体、美、劳全面发展的社会主义建设者和接班人。目前，教师不端行为、教师反动言论等事件引发公众对教师道德品质、思想素质等方面的广泛关注，师德师风问题成为公众普遍关注的焦点，走上舆论的风口浪尖，教师的地位和声誉严重受损，这对高校思想政治工作造成较大影响。

坚持底线思维，加强师德师风建设，既要重视教师个体的道德素养，又要重视教师队伍整体的风气风貌。一方面，高校教师自身要坚持立德树人。高校思想政治工作者必须以身作则、言传身教，树立个人品德、职业道德的底线意识，做到以德立身、以德立学、以德施教。要严守教师的职业道德规范，在工作中，要做到不违规、不逾矩，时刻以爱国守法、关爱学生、为人师表、教书育人等职业道德规范严格要求自己；要严守个人道德底线，带头践行社会主义核心价值观，积极传播正能量，切实将社会主义核心价值观内化于心、外化于行，树立自身高尚的道德情操、坚定的理想信念、崇高的政治信仰，以自己的一言一行去感染学生，处处严格要求自己，做好表率作用。另一方面，高校要健全师德师风考核机制。高校应紧密结合有关要求和学校实际，健全师德师风建设机制制度，明确师德要求，划定师德底线，充分发挥制度规范约束作用。高校要将师德考核作为教师队伍建设和教师评价的首要标准，制定操作性强的师德考核细化措施和实施办法，将师德考核结果作为评优评先、岗位聘用等的重要依据，坚持师德师风是评价教师队伍素质的第一标准，将教师社会失信行为纳入师德考核评价内容，对师德师风问题突出的责任人按照有关规定严肃问责，不断完善和加强师德考核、规范师德奖惩、强化师德监督。同时，高校师德师风建设工作既要发挥制度的刚性约束作用，又要发挥榜样的示范引领作用。要不断通过树立典型，正确带动、引领广大教师自觉提升师德修养，营造师风师德建设的向上向好环境。

3. 筑牢学术道德底线，坚守学术安全

学术道德底线，是整个学术共同体须共同遵守的、不可逾越的道德分界点构成的底线，是学术端正与否的分界线。但学术道德失范现象在近年来仍屡见不鲜，引起社会的广泛关注。种种学术不端现象的存在，不仅破坏了学风、损害了高校的形象，还削弱了思想政治教育的效果。

面对当前种种学术不端现象的存在，有效发挥思想政治教育的作用，积极引导学者们遵守学术规范、坚守学术诚信、筑牢学术道德底线、坚守学术安全至关重要。一方面，高校师生要加强理想信念教育，坚守学术诚信。要经常性组织一些师德教育活动，提倡学风的回归和学术道德的重建，引导教师和学生树立正确的学术荣辱观，以真诚的学术研究为荣，以虚假的学术研究为耻；以创造性的研究成果为荣，以投机性的学术垃圾为耻；以探索真正的理论和现实问题为荣，以骗取和浪费学术资源为耻。另一方面，高校要健全奖惩机制，严守学术底线。要不断完善相关的奖励和惩罚机制，以制度化建设带动良好学术道德与诚信建设；要坚持把制度建设贯穿于学术道德建设与高等教育管理的全过程，把制度建设与思想教育结合起来。例如，将师德、学术道德表现作为教师年度考核、职称晋升、薪酬定级、派出进修和评优奖励的重要依据，将学生的学术道德与诚信教育纳入思想政治教育工作体系。对在工作和学习、科研中表现突出的对象要给予精神上和物质上的奖励，对于那些采取不正当手段突破学术道德底线获取科研成果的对象，要建立严格的失信失德惩戒机制。要充分发挥思想政治教育宣传与引导的作用，通过思想政治理论课堂、学术道德讲座、网络平台等，构建学术学风建设与思想政治教育相融合的全员育人、全方位育人、全过程育人的格局，形成师德师风建设的长效机制。

二、运用辩证思维推动思想政治教育良性发展

辩证思维作为一种科学理性的思维，是一种全面、联系、发展地看待问题的思维方法，是做好大学生思想政治教育工作的重要方法。高校思想政治教育工作面对世情、国情、党情的新变化和新时代大学生群体的新特点，必须从实际出发，着力用辩证的思维引领高校思想政治教育实践，提高思想政治教育实效性。

1. 辩证处理好"育"与"导"的关系，做到主导性与主体性的统一

思想政治教育要取得实效，既需要依靠思想政治教育者来主导落实，也需要学生这个主体来实践，离开了教育者主导性和教育对象主体性作用的发挥，思想政治教育将难以见效。一方面，高校要坚持教育者主导的原则。"育人"是高校思想政治教育的内在属性。这就要求思想政治教育工作者要充分发挥主导作用，在准确把握教育对象特点的情况下，通过价值塑造、知识传授、能力培养等有效的教学活动引导其树立正确的世界观、人生观和价值观，并将内在的个体意识转化为外在的实践行为，让思想政治教育工作内化于心、外化于行。另一方面，高校要坚持教育对象的主体性原则。教育对象是学习活动的主体，思想政治教育能否取得成效关键在教育对象。这就要求思想政治教育工作者要充分尊重学生主体地位，激发教育对象的积极性、主动性、创造性，加大对学生的认知规律和接受特点的研究，努力构建以学生为主体的全员全过程全方位育人体系。通过设计改革教学方案、

规划整合校园文化活动，引导和激发学生的学习兴趣、责任担当，使其主动积累理论知识、总结实践经验，自觉把对国家、对民族的责任作为自身的社会责任与价值追求，并转化为实际的行为，做合格的优秀的社会主义建设者。"坚持主导性和主体性相统一"是新时代思想政治教育的根本遵循，只有坚持教育者的主导性与教育对象的主体性相统一，思想政治教育才能真正取得成效。

2. 辩证处理好"一"与"多"的关系，做到主旋律与多样性的统一

随着社会的不断发展，社会的多样化和思想文化的多元化也在不断发展，同时当前大学生思想活跃、个性鲜明，这就要求高校思想政治教育工作要有辩证思维。一方面，高校要坚持马克思主义一元指导原则。在多元文化的冲击下，部分大学生由于对各种文化所内蕴的价值观缺乏必要的甄别能力，很容易被个人本位主义、利己主义、拜金主义所影响。因此，思想政治教育工作要坚持巩固壮大主流思想舆论，弘扬主旋律，加强社会主义核心价值体系建设，大力培育社会主义核心价值观。充分发挥思想政治理论课的主渠道和主阵地作用，加快推进高校思想政治教育理论课改革。同时，充分运用新媒体新技术宣传贯彻习近平新时代中国特色社会主义思想，让新思想和社会主义核心价值观占领大学生的思想阵地。另一方面，高校要辩证对待多元文化。当前多元的思想文化和复杂的社会环境给大学生思想政治教育带来较大冲击和挑战。在新的历史条件下，思想政治教育要坚持正确处理主旋律与多样性的关系，既要大力弘扬主旋律，又要融入多样性。要坚持辩证的态度，对多元思想文化中消极有害的内容要及时揭露制止；对其中积极向上的内容，可以通过渗透和强化主旋律、引导转化等方式给予强化和提倡，让多元的价值文化在主旋律的基调上奏响。

3. 辩证处理好"知"与"行"的关系，做到讲道理与解难题的统一

"行"是"知"的落脚点，也是对于"知"的深化与延伸。要在坚持科学理论灌输的基础上，将灌输与启发引导相结合，引导学生发现问题、思考问题、解决问题，将所知转化为所为。因此，思想政治教育要坚持理论灌输与实践引导相统一。一方面，高校要坚持理论指导。高校要坚持做好理论灌输，讲好大道理，不断巩固马克思主义在意识形态领域的指导地位。坚持用生动活泼、贴近教育对象的方式方法把大道理讲实、讲透，使党的政策方针、政治理论切实为教育对象所认可、所接受和内化。另一方面，高校要坚持实践育人。思想政治教育工作要坚持将解决学生思想问题与实际问题相结合的原则，深入实际，了解学生存在的实际问题，重视其正当的利益诉求，针对其存在的困难给予关怀和帮助。高校思想政治教育要坚持把讲道理和解难题统一起来，在提高学生思想认识的同时，引导其将正确、科学的理论转化为具体的行为，从根本上提高思想政治教育的实效性。

第三篇
网络思政篇

▶ 第七章

网络空间的认同与意识形态

第一节　网络空间中马克思主义认同的挑战与应对

坚持马克思主义在中国的指导地位关系国家稳定、经济发展、社会繁荣和文化进步，所以我们必须高度重视对马克思主义认同问题的研究。网络空间是建立在互联网技术发展基础之上，逐渐形成的人们交往活动的虚拟空间。认同是指群体中的成员在认知与评价上产生了一致的看法及其感情。目前，网络空间中对马克思主义的认同面临诸多挑战，需要对其进行深入分析应对，增强网络空间中的国家凝聚力。

一、网络空间中马克思主义认同存在的问题

（一）马克思主义话语失声

当前，马克思主义在一些领域被边缘化、空泛化、标签化，在一些学科中"失语"、教材中"失踪"、论坛上"失声"。这种状况必须引起我们的高度重视。随着网络空间中意识形态传播机制的改变，传播流程和渠道必须重新建构。当前网络空间中马克思主义话语不足，国家主流意识形态失声，主要表现在以下四个方面。

第一，马克思主义在网络空间正气不足。主流网站应该是发布权威信息、引导舆论方向、扩大舆论影响、改变舆论生态的主要阵地，但当前的主流网站对于马克思主义话语的态度有着巨大差别。从目前来看，马克思主义在网络空间中被边缘化的倾向严重，在大量

商业和学术网站中没有占据主流地位，没有成为普遍认同的价值观念，而马克思主义网站本身的社会影响力也有待强化。资本驱动下的物质文化和消费文化成为一些网站流行的价值倾向，消解了马克思主义认同的社会基础。

第二，马克思主义在网络空间的传播力较弱。网络空间的马克思主义传播活动要符合信息传播规律，及时适应网络空间发展需要。但是，目前网络空间中马克思主义的解释力和说服力有待加强，不能充分满足人民的理论需求和价值愿望。我们在网络空间中亟须加强对攻击马克思主义思想的言论的论战，用扎实的马克思主义理论基础和鲜活的网络话语来传播马克思主义，强化理论自觉和理论供给，提升国家在网络空间的凝聚力。

第三，马克思主义在网络社区失语。社区是网络空间群体聚集的场所，能够让网民在一定程度上进行思想交流和观念互动，改变或影响社会价值认同。尤其是移动互联网时代，以微信为代表的场景社区吸引力越来越大。但是，在网络社区中，当代中国的马克思主义鲜活话语难觅踪迹，充斥的是来自西方的"洋教条"或中国的"土教条""马教条"。在对中国社会发展中出现的问题进行分析时，大多运用似是而非的理论话语来解释中国现象，牵强附会，造成网络空间中人们的价值观混乱，拉大马克思主义与普通民众之间的距离。

第四，马克思主义在网络空间缺乏互动。网络社交是话语传播的最高效渠道之一，充分凸显了个体的自主选择性和信息的发散传播性，当前，马克思主义话语还没有被个体充分引进信息分享的网络传播机制。意识形态与个体之间相互需要、相互满足，主流意识形态离不开个体认同。在网络空间社交关系中，缺乏马克思主义的引领作用，个体就可能陷入思想上的空虚和精神上的迷失，就可能落入错误思潮的逻辑陷阱，被诱导走向错误方向。

（二）错误思想的渗透

互联网已经成为舆论斗争的主战场。当今世界，国与国之间的竞争不仅表现在经济、军事等硬实力的比拼上，还突出表现在价值观和文化软实力的较量上。在网络空间中，西方资本主义国家对我国的思想渗透始终没有停止，并且不断地改变方式、方法和手段，主要有以下三种。

1. 媒体宣传

西方一些国家一直标榜新闻自由、媒体独立，但是实质情况是，美国媒体的话语权在很大程度上堪称利益集团话语权的延伸。媒体、财团以及政府形成的利益共同体不仅强化了美国的核心价值观，也客观上扩大了美国媒体的话语权基础。在网络空间中，西方媒体抓住一切机会对中国推销西方价值观或制造偏见，尤其是针对当代中国马克思主义，其有意识地进行议程设置和话语选择，片面突出其价值观念，贬低马克思主义价值追求，其目的就是要解构中国精神、瓦解中国意志、颠覆中国政权。

2. 舆论诱导

网络舆论在网络空间中的导向作用具有隐性、间接、深远等特点，谁掌握了舆论方向，谁就控制了受众心理。西方一些国家高度重视网络舆论斗争，动用一切力量加强网络舆论控制，其主要手段有网络舆论引导、网络舆情监测与预警、网络舆论压制、网络信息删除、网站封杀、网络舆论煽动、网络技术支持等各种行动，又包括网络舆论管控机制建设、网站建设、网络舆论力量建设等建设内容。西方一些国家利用中国社会发展中出现的问题，在网络空间运用大肆炒作、以偏概全、歪曲事实等多样化手段进行舆论诱导，进而混淆视听、扰乱思想、攻击中国共产党和政府机构，甚至在中国境内培养其舆论代理人，用不同方法进行价值渗透，服务其利益需求，威胁我国国家意识形态安全。

3. 错误思潮推送

部分西方国家利用网络大肆传播其新自由主义、历史虚无主义、民主社会主义、极端民族主义等社会思潮，都有一定的政治动机或企图。新自由主义突出全面私有化、市场化和自由化，企图瓦解我国国有经济基础。历史虚无主义丑化革命、蔑视传统、攻击政党，制造思想混乱。民主社会主义扰乱指导思想、宣传普世价值、否定共产主义思想道德。极端民族主义夸大民族利益，分裂国家统一。它们正试图在网络空间社会思潮传播中逐渐摧毁马克思主义的指导地位。

（三）贫富分化的挑战

在网络空间中，贫富分化影响蔓延，价值多元化的表现越来越突出，对马克思主义认同的利益基础产生不良影响。贫富分化对网络空间中马克思主义认同的挑战主要体现在以下三个方面。

1. 个体经济背景差异

网络空间中的个体都有其自身的经济背景，而且彼此之间存在较大差别。当不同个体在网络空间中从事网络互动交往时，彼此间贫富差距的跨越地域的横向比较，带来了社会心态变动或社会情绪波动，改变着个体对马克思主义的整体认同状况。在网络空间中个体利益实现途径越来越广，其对私人、外资等不同性质企业的依赖性越来越强，思想分化越来越明显，经济来源多样化逐渐消解个体对马克思主义的认同情感。

2. 群体利益差异

网络上不同群体的交叉渗透性突出，相同个体可以在不同群体中存在，并影响群体意识变化。网络空间中具有相同利益的群体能够跨越时空进行交流沟通，加大群体聚集的可能性，也就是说，利益群体可以在网络空间中迅速汇集起来，形成群体势力，维护群体利益，从而加大了马克思主义面对多重利益群体挑战的压力。国际敌对势力利用贫富分化传播错误思潮，促使群体利益影响扩大，虚拟群体利益与现实群体利益之间的复杂交集也会对马克思主义认同形成挑战。

3. 国家发展差异

网络催生的个人自由主义倾向和全球化观念使公民的民族意识、国家意识日渐淡薄。在网络空间中，各个国家需要有效地利用信息权力来谋求国家利益最大化。民族国家要从不同方面来争夺网络控制权，谁掌握了先进的网络技术，谁就拥有网络规则话语权的先决条件。当今世界不同国家网络技术的发展水平差异很大，直接影响国家在网络空间的话语权。网络技术水平从根本上来说，就是国家经济发展水平的体现。也就是说，国家的贫富分化程度直接影响网络空间意识形态发挥作用的强弱。网络空间中不同意识形态不是孤立存在的，具有相应的利益和社会背景，彼此之间以多样态、多层次、多领域的方式展开分化渗透，存在着矛盾冲突，无形中稀释着马克思主义认同，消解着国家认同的价值共识。

二、网络空间中马克思主义认同存在问题的原因

（一）外资或私人资本控制主要网站

马克思主义的影响能否在网络空间占据主流地位，关键在于网络空间的控制权最终掌握在什么力量手中。从中国互联网社交门户网站的客观情况和发展趋势来看，这些网站绝大多数都在西方大国的股票交易所上市，因而被私有资本、外国垄断资本控股和实际掌控，使得私人资本对于网络空间的影响力不断增长。中国互联网企业股权被外资或私有资本支配的结果可能是导致舆论话语权的转变，出现操控舆情、挟持民意、压制主流价值、诱导社会心态的情况。

在我国网络空间中，私有资本力量普遍，且不断谋求扩张势力，以保障其达到追逐利益的目的。部分私有资本或外资机构在网络空间中解构马克思主义话语权的主要手段有以下四种。

第一，忽视马克思主义。在网络空间中，部分私有资本可以调动一切可以利用的信息资源充斥虚拟空间，却将马克思主义话语排除在视野之外，害怕马克思主义冲淡其商业色彩，影响其利益收入。

第二，淡化马克思主义。在网络空间中，部分私有资本限制马克思主义的传播渠道和路径，控制其传播范围，却为非马克思主义话语传播开辟绿色通道，动用多样化传播工具，诱导网络舆论走向，制造网络民意假象。

第三，曲解马克思主义。马克思主义有自己的价值立场和逻辑体系，脱离一定语境的意识形态话语可能会引起误解和非议。在网络空间中，部分私有资本控制的舆论工具会抓住马克思主义的只言片语，断章取义地随意解读，进而误导民众，混淆是非。

第四，抹黑马克思主义。部分网络媒体为了吸引眼球，提高点击率，获取关注度，故意针对马克思主义的立场、观点、方针、政策、榜样人物等进行抹黑丑化，甚至有极少数境外资本与敌对势力相勾结，以达到其不可告人的目的。

（二）对错误思潮的传播管理不到位

当前，在网站的管理方面，对网络意识形态的重视程度不够，既有思想观念问题，也有能力水平问题。在思想观念上，表现出没有意识到网络技术对于马克思主义传播的重要性，仍然停留在传统的文件、会议、报纸、电视等传播手段上，难以适应信息时代的挑战和要求。在能力水平上，马克思主义理论水平有待提高，不能理直气壮、灵活自如地运用鲜活的马克思主义话语来进行网络对话和交流，企图回避矛盾冲突，在一定程度上助长了错误思潮传播的底气。而对于部分商业门户网站来说，受到利益诱惑和驱使，其管理部门缺乏政治意识和大局意识，对于马克思主义话语传播有应付或抵触心理，内生动力不够，难以从思想和行动上提升重视程度。网络空间对错误思潮传播管理不到位的表现主要有以下四个方面。

第一，人员缺位。当前从事马克思主义网络传播的人数较少，马克思主义理论学科专业人员不足。在网络空间中，必须要有熟悉互联网传播规律以及马克思主义理论的相关人员开展话语传播，只有不断地钻研技术发展以及当代中国马克思主义的理论进展，才能适时进行马克思主义传播教育，增强马克思主义话语的解释力和说服力。

第二，制度缺位。网络空间既为个体的自由全面发展提供了机遇，也为错误思想酝酿发酵提供了条件。当前网络空间错误思潮泛滥的重要原因是制度约束不够，对重点网站以及重点人群的网络言行没有提出明确要求，没有将马克思主义信仰教育与相应的硬性制度规定结合起来。因此必须利用互联网技术将共产主义理想信念在虚拟空间中传播开来，通过真理和价值力量充分体现马克思主义的主导性，在网络空间中不断强化马克思主义认同的感染力。

第三，内容缺位。在网络空间中开展马克思主义教育传播活动，不是简单、机械地重复马克思主义的经典词句，而是要针对不断出现的社会问题，用马克思主义的立场、观点、方法去进行解读和阐释，并给出令人信服的理论方向和思想引导。尤其要用当代中国马克思主义的新思想、新观点和新论断去引领网络社会思潮，及时填补网络思想真空地带，避免网络错误思潮泛滥成灾。

第四，手段缺位。信息技术与经济社会的交汇融合导致数据迅猛增长，数据已成为国家基础性战略资源。大数据和云计算时代已经来临，如何运用大数据挖掘技术洞察网络信息流动，运用云计算技术分析社会思想动态等，存在着诸多亟待开辟的研究领域。错误思潮不断借助新技术进行网络传播，传播机制呈现出病毒式、发散性、立体化、全方位等特性。所以相对地，我们必须运用最新网络技术手段进行马克思主义传播活动，才能把握网络空间意识形态的主动权。

（三）对国际敌对势力在网上兴风作浪重视不够

国际敌对势力是指仇视中国共产党领导和中国特色社会主义道路、理论、制度、文化等，阻碍和破坏中国稳定和发展的对立势力。互联网已经融入社会生活的方方面面，深刻改变了人们的生产和生活方式。随着网络空间中意识形态传播方式从纵向线性传播转向全方位立体传播，主流意识形态需要适应虚拟环境开展教育活动，不断增进马克思主义的主体认同感。在网络空间中，不同意识形态的传播渠道重叠交叉，无论是网络论坛、贴吧、空间、游戏网站，还是微博、微信、QQ、直播平台等，都有意识形态价值传播效应，并且对网络人群产生潜在影响。随着中国实力的不断增长，国际敌对势力也越来越活跃，试图利用互联网技术瓦解中国的主流意识形态，解除中国在网络意识形态斗争中的思想武器。国际敌对势力利用互联网兴风作浪的主要表现包括以下四个方面。

首先，在价值认知上，国际敌对势力通过互联网提供多种价值选择来满足不同人群的价值需要，增强西方意识形态的吸引力，使得中国民众在不知不觉中接受其价值判断，从而在网络空间中瓦解马克思主义认同基础。

其次，在价值情感上，国际敌对势力充分利用不同的网络情境来满足主体的情感需求。情境依赖性是网络思想政治教育主客体关系最为重要的特征。网络空间中主体的情感基础为虚拟情境，容易脱离现实社会关系束缚，国家难以约束其情感转向。国际敌对势力利用先进的网络技术，不断将其价值倾向融入虚拟情境之中，挖掘网络技术的意识形态特性，创造出让人沉迷的虚幻交互场景，在虚拟体验中渗透价值情感，蛊惑中国民众偏离马克思主义价值观，成为其思想俘虏。

再次，在价值态度上，国际敌对势力选择在不同的网络空间领域中传播价值取向，改变主体的马克思主义价值立场，利用网络空间中的互动交流，发动多方力量来形成对马克思主义信仰的围攻之势，降低马克思主义的网络影响力。

最后，在价值实践上，国际敌对势力利用虚拟活动逐步改变主体的马克思主义认同效果。

国际敌对势力在网络活动中，可以打着自由交往的幌子，引诱民众利用自媒体等方式从事符合其利益需要的活动，特别热衷于发动攻击中国主流意识形态的个体或群体言行活动，危及中国主流意识形态安全。我们只有深刻认识其兴风作浪的真实意图，不断提高识别其变化翻新手段的能力，警惕网络意识形态斗争新动向，才能防患于未然。

三、解决网络空间中马克思主义认同存在问题的对策

（一）改善网络空间资本结构比例

马克思主义认同必须要有一定的利益基础，马克思主义经典作家非常重视利益关系在社会发展中的基础地位。无论是在什么样的空间环境中，只要有人的活动，内在动力都离不开利益需求。无视或忽视利益的价值和作用，只会使思想上层建筑发生危机。在网络空间中要强化马克思主义认同，必须要将改善网络空间资本构成作为重要方面加以考量，通过利益机制调整来巩固马克思主义的社会基础，防止马克思主义在网络空间的"空心化"倾向。改善网络空间资本结构的主要手段包括以下三种。

第一，调控网络空间网站的资本结构。从统计情况来看，在中国影响位居前列的商业门户网站中外资占有相当比例。外资控股直接影响其网站的价值取向，网站的决策活动不可避免地受资本力量左右，难以保证网站的意识形态立场，影响我国网络主权，无形之中会加大意识形态风险，对网络空间的马克思主义认同产生潜在威胁。主管部门要采取相关措施进行资本比例的稀释和约束，保证网络空间的主流价值导向。

第二，增加网络空间国有资本的投资。国有经济是中国经济的主导力量，其投资方向关系到国民经济的正确导向和总体布局。在网络空间中，国有经济要发挥自身作用，不仅要在网络经济发展中体现出积极影响，而且要注重在意识形态领域中促进马克思主义认同最大化，保障网络空间社会主义意识形态的主导性。要有针对性地投资重点网络技术领域或理论传播网站，平衡资本结构，协调多方力量，支撑带动网络空间主流意识形态的建设和发展。

第三，规范网络空间的民间资本投入。意识形态能否得到人们的认同不在于其理论本身如何完美，逻辑多么严密，而在于其能否准确表达及实现人们的利益诉求。马克思主义意识形态要帮助民众实现利益需要，资本结构多元化对于网络空间发展活力有着促进作用。既要不断调动民间资本在网络空间投入的积极性，也要对其投资的方向和过程进行规范治理。只有民间资本合理、合规、合法地进入互联网前沿技术或网站建设等领域，才能既激发中国民众对于网络经济的热情参与，又防止片面追求利益导致市场失衡，对于最大限度地强化网络空间中马克思主义认同有着重要作用。

（二）强化网络意识形态领导责任

要增强网络空间马克思主义认同，就要发挥主管领导和党员干部的作用，建立健全领

导机制和工作机制，充分调动多方力量，采取经济、行政、法律等多种手段扶持正能量，打击负能量，逐渐形成网络正面环境。具体举措主要有以下四种。

一是强化网络意识形态治理。主管领导要将网络意识形态治理作为自身的主体责任和监督责任。从主体角度上，主管领导要高度重视马克思主义网络传播的政治使命，加强组织实施，重点强化主流意识形态在网络空间的话语权。从监督角度上，主管领导要将推进马克思主义网络传播作为重要任务，加强统筹协调和督促落实，因地制宜、因时制宜地宣传马克思主义，塑造马克思主义崭新的网络形象。

二是加强网络意识形态阵地。尽管我们确实极有可能拥有一个开放的、人人共享的网络，但仍有必要维护互联网的边界，并在这一新空间内构建防御体系。要特别注重网站主办方的价值取向，定期对网站负责人进行意识形态培训，保证意识形态方向。在学术和思想论坛上，要深入发挥马克思主义的影响力，结合中国的现实丰富和发展马克思主义理论。在微博、微信、QQ、直播等互动交往空间中，既要有硬性的信息屏蔽手段，更要有合适的解释范式，转变意识形态的网络舆论环境。充分发掘网络游戏、网络视频、网络动漫、网络直播、网络 VR 和 AR 等传播形式的意识形态功能。

三是扩大网络宣传马克思主义的队伍。党员干部要成为马克思主义网络传播的带头人和示范者，以自身言行感召群众，自觉维护网络空间中马克思主义的主导地位。尤其是在以微信、微博等为代表的网络互动空间中，要成为马克思主义信仰的坚定支持者，敢于与错误思潮或观点正面交锋，树立党员干部的正面形象。引导广大群众，尤其是知识分子将当代中国马克思主义的价值取向及时有效地传递到网络空间中，并迅速进入网络传播链条，成为网络空间的价值坐标和价值典范。

四是提升网络意识形态话语权。网络话语范式呈现出碎片化、视觉化、标题化、娱乐化、青年化等多种典型网络风格的特点。网络空间中马克思主义教育传播活动要采用网络话语范式，转换话语路向，创造话语优势，实现认同目标。要深入研究网络意识形态核心思想和表现形式的关系，既要承继马克思主义价值目标，也要结合网络空间信息传播逻辑，牢牢把握马克思主义的网络话语主导权。

（三）凸显网络意识形态价值导向

难以控制的信息跨国流动，包含了深刻的意识形态意义和人文特征。网络空间意识形态斗争呈现分散化、常态化、隐蔽化等多种特点，我们必须要高度重视意识形态价值导向问题。

第一，提高马克思主义的影响力。马克思主义作为当代中国主流意识形态，在现实社会发挥着指明方向、凝聚共识、团结力量、激励民众等引领作用。西方敌对势力必然把消解马克思主义的网络影响力作为意识形态斗争的重点方向，在网络空间中如何确立马克思主义的指导地位是亟待面对的问题。我们需要把马克思主义与互联网技术发展紧密结合起来，运用互联网思维来开展马克思主义教育、宣传和传播活动，充分理解网络空间的规律特性，强化发散、互动、形象的传播方式，不断巩固马克思主义在网络空间的影响力。

第二，加强网络空间的治理权。不同国家对于自己的国民和组织在网络空间中的行为具有调控和治理的权力。网络主权要求国家在网络空间中维护国家利益，治理网络秩序，惩治违法行为。西方敌对势力往往打着网络自由等旗号干涉网络主权行为，必须要通过技术实力和意识形态等多种途径，有理有力有节地开展维护网络主权行动。

第三，发挥社会主义的优越性。社会主义从本质上是与先进技术和先进生产力联系在一起的，它绝不排斥先进技术，而应该是先进技术的实践者和拥有者。在网络空间中要体现社会主义制度和意识形态的优越性，展现社会主义的吸引力和凝聚力。西方敌对势力往往借助资本逐利特质在网络空间中大肆宣扬资本主义制度和意识形态的普世性，我们需要辨识其各种渗透策略，及时批判其错误思潮导向。

第四，增强中国文化的自信心。中华优秀传统文化是中华民族的突出优势，中华民族伟大复兴需要以中华文化发展繁荣为条件，必须结合新的时代条件传承和弘扬好中华优秀传统文化。西方敌对势力会在网络空间中渲染资本主义文化的多重诱惑，用低俗颓废文化来瓦解中国文化自信，诋毁中国文化自觉。互联网技术与中国文化的不断融合是信息传播的必然要求，我们需要在网络空间中讲好中国故事，传播好中国声音，把中华优秀传统文化作为增强马克思主义认同的社会基础和话语优势。

（四）推进网络意识形态法治建设

在网络空间意识形态领域中，既要坚持弘扬社会主义主流价值，也要不断批判错误思潮，在斗争中扩大马克思主义的说服力和辐射力。尤其是要将网络意识形态建设纳入法治轨道，利用法治思维维护网络意识形态的安全和稳定。

第一，加强立法建设。随着互联网技术发展，网络立法需要不断推进。要将网络技术发展与网络意识形态法治建设紧密结合起来，既要充分保障网络空间中人民群众的自由和权利，也要适时制定相应的法律法规。要明确网络空间中的言行限度，将个人权利与群体活动的空间尺度用法律形式规定下来，避免网络空间中个体的自由放任以及群体活动的无序。

第二，重视执法活动。网络空间中主流意识形态要融入执法治理的日常活动中，形成科学有效机制，巩固主流意识形态的地位和作用。对于攻击社会主义制度、污蔑国家领导人、诋毁革命历史、抹黑英雄偶像等违法犯罪的言行活动，要坚决进行法律层面的执行处理，运用法律手段维护马克思主义主流意识形态的价值标准。要防止敌对势力、别有用心的组织和群体长期肆意妄为，利用网络技术破坏中国特色社会主义发展进程。

第三，坚持守法行为。加强社会诚信建设，健全公民和组织守法信用记录，完善守法诚信褒奖机制和违法失信行为惩戒机制，使遵法、守法成为全体人民的共同追求和自觉行动。既要在网络空间开展意识形态法治教育，引导民众自觉维护马克思主义的指导地位，明确马克思主义指引作用对于国家发展的重大意义，也要强调民众的意识形态责任和义务。也就是说，个体在网络空间中要像在现实社会中一样，坚持道德和法律上的自省自律，才能为自身和社会营造良好的网络空间舆论环境。

第四，强化司法保障。司法是社会矛盾和冲突的最后防线。在网络意识形态斗争中，既要运用马克思主义立场、观点和方法对中国问题进行理论阐释和解决，对抗和消解西方价值学说和错误思潮在网络空间中的渗透和传播，体现马克思主义的人民性和科学性，也要充分发挥司法机构的权力作用，保障不同利益主体的合法诉求，突出责、权、利相互结合，运用法律解决争议问题，体现社会主义法治的优越性。

在当前的社会环境下国家必须要将巩固马克思主义在网络空间的指导地位作为长期任务，并且主动适应和运用网络发展规律，增强马克思主义认同效果，为实现国家、社会和人的发展奠定思想和舆论基础。

第二节　网络空间中主流价值认同的分化与重塑

随着互联网技术的普及，主流价值的认同性建构成为优化网络空间社会秩序的新课题。主流价值是指社会主义核心价值体系，反映社会共同的价值追求和行为准则。网络空间是指建立在互联网技术基础之上人们交往实践活动的虚拟共同体。随着网络技术更新迭代，网络空间显现出感性体验化、虚实一体化、关系交融化、活动场景化等特性，价值认同环境发生变化。主流价值认同对于价值主体构建网络社会关系和开展网络社会活动的作用越来越重要，需要进一步深入研究其影响因素和变化逻辑，才能适应技术进步和社会变迁，推动形成良性的网络空间价值秩序，促进社会发展。

一、网络空间中主流价值认同环境的变化

价值认同是指个体或社会共同体（民族、国家等）通过相互交往而在观念上对某一或某类价值的认可和共享，是人们对自身在社会生活中的价值定位和定向，并表现为共同价值观念的形成。在网络空间中，国家、社会与个体的关系被重塑，影响价值共识的形成。

（一）价值体验互动化

网络空间中人与机器的交互越来越注重主体的价值体验，这提升了人们进行自我呈现与社会表达的渴望。价值体验强弱决定着网络技术的价值大小、主体的创造力能否得到充分的发挥。价值体验的丰富程度成为互联网技术的风向标，虚拟场域中智能技术不断改进，以满足主体、契合主体，逐步实现人机合一的互动局面。智能技术满足主体最大化的多方面价值体验，创造出让主体沉浸的活动空间，使得网络空间越来越突出感性体验为主导的价值倾向。感性体验对主流价值认同的影响主要在于改变主体接受和处理信息的方式，现实社会中形成的价值共识在感性体验环境中发生改变，受到来自不同价值文化的多元化冲击，逐渐消解了主流价值的思想基础。多元价值以不同方式在虚拟空间中争夺话语权和影响力，使网络空间主体在不知不觉中潜移默化地受到感性化诱导，成为不同价值文化的信服者和实践者。价值秩序在网络社会关系中出现不同程度的调整，不同价值要素的重要性在虚拟空间中发生转换，价值认同的生成逻辑建立在虚实关系之中，导致主体价值取向发生变化。

（二）虚拟身份真实化

在社会化媒体时代，保持身份虚拟开始变得越来越困难。在越来越多的网络空间里，人们需要以真实身份出现并且和熟人互动。随着虚拟现实空间一体化程度提升，网络空间价值主体真实化成为大势所趋，尤其是移动网络终端与真实主体相对应，成为其指代物体。价值主体虚拟身份真实化给主流价值认同带来影响：其一，价值活动公开化。网络空间主体身份被确定以后，任何网络活动都不再无迹可寻，主体网络活动印迹比现实活动更容易追寻和记录。网络空间把主体现实活动的时空放大，从而更为透彻地反映出价值主体的活动特性和价值方向，为践行主流价值提出了更高要求。其二，价值交往分众化。网络空间主体身份真实化使得主体的网络交往理性化程度提升，进一步强化自己网络关系的价值倾向。在网络空间中，价值主体身份意识重新凸显出来，社交关系的选择性不可避免，相对意义上重新划分了社会圈层，也就是在更大范围内提高了网络群体聚集的复杂性程度，增大了主流价值认同的网络群体阻力。其三，价值表达复杂化。网络空间中价值主体日益感受到身份真实化带来的社会影响，从而不自觉地在网络交往活动中进行价值判断和价值选择，进而决定自身网络话语表达。身份真实化导致主体审慎性增强，使得不同网络社会关系中价值表达的复杂化程度提高，推动主流价值认同的场域变化。

（三）主体关系社交化

移动互联网使人的社交关系更为复杂多样，呈现出"缺席的在场"与"在场的缺席"两种并存状态。网络空间中的价值关系呈现出相互交融特性，虚拟社会关系一方面扩大了主体的社交对象和范围，另一方面日益与主体自身的现实生活空间相互重叠，价值主体全天候被网络社交关系所控制，从身体上和精神上受制于网络交往，逐渐从主流价值的现实影响中分离出来。在价值关系交融状态下，主体交往价值被充分利用，以微信、微博为代表的新媒体技术将社交功能最大化地挖掘出来，整合日常生活与社交互动空间，实现海量信息交换，改变信息传播结构，凸显信息选择的个性色彩，加大主流价值的信息压力。价值主体之间通过网络技术增加线上线下互动，技术兼容程度也越来越高，由此带来价值关系的交叉渗透，价值形态呈现多元多样多变的特性。网络空间中，价值关系交融化扩大了社交影响面，节约了社交资源，降低了社交成本，无形之中增强了个体话语的社会效应。价值主体的网络话语某种意义上不再属于私人交往话语，随时可能通过网络传播转变为公众话语，形成公共舆论的导向意见。不同主体的网络关系交融性提升，改变日常社交关系的价值纽带，既增加了社会活力，又促进了网络价值环境的变迁。

（四）话语表达图像化

新的权力存在于信息的符码中，存在于再现的图像中。网络空间的话语传播颠覆了现实空间中的传播模式，图像表达的价值作用越来越突出。现实空间中人际传播的主要方式是语言交流和文字沟通，网络空间使图像传播的作用大大提升，从由点到面的传播深入到个体之间的信息交流，话语图像化表达逐渐成为常态化现象。主要表现在以下三个方面：其一，价值符号图像化。价值话语总是需要通过一定的符号表达出来，现实空间中的价值文化主要通过文字符号发生作用。在网络空间中，不同的价值符号开始发生转换，即由文字符号转化为图像符号，如图片矩阵、视频集成、动漫素描、HTML5 等，主流价值的传统传播范式受到冲击。其二，价值交流图像化。网络空间中的话语交流渠道和形式大大拓展，个体、群体与国家之间的交流途径全方位贯通，彼此之间的交流活动逐渐增多，而且"眼球效应"越来越明显。也就是说，在网络交流中不同主体都开始接受，并日益频繁地将图像话语作为自己与其他主体互动的重要形式，从而从整体上促成价值话语的图像环境。其三，价值情境图像化。在网络空间中，价值情境的图像化主要是指以移动网络终端为载体，整合不同人群的生活方式，形成不同的话语场景，构成不同的价值环境。这种话语场景将现实空间与虚拟空间有机联系起来，并能够进行实时交流互动，形成全新的虚实价值情境，影响主体对主流价值的归属感和认同感。

二、网络空间中主流价值认同分化的困境

主流价值需要对主体的价值信息、价值情感、价值立场和价值取向等不同方面产生深

刻影响，进而使其逐渐形成稳定的价值共识。在网络空间中，主流价值认同从不同方面面临着被分化的困境。

（一）信息泛化

随着互联网技术的普及性应用，网络空间中信息总量不断增加，信息种类不断丰富，信息更替不断加快，商业、文化和技术从不同层面影响主流价值的传播影响。其一，商业信息增多。在移动网络技术助力下，网络信息定点定位传播频率和效率越来越高，商业公司为了扩大宣传，动用各种力量，采取多样化传播手段，对网络空间主体进行信息包围或轰炸，推送基于个体需求的商业信息，及时迎合主体需要，大大提高了信息消费指数。个体在不知不觉中关注、接受、消化商业信息，容易成为商业利益的思想俘虏。其二，文化信息增多。网络空间中既有社会主义主流价值文化的信息沟通，也有基于不同利益、立场和诉求而产生的价值文化渗透和传播，还有不同年龄、教育、经历、环境、传统等因素造成的价值观念分歧和差异，彼此之间通过网络资讯、网络社交、网络游戏、网络影像、网络交易等产生文化交集和文化碰撞，无形之中分化主流价值的凝聚力。其三，技术信息增多。网络技术始终在不断更新之中，新技术层出不穷，谋求创新和颠覆，追求对价值主体的冲击效应。先进的技术变换，不断改变主体的信息选择方式，甚至无形中削弱主体的价值判断力和主观能动性。主体在网络空间中反过来可能陷入被动的技术控制状态，成为网络技术的价值传播者，迷失自身的价值方向。

（二）情感淡化

新信息技术与当前社会变迁过程之间的互动对城市与空间有实质性的冲击。互联网技术带来的价值空间改变会，对主体情感状态产生渗透性影响。其一，情感依恋。网络环境中主体交往关系是现实和虚拟状态并存的，在虚拟社会关系中人的情感需求进一步延伸，人们可以从不同渠道获得更为广泛的情感满足，对主流价值观念的情感依恋削弱。虚拟社会关系的加速裂变带来的情感分化影响人的价值观念形成，改变主体的价值情感。其二，情感载体。主体总是在一定的交往载体中形成自己的认知基础和情感依托。在网络交往空间中，人不仅是物质实体性存在，更体现为符号化表达状态，甚至可以跨越地理局限，同时存在于多个不同虚拟互动场域之中。而且，在网络空间中主体交往方式凸显出技术依存性特点，主体会通过不同的网络技术来表达情感心理。主体的情感载体发生变化，价值传承方式转换，价值认同必然发生改变。其三，情感效应。在网络空间中主体的情感关系不稳定性大大增加，人的情感心理活动和情绪效能水平发生变化，这种变化来自信息加工和社会结构关系的改变。网络空间中主体对信息的接受既是主体自身的选择结果，也受不同网络空间领域营造的情感效应影响，主流价值的情感认同被逐渐消解，从而削弱主体的价值追求。

(三) 立场弱化

主流价值认同需要主体在理性认知基础上坚守价值立场，主动抵御来自不同方面的弱化要素。在网络空间中主流价值认同面临的挑战主要有以下三个方面：其一，价值冲突。网络空间中既有主流价值的存在，也会存在着各种非主流意识形态以及西方价值观念的传播。不同价值观念在相同的空间中并存，彼此之间产生矛盾和冲突，造成价值混乱。尤其是移动网络技术为价值传播创造了充分的时空条件，使不同价值观念竞争局面逐渐形成，为主流价值地位确立带来了诸多不确定因素。其二，价值多元。网络空间中个体自由度大大提升，在某种意义上激发了个人主义价值观的兴起，使后发展国家苦心培养起来的集体主义信念和爱国主义信仰受到严重冲击。多元价值观念借助网络平台大行其道，网络空间的社会规范难以在短时间内形成有效制约机制。个体在新型社会活动空间中难以进行准确的价值判断，不自觉地接受多元价值观念的思想引导。其三，利益诱惑。价值因素有其内在的价值基础，价值选择建立在利益基础之上。主流价值不仅要指出未来社会发展方向，还要协调、统筹不同主体的利益关系。网络空间中的利益机制复杂多变，多方利益主体关系交错并存，容易使主体受到利益诱惑，丧失主流价值认同的意志定力。

(四) 取向转化

价值认同需要通过行为规制和仪式进行强化，增强价值观念的可视度和践行性。在网络空间中，难以通过传统的组织生活和规章制度对组织成员进行教育、规训和警戒，个体价值取向不可避免地发生转化，降低主流价值的影响力。尤其在移动网络空间中，朋友圈是我们生活的方式，也是我们社交的方式，成为个体身边时刻发生作用的人际网络，个体可以此为媒介形成自己的"圈子文化"。圈子作为社会关系和社会资本的重要体现，将会持续地影响着移动空间中的多数人。在朋友圈中传播的信息繁杂多样，价值观念对立交锋情况时有出现，个体没有坚定的价值信仰和敏锐的价值鉴别能力，便难以持久地保持清醒的价值认知和价值态度。作为主流价值的实践者，网络空间中主体身份的真实化程度越来越高，承担着传播主流价值观念的使命和责任，但是仍然存在价值主体在现实和虚拟空间言行价值分离现象，在社会群体中形成不良影响，破坏主流价值的凝聚力和吸引力。而且，在网络空间中，互联网技术重新建构了政府、社会与个体之间的互动关系。政府人员的个体价值偏差也会给政府形象带来扩散性的负面伤害，削弱主流价值的号召力。社会力量借助网络不断形成相对独立的价值群体，逐渐出现多种价值诉求和价值尺度，分化主流价值认同。

三、网络空间中主流价值认同的重塑条件

认同是人们认识与经验的来源。要从认同条件出发，使主流价值成为建构和优化网络空间社会秩序的价值准则和遵循。

（一）价值基础

在网络空间中，主流价值需要从群体、场景、共识等方面扩大价值影响。主要体现在以下三个方面：其一，群体规模。要赢得价值认同，需要在用户软件领域占据位置，既要及时了解用户需求，更要创造用户需求，在更大范围内夯实价值认同基础。以微信、微博为代表的网络社交软件对社会群体有着极大的影响力，主流价值要充分发掘其功能应用，否则就会在网络社交关系中失语和失声。其二，场景故事。场景是技术将人与物在一定时空中建构出来，满足主体需求的连接空间。不同场景中的主体有不同的需求、情绪和心理，本质上场景变成了传播的接触点和分享的触发点。在场景中进行价值传播的节点是传递故事，运用场景故事进行价值理念的呈现和传递。主流价值在网络空间中要用有温度、有深度、有情怀的故事进行形象表述，以激发主体的情绪共振和情感共鸣，增强自身的渗透力。其三，价值共识。价值共识是特定社会共同体在社会生产过程中，为满足共同的需求、实现共同的利益，通过社会交往实践对社会生活中的某一价值观念所达成的相对一致的理解和认可。网络空间中主流价值认同不仅体现在价值传播的空间范围上，而且体现在用户的价值共识上。主流价值在网络空间中要激发广泛的群体交流，注重意见沟通和价值追求，构建喜闻乐见的高频场景，在不同场景中塑造对话机会，创造价值沟通的社会基础。

（二）价值动力

在不同的网络场景中，网络群体有着共同的价值需求、相似的价值体验、一致的价值延伸。在长期的聚集中，网络群体不仅具备了彼此影响的连接属性，而且激活了身份认同情感，带来了价值动力。人类学家拉尔夫·林顿所研究的强有力的部落群体必须具备三个特征：相似的文化、频繁的互动以及共同的利益。在网络群体中，群体互动成为维系价值认同的基本要求。其一，群体情感。网络空间是用户体验空间，感性思维成为主导，只有能够激发体验的价值思想和价值观念，才能被关注和感受。要充分营造出群体认同的情感文化，满足个体不同层面的情感诉求，在情感交流中开展主流价值传播，才能形成良性循环的价值氛围。其二，即时沟通。网络时代的交流方式是将世界立体化地展现在个体面前，即时沟通成为网络空间的群体互动方式。要最大化地影响群体价值，就要最大限度地保持与群体的即时交流，只有在即时沟通中才能把握群体脉搏，掌握群体动态。其三，娱

乐逻辑。科技的发展提供了娱乐化的媒介基础。在网络空间中，群体传播的有效形式是娱乐形态，及时发现群体的潜在娱乐倾向，运用表情包、段子、动漫等传递信息，传播的速度和效率会大大提高，令人思维活跃、印象深刻。价值传播的娱乐化不是要消解主流价值，而是要将价值传播与情感激发结合起来，以对群体的价值认同产生更广泛的影响。

（三）价值分享

分享经济的兴起，标志着互联网变革的重心，正从资源配置向利益机制转移。在网络空间中，主流价值认同离不开对主体需求的有效满足，只有将价值分享作为增强价值认同的基本方式，才能提升主流价值的网络影响力。其一，价值延伸。要吸引用户参与互动，不断融入其工作、学习、社会、生活等全方位交往活动，激励其将现实生活中的价值认同延伸到网络空间中。用户在网络空间中有良好的价值体验，价值分享的主动性和能动性被有效激活，形成良性循环的价值环境氛围，主流价值的现实吸引力就会不断增强。其二，信任环境。网络空间中的价值分享要激发用户的利益需求，为广大用户在网络空间中的利益交换提供充分的价值信息和有利的交易环境，运用经济、行政、法治等手段开展网络空间治理，保证公平、公正、公开的竞争机会，不断增强用户的网络交易信任感和信心度，强化主流价值认同的利益基础。其三，共享平台。网络空间中的个体共享时空从理论上说遍及全球，不同价值资源交换的过程中，承载着价值观念的认同共享。网络空间中的主流价值传播要充分利用用户的社会分享机制，在主体日常生活维度传播价值，满足个体的多样价值需求，打造主流价值认同的共享平台。

（四）价值引领

在移动互联网时代，人与人、人与信息得以快速、深度地连接，信息和知识的生产、传播方式发生了颠覆性的改变。在网络空间中存在着长尾效应，个体有不同的知识背景、教育经历、文化基础等，需要价值引领，才能塑造主流价值的凝聚力。其一，在网络空间中，主流价值认同的目标是逐步扩大社会主义核心价值体系的影响力，凸显符合社会发展需要的价值立场和价值取向，而且在不同的网络空间中，需要相应具体的价值观念体现出来，突出主流价值的层次性要求。其二，在网络空间中，主流价值需要通过形象的表现形式来传递，逐渐实现正面的社会效应。主流价值的创造力和生命力尤其需要运用移动网络技术充分展现出来，既要传播基本立场、思想和观点，也要结合网络空间特点进行理论创造，特别是要运用移动传播载体实现主流价值表达方式的转变，增强信息化传播的冲击力和感染力。其三，网络空间中的个体价值需求有着巨大的差异性，要因人、因时、因地、因事提供有效价值供给。根据价值受众的阅读习惯、语言风格、消费喜好、社交关系、表达态度的不同，进行有针对性的价值引导，既需要大数据技术的精确统计，也需要专业人员的深入分析，只有避免简单笼统的价值传播话语，力求价值供给与价值需求匹配，才能在网络空间中不断巩固主流价值优势。

四、网络空间中主流价值认同的传播策略

网络空间中的传播法则是在适合的场景下，针对特定的社群，通过有传播力的内容或话题，通过社群网络中人与人连接的裂变实现快速扩散与传播。需要适应网络空间传播规律，开展有效价值传播，才能重塑主流价值认同。

（一）数据传播

大数据不仅是人们获得新的认知、创造新的价值的源泉，也为改变市场、组织机构以及政府与公民关系服务。在网络空间中，通过对需求数据进行汇总分析，可以发现不同群体的价值倾向。数据收集、分析和整合的能力已经成为技术和网络竞争的关键所在。需要运用先进的统计技术进行多维度价值调查，包括人群的特点、分布、关系、活动轨迹、偏好规律等，对网络空间中的不同价值观念进行分析评估，适时调整价值传播策略，推动形成良性价值生态。针对真实主体的信息推送能够在相当程度上改变信息传播的无效性，不断开发符合互联网空间传播特点的信息服务形式，以故事、游戏、视频或大众喜闻乐见的艺术表现形式等开展信息匹配推送，尤其是针对网络空间中的党员干部、意见领袖等重点人群，要微定向、差异化、扩散性地进行传播教育，在潜移默化中渗透主流价值观念。

（二）场景传播

移动互联网充分利用用户所在地理位置、上下文情景、用户数据和行为方式，将服务功能与人们的生活场景密切关联。主流价值要保持自身在网络空间的渗透性和影响力，必须要利用移动网络技术进行场景传播。场景传播的本质就是在特定情境下个性化、精准信息和服务的适配。主流媒体要从单向传播转向立体化全媒体传播，及时回应网络空间的场景变换，既要利用互联网进行事前审核的专业传播，更要重视事后过滤的大众传播，抓住应用 App 热点话题及实时语境，进行场景塑造或设置，运用场景来营造主流价值传播的新型虚拟空间。场景传播形式的转变是从文字为主的宣传模式转换为图像集成传播模式。在网络空间中要充分利用不同的形象组合来表达思想，迭代更新，充分考虑受众感性体验，对目标人群的体验焦点进行集中挖掘，创造出独具特色的场景生态。价值传播场景的营造要对特定场景中的人群属性和心理需求进行分析，从价值信仰、社会动态、榜样人物、生活体验等多方面进行立体设计。只有将主流价值的理论优势和现实成就通过互联网展现出来，实现纵深化、本地化、定向化、主题化、一体化传播，运用生活化的场景境遇体现价

值理念，才能逐渐增强主流价值的渗透性和穿透力，提升其认同度。

（三）社交传播

随着社交媒体与移动设备、大数据、传感器以及定位系统等技术的结合，社交媒体将成为极富个性化内容的源泉，成为兴趣点的集中体现。网络社交传播具有全时空、信息多、速度快、范围广、影响大等优点，在网络空间塑造主流价值认同必须深入发掘社交传播的优势。在网络空间中对社交主体身份进行比较准确的认知，是价值传播的前提条件。网络空间主体身份呈现符号化形式，因而要注重传播对象的符号特征，通过数据技术识别主体，针对年龄、性别、地域、组织、文化等维度采取不同的传播策略。社群正在由情感导向和价值导向转向关系导向。网络空间中的传播效果取决于主体对传播信息的认同程度，而价值认同强化的关键是社交互动的频率和效率。应注重用人情化、接地气、交互式的方式表达内容，不断运用新技术、新话语、新手段等加强社交关系中的信息传播，抓住传播节点和口碑载体，缩短主流价值与群众生活的心理距离，建立信任关系。积极主动地开展社交体验活动，通过网络技术把主流价值通俗化、实践化，实现线上线下联动，组织群体交互，运用名人效应和典型事例进行价值引导，区分人群类型，提供有意义、有趣味的传播内容，正视网络意见反馈，多用普通人的真实情况进行价值传播，及时满足大众价值诉求。

（四）粉丝传播

在未来互联网的发展中，谁拥有粉丝群，谁就拥有话语权。所谓粉丝，是指某种思想观念、人物榜样、作品活动等不同形式的拥护者和支持者。网络空间中的长尾效应决定要重视粉丝群体的传播力量，草根网民创造的表达方式自下而上逐渐被社会主流人群接受，在舆论场中发挥了更多定义者角色。粉丝传播具有投入少、规模大、效果好等突出优势，主流价值要善于发现并运用高效价值传播手段，实现传播目标。在网络空间中，要用发展成就展示主流价值的理论魅力和实践导向，激发群体意识，聚焦分众传播，传递主流声音和身边故事，加强群体互动，激发价值情感。在网络空间中发掘价值动力既要用中国理论和中国价值引导思想进程，用数据和事实坚定自豪感和自信心，也要在粉丝群体中不断发掘民众的利益需求和价值需要，发动"意见领袖"，调动粉丝合力，构建群体价值交流纽带，在粉丝传播中提高主流价值的吸引力。在网络空间中要对中华优秀传统文化和革命文化进行现代性转换，利用民间文化沉淀，让文物、遗产、古籍、文字、史实等文化资源在虚拟场域中鲜活地流动起来。在网络空间中要为个体提供全方位、贴身化的文化服务，注重心灵沟通、情怀培养和价值体验，使其不断汲取文化养料，成为主流先进文化的传播者和践行者，夯实主流价值认同的文化基础。

第三节　网络社会道德认同的变化与引导

互联网技术的发展建构了新的社会形态，而网络化逻辑的扩散实质性地改变了生产、经验、权力与文化过程中的操作和结果。网络社会是指建立在互联网技术平台上人们交往实践活动的社会共同体。网络社会中道德环境的改变，影响了道德认同的形成。那么，网络社会中的道德认同有哪些变化？其变化的逻辑是怎样的？应该如何加以引导呢？

一、网络社会道德认同的变化表现

道德认同即人从内心接受和认可道德的过程或状态。道德认同状况能够在一定程度上反映社会的道德影响力。网络社会中道德认同的变化主要表现在道德身份、道德认知、道德情感、道德文化等多方面的变化。

（一）道德身份的变化

显而易见，身份建构在超媒体的影响下正在经历着变化。身份是人在社会中开展社会活动的标识，身份的获得往往需要一定的前提条件。身份代表着个体在社会交往中的地位和作用，为个体带来尊严、利益和荣誉等。现实社会中人的身份被现实条件所制约，难以在短时间内实现转换；同时，身份又具有相对的稳定性，为个体开展持续的社会交往创造条件。网络社会的出现，为个体开展社会交往提供了便利的超时空环境，个体身份的整合与转换也成为常态，这种常态既为个体的网络社会交往创造了便捷的条件，也会使个人的道德关系变得不稳定。在网络社会中，人的身份多样化既影响个体自身的发展，也会给社会和国家带来巨大的影响。其一，身份不稳定，难以确定主体基本的权利与义务。主体不能明确自身在网络社会中的发展方向与路径，国家也无法规范其应该承担的义务，影响其道德责任感的培养与塑造。其二，身份多变性，为社会秩序的稳定与规范带来了挑战和难题。在网络社会中，主体借助网络技术可以隐瞒甚至伪造自己的现实社会身份，同时在不同的网络组织中，可以以不同的角色身份开展网络社会活动，导致社会信任度降低，道德复杂性大大提高。其三，身份不明确，无法从根本上开展国家层面的网络治理。随着互联网技术的飞速发展，国家治理必须包括网络治理的基本内容。但是，任何网络治理都需要有治理主体与治理对象，没有明确的网络道德身份，网络道德治理难以持续。

（二）道德认知的变化

每个社会个体都会在自己生活的道德空间中通过不同途径形成社会认知，确定自己的道德行为逻辑。网络道德呈现出一种更少依赖性、更多自主性的特点与趋势，并为人们道德主体意识的觉醒、道德主体地位的确立创造了条件。在网络社会中，个体对现实社会的理解与思考融入网络社会道德交往之中。网络社会中主体的道德认知发生变化，主要表现在以下三个方面：其一，社会认知变化。个体在网络社会中的虚拟发展主要表现形式是精神发展，虚拟社会关系的特性影响个体的社会认知与精神动力，改变个体的网络行为模式与内在逻辑。海量及多元化的网络信息，将会给个体带来自我认同的新挑战，使个体的认知、情感、行为等方面出现典型变化。其二，社会学习变化。虚拟社会关系的不确定性给个体的认同重塑带来了全新的问题。现实社会关系中的认同结构将会随着认同关系的解体而发生改变，个体在社会关系中形成的社会知觉也将会在个体记忆中重新建构。认同关系的解体将会迫使个体对虚拟社会环境进行不同的社会学习，在虚拟社会中学习利用社会经验努力构建网络自我认同。在虚拟空间中，社会的异质性、断裂性以及个体社会经历的瞬时性等，都会给网络自我认同形成带来较大的影响。其三，认同心理变化。在虚拟环境中，个体对自身的评价无法通过观察他人的直接反应来加以判断，也就是说，个体社会活动由于技术中介的存在被普遍割裂，使得个体的认同心理出现延迟效应。在社会交往中，认同心理变化表现为个体认同学习的变化，网络社会中原有的社会认同经过虚拟环境的消解，对个体产生潜在的心理影响，影响其构建网络社会认同。

（三）道德情感的变化

道德情感是人类维系道德生活秩序的重要手段，也是激发人类道德行为的最基本因素，是无声的交流方式和无形的联结纽带。在网络社会道德关系变化中，情感表达方式有根本性改变，情感凝聚有不同的逻辑路径。在网络技术工具的支持下，主体通过虚拟公共领域来实现沟通愿望，个体在群体的情感旋涡中既要保持主体的独立性，又要顺应群体的交往需求。网络社会群体成员的情感关系变化主要表现为以下三点。一是情感记忆消融。网络社会群体成员的情感积淀无法建立在封闭的人际系统之中，其必须将个体的情感表达与虚拟人际环境结合起来，通过形式各样的网络交流工具贯通情感渠道，形成情感场域，影响个体的情感记忆。现实社会中的情感记忆在虚拟空间中将在不同程度上被消融，使得个体必须重新建构自己的情感互动，维护自己的社会关系。网络社会中的情绪管理需要从虚拟空间的情感互动特性出发，寻找情绪影响因素，才有可能为个体的发展创造良好的情绪基础。二是情感系统分化。在网络社会中，个体的传统情感系统已经不复存在，转化为统一的虚拟情感环境。虚拟环境中的情感系统在社会基础、人缘结构、文化心理等方面，都会给个体带来不同的情感体验，进而改变个体的情感能力。从情感系统的转变视角来看，就能够解释长期沉浸于虚拟交往与虚拟实践的主体，经常在现实社会中表现出情绪失调状态的情况。三是情感整饰延迟。情感整饰是指在社会交往中人们由于不同原因，有意识控制或改变自己情感的现象。在网络社会中，由于社会交往的技术中介性作用，个体进行情感整饰有比较充分的时间和空间余地，能够有意识地隐藏自己的真实情感，并塑造自己的情感假象。情感整饰的延迟虽会给个体缓解社会冲突创造条件，但是也会给网络道德失信留下余地。

（四）道德文化的变化

实践方式和道德关系的变革，正在促发道德的嬗变。网络社会虚拟实践活动推动了网络道德文化的变化与发展。其一，道德载体转换。道德载体直接关系到道德文化的传播效果。网络社会中的道德载体伴随着虚拟实践活动的开展而改变。虚拟实践是主体按照一定的目的在虚拟空间使用数字化手段进行的双向对象化的感性活动。在虚拟实践建构的道德载体中信息要素已经上升到与物质要素同等重要的地位。其二，道德价值分化。网络文化的开放性、共享性、多样性和信息的海量性，使得道德规范、价值观念的可选择性、可比性大大增强。在网络社会中，国家的道德价值观和意识形态受到多元价值文化的冲击和影响，对社会民众道德的导向作用力下降，影响网络道德文化变迁。其三，道德传统消解。道德文化建立在长期的道德传统基础之上，通过文化传承来加以巩固和强化。在虚拟实践活动中，道德文化被逐渐解构。在网络社会中，强调等级秩序的儒家伦理文化面临着信息化挑战，必须要通过虚拟实践活动加以有效转化，形成具有网络适应力的文化价值观，才有可能形成新型道德文化。其四，道德凝聚力变化。道德凝聚力是指社会在自身系统中形成的道德吸引力和向心力。在虚拟实践活动中，现实社会体制、社会结构、社会系统等被重新组合，产生不同的社会力量。在现实社会中，依赖于血缘、地缘等道德关系形成的社会共同体，或者阶层共同体，将会面临被解体的命运，其内在的道德凝聚力也会逐渐降低。

二、网络社会道德认同的变化逻辑

网络社会道德认同的变化不是偶然的，而是有其内在的变化逻辑。由于网络社会中的信息逻辑取代了现实逻辑，道德主体自身发生了诸多方面的变化；网络技术改变了现实道德关系，也影响了道德认同的环境和条件。

（一）网络社会道德认同变化的逻辑起点

网络社会的道德关系依存于信息逻辑。信息逻辑的逻辑空间建立在信息生产方式之上，在信息范式下，不同技术领域之间的持续聚合，起源自它们共有的信息产生逻辑。信息逻辑的内在运作有其独特的存在方式。

第一，信息逻辑的产生。没有信息就没有认识，信息需求刺激了信息产生。人对信息的需要是信息产生和传播的动力所在，信息需要随着社会发展不断扩展。信息一旦被人所创造，在长期的流转和传播过程中，就会逐渐形成信息逻辑。

第二，信息逻辑的空间。信息逻辑空间是指信息逻辑发生作用的范围。互联网技术出现后，信息逻辑的主要空间就是网络社会。网络社会为信息逻辑提供了施展影响的范围，信息逻辑促进了网络社会的发展。

第三，信息逻辑的特点。信息逻辑产生后，反过来对人与社会产生牵引作用，呈现出渗透性、集聚性、扩散性等特点。渗透性是指信息与物质之间相互渗透，信息离不开物质，物质从某种意义上也会以信息的形式表现出来。集聚性是指信息之间的作用效应，信息越多，集聚效应越明显。扩散性是指信息传播方式与物质的流通方式相比，效率大大提高。

第四，信息逻辑的载体。信息是丰富的，却没有任何将信息组织起来的固定中心。信息逻辑在网络社会发生作用依赖于人际传播。没有人的存在，信息就失去了存在的意义。在人际传播中，信息逻辑得以不断延续和强化。信息在传播中会发生增值性变化，不断被诠释加工，产生叠加效应。

信息逻辑可以从不同层次、不同角度、不同方面对道德认同产生巨大影响。

第一，信息逻辑对公民道德观念的影响。网络社会中蕴含着巨大的信息容量，信息逻辑冲击公民的知识结构和思维方式，帮助公民摆脱狭隘的认知空间，用全球化的信息思维来观察世界、思考社会、反观自身。也就是说，公民的道德观念得以从现实社会道德关系的束缚下解放出来。

第二，信息逻辑对社会交往结构的影响。网络信息遵循无中心、病毒式的传播路线，彻底消解了现实社会高度集中的社会分层结构。网络社会中所有个体面对的是平等的信息逻辑，接受相同的信息影响。社会交往呈现出虚实信息交融的交往模式，社会身份的差别化被信息逻辑重新解构和组合。信息逻辑在网络社会交往结构中起到颠覆性功能，将为道德关系的重构奠定信息基础。

第三，信息逻辑对国家治理体系的影响。互联网侵蚀了这种地理上的限制，使民族国家和其他参与者试图以一种新的、非地域的方式来证明其合法性。在传统国家要素之外，信息成为当代国家发展不可或缺的基本要素。信息逻辑成为信息时代国家治理的内在逻辑，只有遵循信息逻辑来开展网络社会道德治理，才能适应时代发展趋势。

（二）网络社会道德认同变化的主体因素

网际关系本质上是一种虚拟关系或纯信息关系。信息逻辑打破了建立在物质生产方式基础上的人际网络，重新在网络社会中建构起以信息传播为载体的道德关系，即网络道德关系。网络道德关系中人的变化是全方位的，表现在以下四个方面。

第一，人的表现形式变化。网络社会中的人是符号化的人，人与人的沟通交流以符号表达为传播方式。符号与人之间建立了直接关联，人可以不再以自身的社会"在场"作为交往前提，符号成为自身的实在代表。符号多样化为人在网络社会中的身份多样化以及人的个性化交往准备了条件，人可以摆脱自身的物质实体局限，跨时空地与社会交融。

第二，人的思想意识变化。信息逻辑中人用符号作为外在表现，人的意识环境和意识条件发生了转移。现实中的意识环境来自人的现实状态，什么样的生存环境造就什么样的思想意识。网络社会中人的意识环境虚拟化，意识的信息来源多元化，对人的大脑的作用机制发生改变，人的思想意识是现实与虚拟环境共同作用的产物。虚拟空间中人的意识条件大大丰富，个体意识与社会意识之间的融合度提高，所有个体都能将自身的知识、阅历、观念等与广泛的社会群体进行交换，从而影响道德意识的形成与发展。

第三，人的交往关系变化。对人们交往的性质起决定作用的并不是物质场地本身，而是信息流动的模式。现实中人的交往形式更多的是直接的身体交往，可以通过语言、表情、神态、肢体等进行信息传递和交流，但是网络社会中的人际交往形式则转变为间接的媒介交往，所有的交往信息都必须通过技术媒介进行转化，从而使得社会交往环节进一步复杂化。在以互联网为主要手段的交往关系中，交往空间的拟态环境特征越来越明显。

第四，人的行为方式变化。网络技术分离了行为主体，主体意识又整合着两者的分离。人的网络行为超越了人的单子式存在，而将自身与整个社会的变迁联系在一起。也就是说，网络行为的影响大大超越了现实行为，其行为的共振性特质表现突出。人的符号化存在为网络行为的多变性提供了条件，技术化的行为模式为网络行为的不稳定性埋下伏笔，工具化的价值取向为网络行为的短效性奠定了价值基础，无序化的规范体制为网络行为的失范性准备了前提。

（三）网络社会道德认同变化的内在机理

虚拟关系就是技术关系，是人通过互联网技术建构的社会关系。这种社会关系不仅依赖于人的变化，也依赖于技术的发展。互联网技术从不同层面改变网络道德关系，也改变着网络道德认同。

第一，道德领域扩大。要真正理解人的超越性，就必须重视技术，必须全面把握技术与人的关系，深刻地理解技术中的人性意蕴。互联网技术的每一次革新，既是工具的改进，也是人的道德关系的解放。信息时代网络技术解放了个体力量，为个体充分释放自身的想象、情感和欲望提供了虚拟空间，使得人与人之间的"多向度"交往成为可能。网络技术既从交往关系上解放了人本身，也为扩大人的道德领域提供了多重可能性。

第二，道德空间变化。技术来源于人的实践，进而在实践活动中改造道德关系。网络技术在人的实践活动中的功能可以分为两个方面。一方面是网络技术为人开展各种社会化活动提供实践手段，另一方面是网络技术营造的虚拟实践空间。空间性和工具性的技术应用之间相互渗透，影响了网络道德认同的不断变化。

第三，道德经验拓展。网络技术的系统性对道德关系而言，是强化了主体的社会经验共享性。也就是说，网络技术使得个体脱离了个体环境和经历的局限，成为社会经验系统的创造者，同时在参与过程中提升自身。网络道德关系的形成价值与意义在更大程度上是利用技术将个体整合进道德社会，在社会道德变化中发挥更大的作用。

第四，道德内容深化。互联网技术带来的是全局性、根本性的社会变化，虚实道德关系重新建构了人的存在与发展的道德空间，将人对外部世界的探索、人类社会的深化以及人自身的反思有机结合起来，创造出新型的道德文化内容。

任何一种新技术革命和社会革命都会给传统伦理道德带来冲击和挑战。技术与社会的结合对道德认同的影响表现在以下三个方面。

第一，道德认同的社会基础。道德认同必须建立在一定社会交往基础之上，有什么样的社会交往关系，就会有什么样的社会基础。虚拟社会关系对建立在现实社会交往基础上的道德关系起到冲击性解构作用，打破了现实社会的道德价值系统。

第二，道德认同的社会文化。道德关系需要在社会文化中得以持续，其变化过程是动态长久的。网络道德文化与网络技术的更新换代并行不悖，其变化速度与效率远超现实社会文化。道德认同在网络社会中的可变因素增多，不稳定性大大增强。

第三，道德认同的社会心理。道德认同的重要指标是社会心理。社会心理状态稳定，民众对国家的向心力强烈，道德认同指数就高。虚拟社会中交往心理与群体心理状态发生变化，社会知觉、社会吸引、社会服从、社会价值等内在社会心理机制逐步转换，人们在现实社会建构的心理场域被重建。

三、网络社会道德认同的引导路向

（一）重构价值信仰

价值信仰是个体在精神领域的支柱性力量。价值信仰的来源主要有两个方面：一是内部的自给。个体在自身的教育、经验、环境等综合作用下，逐渐形成的价值信仰，影响着个体的追求目标和生活轨迹。二是外部的供给。不同的国家与社会根据需要，向个体提供一定的价值信仰，从而影响国家与公民之间的关系构成。网络社会逐渐形成以后，生产技术与生产关系的变化带来了价值领域的改变，其最直接的影响就是信息传播解构了个体原有的道德认知，用多元化、复杂化、碎片化的价值信息替代了一体化、简单化、系统化的价值体系，个体逐渐丧失了运用原有道德立场来进行价值判断的能力和水平，陷入了价值困境的场域之中，难以自拔。互联网对于公民价值信仰的改变不但干扰了主流思想的传播，也分裂了社会认同，进而威胁社会秩序和稳定。要想重构价值信仰，需要以下三步。

首先，需要在网络社会中给个体提供意识形态的价值标准。注重虚拟情境中人对环境的感受，通过信息技术来进行价值引导，重塑价值认同，尤其是需要从中国优秀传统文化之中挖掘道德资源，汲取道德力量。

其次，要充分尊重网络社会多元主体的利益诉求。在多重利益交错中寻求利益最大化的交汇点，引导个体理性判断价值信仰。

最后，要善于协调好网络社会不同主体的行为逻辑。网络虚拟空间的出现使传统的国家政治价值生态被大大改变。由于社会基础与社会形态的转变，网络社会中的个体、社会与国家的行为逻辑都会发生转向，彼此之间需要有较长时间的磨合和适应，要找到各自的价值取向，进而稳定有序地开展协调转化活动。

（二）鼓励公民参与网络道德建设

每个公民都负有道德建设的责任，都是道德建设的主体。公民参与对于道德认同的推进作用在于能最大程度地激发公民的主人翁意识。网络社会中个体力量通过互联网技术的放大效应，集中体现出公民参与的巨大影响力。在网络公民参与不断发展的过程中，政府应该发挥其主导性作用，既要重视网络公民参与的呼声和诉求，也要利用国家力量来加以规范和引导，避免无序的公民参与导致治理失控。

网络公民参与变化因素众多，如网络技术、公民意识、参与水平、矛盾冲突等。从网络技术方面来看，技术更新越迅速，为公民参与提供的技术手段越先进，客观上就越能促进参与活动的增加。从公民意识视角来看，公民意识是公民参与的实质所在，公民参与是公民意识的外在表现。网络公民意识觉醒意味着公民道德自律能力增强，对于网络道德认同有着内在的推动作用。从参与水平来看，公民理性参与的素质和能力越高，网络参与的效果越好。网络社会公民参与的水平直接影响认同效果。从矛盾冲突来看，社会问题越集中，公民参与越活跃，给国家和社会带来的影响越广泛。

在网络公民参与的发展中，既有公民个体的参与力量，也有公民群体参与的动力性因素，而且由于网络空间的匿名性和互动性，群体参与的表现越来越明显，形式越来越多样，给国家和政府带来的社会压力也会越来越大。如果网络公民的个体或群体参与活动没有得到相应的回应和引导，将可能直接导致问题的现实转化，进一步分化社会道德凝聚力。

（三）改善社会信任

社会信任是指在一定社会关系之中，社会成员之间的信任状态和信任水平。社会信任随着社会关系的变化而不断变化，信任水平一定程度地体现道德认同效果的高低。网络社会中的社会系统构成发生变化，交往状态从现实走向虚拟，社会信任关系也会不断改变，需要重新确立角色信任、关系信任、组织信任等。首先，从角色信任来看，在现实社会中，人与人之间的信任是建立在彼此之间身份的确认与人格的真实性基础之上的。但是，在网络社会中，主体身份的模糊和不确定性，为主体之间的角色信任增加了难度。要确立主体角色信任，必须要让网络社会的主体身份角色相对稳定，从而使信任逐渐地融合到对连续性的期望之中，成为我们经营日常生活的坚定的指导方针。可以说，对公民角色的定位关系到社会信任建构的根本。其次，从关系信任来看，现实社会中的关系信任建立在双方长期的互动交往和交换之中，维持关系信任的前提是一定的社会媒介。媒介存在对于关系信任不可或缺，媒介的变化带来信任的变化。网络社会中的媒介技术越来越多样化，对于主体之间的关系构建起到决定性作用。要维持网络社会的关系信任，必须对网络媒介进行规范管理，在一定程度上起到稳定保障作用。最后，从组织信任来看，现实社会组织信任的建立基于规范的市场环境和明晰的交易规则，给予组织主体以可靠的信任基础。但是，网络社会中的经济环境尚待优化，国家权力与市场权利之间的边界有待确定，尤其是需要完善网络社会中的法治基础，重新构建网络社会组织之间的信任关系。

（四）增强政府公信力

政府公信力是公民对政府能力水平的综合判断，信心指数高，代表政府对公民的影响力较大，凝聚力较强。站在国家形象塑造和政治的高度来看，网络已经成为政治传播的一个重要渠道。网络社会中政府公信力的变化主要源于认同环境的变化。在虚拟环境中，政府公信力的变化主要表现在：其一，社会条件变化。在网络社会中，主体的情感关系更加复杂多样，自主性不断增强，难以对政府产生更多的关注和依赖。网络社会的无边界性增加了虚拟环境的不确定特质，政府难以掌控的影响因素越来越多。其二，信心动力变化。网络社会中利益多元化表现明显，人们对市场的依赖程度越来越高，相对来说对政府的信心动力有所下降，价值异质性得到充分展现，主流意识形态的渗透力遇到较大的阻力和挑战。要在网络社会提升政府公信力，改善道德认同状况，应该切实发挥政府在网络道德秩序之中的功能价值，主要是三个方面：一是规范功能。社会道德与国家性质密不可分，一定的社会道德规范需要有政府层面的指向与倡导，网络社会也不例外。二是教育功能。网络社会中多元价值并存，尤其需要政府采用灵活多样符合网络社会运行规律的方式方法来进行宣传教育，使得主流道德价值深入人心。三是疏导功能。网络社会中的道德冲突在所难免，如果不能进行及时的化解疏导，可能激化矛盾，影响稳定。政府需要适时地对社会道德冲突进行调节，抑恶扬善，造就良好的网络道德环境。

总之，网络社会是技术文化的集中体现，道德是人的社会属性要求，两者密切结合才能整体推动网络文明发展。我们既要关注网络社会中出现的道德认同问题，也要对网络社会中的道德选择、道德教育、道德评价等问题开展相应研究，以开辟人的自由全面发展的新空间。

第四节　后现代主义思潮视域下主流意识形态面临的挑战与应对

意识形态工作事关党的前途命运，事关国家长治久安，事关民族凝聚力和向心力，是国家、民族、政党生存与发展不可或缺的力量。在复杂多变的现代世界中，作为晚期资本主义社会产物的后现代主义思潮，以反本质、无中心、无标准的解构性思维出现，强调非理性、多元性、偶然性，其所包含的解构主义、虚无主义威胁着中国特色社会主义理论体系的建设和践履，试图改变我国的意识形态环境，需要我们高度重视与积极应对。

一、后现代主义思潮的三大误区

后现代主义揭露了当代西方资本主义社会内部的矛盾和问题，但存在误区。应通过研究后现代主义思潮的特征来明晰其对我国意识形态建设提出的挑战。

（一）意识形态的"终结"

后现代主义主张意识形态的"终结"，这种"终结"并非意味着完全抛弃意识形态，而往往表现为意识形态弱化、意识形态多元化、非意识形态化。这种"终结"主要表现在以下三个方面。

第一，意识形态理论在后现代主义挑战、颠覆、消解传统的思想指挥下，要求告别传统意识形态观工作中所倡导的政治斗争思想，主张"消除"意识形态斗争。需要指出的是，西方"意识形态终结论"产生于后工业时代，在这一时代，科学技术正以一种强大的理性力量将社会结构拆分成形形色色的零件的组合，以维持阶级社会机器的运转，技术理性在变成意识形态的同时产生社会主体非批判的顺从意识。霍克海默曾批判指出："在机器发展已经转变为机器控制的地方，技术和社会的发展趋向总是相互交织在一起，最后导致的是对人的总体把握，这种落后的状态也并非是不真实的。"中国社会的精神文化发展尚未与物质发展相匹配，文明的天平存在失衡现象，我们切不可掉入只求经济发展而丢弃思想超越和理想诉求的圈套之中，必须认识到马克思主义意识形态是推进中国精神文明建设的根本动力。

第二，后现代主义倡导在价值多元、道德相对的社会背景下"一切皆准"，即让一切思想观念、价值理念都拥有出场机会并占领一席之地，否则就称之为意识形态专制。事实上，后现代主义意识形态一方面宣传所谓"政治非意识形态化"，把自己的立场说成是非意识形态的，把对于国家的统治说成是单纯的技术问题（这正是新自由主义的精英政治、专家治国论的典型观点）；另一方面，又把新自由主义全面渗透到执政党的各项具体政策之中，渗透到整个西方世界的政治文化之中。可见，资产阶级不过是以"意识形态终结"的口吻，继续说服本国公民以获取普遍支持，再转身向广大第三世界国家推销其意识形态及价值观念。

第三，在后现代主义者眼中，真理不过是某些人出于某种动机，利用某种权力话语人为地编造出来的一系列游戏规则和符号系统。他们强调，社会成员作为单一体应当抵制权威、拒绝标准，在游戏生活中充分享受"生命价值"。在社会主义和资本主义两大阵营对立的格局中，后现代主义思潮所隐含的政治意图是非常明显的：使人民的共同利益、共同理想失去存在的价值，使马克思主义主导地位和中国共产党执政的合法性来源消失殆尽。

（二）历史的"虚化""断裂"

传统历史观认为，拥有理性标准的人类社会是一个因果的、线性的、全面的发展过程，所以人类的历史就是人类理性进化的历史。后现代主义思潮却背道而驰，拒斥理性动力原则，反对历史是一个连续、进步的过程。

一方面，为了否定历史真相存在的可能性，彻底表明求差异、反唯一、反确定性的立场，后现代主义者提出"文本主义"。在德里达看来，语言、文本是世界唯一的本质存在，世界是由一堆不确定的文本组成的。维特根斯坦提出了著名的"语言游戏论"，他认为语言就是游戏，语言没有本质，没有终极意义。在相同的文字符号下，书写的文本和概念总是为语境所限定，其意义无法最终确定。文本体系的不确定性导致在人类发掘这个由文本组成的世界及其中的事物的意义时，出现意义的"延异""模糊化"，因此人类把握的历史只能是无真理、非真实的历史。"文本主义"模式下的历史解读，将"历史变文本"，视"史学若文学"，在自设的框架内强调以主观性为支撑，进行历史"想象"和历史"发明"。如此"虚叙"客观事实的行为无疑吞噬着当今社会历史研究求真求实的科学导向，冲击着国人的历史观念。

另一方面，后现代主义常常夸大历史的"断裂"，抵抗那些宣扬历史连续性的传统理论权威，抹杀历史发展的必然性。福柯提出："不连续性曾是历史学家负责从历史中删掉的零落时间的印迹。而今不连续性却成为了历史分析的基本成分之一。"①在后现代主义者看来，历史记录者具有不同程度的意识选择倾向，这一现实制约可能遮蔽史料的真实度，因此连续、完整地研究历史是不可行的。后现代主义还以"叛逆精神"对抗历史规律。鲍德里亚反对将生产力定义为一个被历史赋予特权的具有决定性、统领性作用的领域，认为马克思的总体性是其理论的致命要害。其实，后现代主义者醉心于在历史长河中"游荡"，正是向现代性危机"俯首"、始终甘愿依傍于资本主义社会状态的表现。假若我们在现代化进程中迷失方向，乱了阵脚，恰恰是掉进后现代主义的陷阱之中，由此必然会消除现代化的坚定意志，失去追求发展的动力。

（三）殖民主义的"变身"

后殖民主义不仅与殖民主义有时间上的先后区别，更强调在侵略方式上与殖民主义的区别，主要体现在文化精神领域。而今，西方的文化渗透和文化殖民正举着"多元文化互通"的旗号袭来，不妨说，后殖民主义的实质是欧美列强在第二次世界大战的刀光剑影之后由非武力对峙到友好外交的文化侵略政策。因此，我们可以姑且将后殖民主义看作是一种不平等的跨文化交流现象。作为后现代主义延伸的后殖民主义理论，则以前殖民地国家与前宗主国之间文化关系为研究对象。作为后殖民主义理论领域的奠基人，萨义德通过分析殖民宗主国想象、虚构"东方"进而贬低、弱化东方的做法，揭露西方国家利用权力话语体系，试图在将东方形象固化和他者化的过程中满足自身的殖民统治需要的企图。后殖民主义理论实质上力图使东方的民族和国家的文化能从世界文化边缘回到应有的位置，所以不能否认，后殖民主义理论具有为非西方文化正名的意义，但是后殖民主义理论对西方文化霸权的批判渗透着狭隘民族主义和国家主义思想，容易使前殖民地国家在批判西方现代性的过程中增加本民族的危机感，一味保护本民族文化、抵制一切外来文化，而陷入文化保守状态。另外，后殖民主义理论基于反本质、反标准的立场，拒绝把东西方截然相对，反对过分强调东西方民族和文明的独特性，由此不少落入后现代主义圈套的学者认为，只要忽视东西方国家意识形态的对立冲突和文化差异，不同国家和民族就能走向和谐繁荣。

二、后现代主义思潮对主流意识形态的挑战

后现代主义思潮传入中国后，对诸多领域产生了影响，其在各个领域的渗透正在逐步消解马克思主义意识形态的主导地位。

---

① 米歇尔·福柯. 知识考古学[M]. 董树宝，译. 北京：生活·读书·新知三联书店，2021.

（一）批判现代性，否定马克思主义

在对两次世界大战进行深刻反思后，西方理论界认为近代启蒙理性出现了严重问题，他们通过批判现代性启蒙话语，主张抛弃传统价值观，消解一切准则和权威的合法性。综观后现代主义产生的社会背景，我们不难发现，资本主义发展和传统社会主义运动并足同行，后现代主义不仅对西方文化进行批判，也在无形之中对社会主义思想和制度产生了冲击。从国内背景来看，我国从计划经济走向市场经济的重大社会转型需要国人解放思想，后现代主义思想样态迎来了传播契机，"意识形态终结论"也乘虚而入。以美国为代表的西方国家凭借其经济优势高喊"自由""民主""平等"等看似中立的价值口号，宣扬政治自由，消解社会主义意识形态。面对西方的政治"说教"和经济"拉拢"，鉴于对过去浓重的意识形态话语与政治运动的回忆，社会大众中弥散着一种抵消僵化意识形态影响的"非意识形态化"心态，默认意识形态的终结。我们应当警觉：如果社会主义意识形态的合理性被否定，那么支撑其合理性的民族、国家、文化亦将变得毫无意义，谋求人民幸福和国家富强的发展道路也将变成无根据的任意选择。对于后现代主义销蚀马克思主义科学性的企图，我们必须高度警觉。

（二）裹挟虚无主义，消解马克思主义

马克思主义理论体系以传统的理性历史观为基础，主张人类历史在纵深发展中达成主体与客体、普遍与特殊、现实与理想的辩证统一。后现代主义历史观则认为，万事万物以零散化的状态存在且无法逻辑地实现应然目标，人们应当挣脱理性的束缚，学会体验当下、实现自我，用欲望、冲动等非理性因素推动人类历史前行。可见，后现代主义历史观在根本上颠覆了马克思主义唯物史观，打破了历史与逻辑相统一的理论模式，由此，关于历史进步的真理演变成偶然性的虚假理论。历史虚无主义与后现代主义具有共同的语言：否认客观存在的历史真理，否认历史矛盾的客观规律性，否定人类从蒙昧、野蛮不断走向进步的历史进程。在我国，历史虚无主义者公然打起"反思历史""还原真相"的旗号，对公认的事实进行随意的剪裁组合，否定客观定论，颠倒是非黑白，化身成为资本主义制度辩护的喉舌，其首要目的是掩盖中国共产党在领导中国革命、建设、改革中的贡献和作用，编造出否定中国特色社会主义共同理想和共产主义远大理想的谎言。历史虚无主义从根本上否定马克思主义在我国意识形态领域的指导地位，实质是为其鼓吹的资本主义道路找寻历史依据。除此之外，后现代主义还消解中国历史的道德意义，刻意抹黑中国历史上的英雄人物，美化被历史定性的反面人物，以此误导广大群众的价值取向，传递完全不同于主流意识形态的思想观点，瓦解中华民族生存与发展的精神根基。历史是各民族共同的创造和记忆，在整体的意义上构成了中华民族绵延发展的根基，奠定了民族和国家发展进

步、走向未来的基础。历史虚无主义混淆历史的现象与本质、支流与主流，将消解人民的理想信念和价值标准，动摇马克思主义在我国意识形态领域的主导地位。

（三）分化人才队伍，危及马克思主义

坚持以马克思主义为指导，是当代中国哲学社会科学区别于其他哲学社会科学的根本标志，必须旗帜鲜明地加以坚持。随着经济社会转型，后现代主义思潮广泛渗入我国社会各个领域，并与不同利益群体需求相结合，吸引民众运用其思维方式思考分析问题，导致社会上不同程度地出现了对社会主义和共产主义理论与实践的自信空场问题。此外，后现代主义思潮由于在一定意义上批判了西方资本主义制度，便迷惑了部分人群，使他们相信后现代主义思潮在价值立场上是正确的。当前，马克思主义意识形态遭遇信仰危机的表现之一就是主流意识形态建设队伍中的部分人在一定程度上存在崇洋媚外心理，认为马克思主义意识形态束缚了中国与世界的沟通交流以及中国哲学社会科学的研究视野。这些人往往坚守拿来主义，盲目地搬用西方制度模式或者研究范式，在不知不觉中陷入西方思维陷阱。后现代主义的"多元价值"取向，主张社会无法达成基本的价值共识和正确的判断，价值是相对的，因此社会科学应该保持"价值无涉"的状态。价值区分的无能意味着政治哲学和政治科学的合理性将被取消，哲学和社会科学将丧失基本的自我知识。如果中国特色社会主义建设和中国哲学社会科学研究不遵从马克思主义这一根本性指导原则，无视既定规范和价值底线，一味借鉴后现代主义思潮的解构范式，必然会危及自身的健康发展，甚至会危及民族和国家的前途命运。人才队伍是一切事业发展的基础，任何社会形态要保证和谐稳定有序发展，就必须有自己的坚强的思想理论队伍。坚持马克思主义在意识形态领域的指导地位，关键在党、关键在人，对后现代主义思潮分化主流意识形态建设队伍的图谋，必须切实加以遏制。

（四）借助网络渗透，冲击马克思主义

在某种意义上，后现代主义社会是媒体社会，因此电子媒介研究应当被纳入后现代主义研究的范畴框架。虽然中国尚未进入后现代社会，但是在全球文化交融的过程中，西方后现代主义可以"跨越性"地生存，以致中国社会出现现代性与后现代性杂糅症候。后现代主义的繁衍与传播得力于网络媒介，一方面，网络媒介逐渐蜕化为技术化的文化产品制作手段。文化依附于无中心的网络空间，从特权化走向平民化，从理性化走向感性化，借助图像符号转变为可供娱乐、消遣的消费产品，表现出后现代主义的大众文化工业表征——复制性、平面性、离心性。通过网络媒介流行的亚文化、出售的文化商品等传达的是一种浮泛在物质层面的真实，却让受众迷失方向。大量夹杂着拜金主义、利己主义、享乐主义等色彩的，刺激感官和充满魔力的影视作品、网络游戏等大众文化商品在中国社会被广泛消费，无形中造成社会大众思想混乱，冲击以道德理性和政治诉求为核心的审美价值建构，消解

以集体主义为支撑的意识形态。另一方面，在后现代主义多元共处范式的推动下，西方开始新式殖民——文化殖民主义，即依托社会传媒和数字化技术，实现其意识形态的全域泛化和隐性渗透。新兴科技和大众媒介，特别是迅速兴起的大数据，无疑使这些充满差异化、去中心化、碎片化的技术样态促进了后现代主义思潮的全方位渗透。以美国为代表的西方国家凭借其在网络技术、信息等方面的优势、强势，在我国实施"颜色革命"，把我国当作其颠覆活动的重要目标。随着我国人民群众受教育水平的提高以及社会信息透明度的强化，西方意识形态渗透手段更具隐匿性，他们往往从大众熟知和关切的社会事件入手，对事件进行"理论包装"和"学术包装"，然后通过网络迅速推给社会大众。近年来，深藏政治意图的"普世价值""新自由主义""宪政民主"等社会思潮借助网络媒介兴风作浪，试图改变我国社会大众的主流意识形态认同。

三、以"变"与"不变"防范后现代主义思潮侵蚀

当前，我们必须树立高度的意识形态自信，坚持以马克思主义为指导，在"变"与"不变"中防范后现代主义思潮的侵蚀。

（一）保持马克思主义意识形态的先进性

任何一种意识形态从来都不是统治阶级意识形态和社会存在的简单反映。意识形态作为思想价值体系本身就是一个不断变化的复杂动态结构，其内在结构要素遵从辩证逻辑发展的结果，必须按照整体性和同一性原则进行意识形态结构体系建设，这是马克思主义意识形态的科学性所在。因此，应坚持马克思主义整体性原则，以整体力量全面推动马克思主义理论创新，保持中国特色社会主义意识形态的先进性。

以马克思主义为根本指导的中国特色社会主义意识形态具有人民主体性。首先，中国共产党与人民群众作为中国特色社会主义意识形态的主体，是社会主义意识形态政治性和人民性的体现。在和谐稳定的社会状态下，马克思主义意识形态建设应当在坚守政治品质的同时抓住"人"这一根本，凸显人民主体价值，整合意识形态建设力量，实现对马克思主义的真正信奉。其次，马克思主义意识形态的先进性不仅体现为政治性与人民性的统一，还体现为理论与实践的互动互构。意识形态不是空中楼阁，马克思主义意识形态的先进性还强调理论与实践的互动互构。意识形态建设不能给人民群众开"空头支票"，必须在解释"是什么"和"为什么"之后，回答好"怎么办"的问题。意识形态的现实效用最终并不是通过掌握理论学说的职业思想家或政治家直接实现的，而是通过广大群众的意识形态实践来实现的。苏联解体后，中国特色社会主义和马克思主义在中国共产党带领人民群众的建设实践中不断丰富发展，通过理论与实践的互动互构，使社会主义意识形态直面社会现实、

与时俱进，根据人民群众的社会实践需求及时补充新鲜血液。应基于中国特色社会主义伟大实践，批判建构源于现实又高于现实的先进性意识形态理论，不断克服在理想建构过程中价值评价与实践认同的偏差问题，在情感上与马克思主义相连通，在实践上学懂弄通马克思主义，真正树立社会主义理想信念。除此之外，还需要在继承与创新、一元与多元、排他与包容的辩证统一中科学、创新的中国化马克思主义理论，使中国特色社会主义意识形态的先进性不断彰显。

（二）巩固马克思主义意识形态主导权

马克思主义是中国特色社会主义的旗帜，应始终坚持其在意识形态领域的指导地位，坚决反对改旗易帜，抵制解构主义，在精神防线和物质基础的统一中，旗帜鲜明地宣扬马克思主义。马克思列宁主义、毛泽东思想一定不能丢，丢了就丧失根本。历史经验证明，我国社会主义意识形态建设必须坚持和巩固马克思主义指导地位。首先，中国共产党必须占领意识形态主阵地，对马克思主义的信仰，对社会主义和共产主义的信念，是共产党人的政治灵魂，是共产党人经受住任何考验的精神支柱。广大党员干部必须"真懂""真信"马克思主义，坚定马克思主义信仰、共产主义远大理想和中国特色社会主义共同理想，加强理论武装，补足精神之"钙"，宣传好党的理论和路线方针政策，弘扬社会主义核心价值观，营造向上向善的精神氛围。其次，党员干部必须"真用"马克思主义，坚持马克思主义理论性与实践性相统一，把科学理论转化为新时代建设社会主义现代化强国的强大动力，真正维护好最广大人民群众的根本利益，并进一步纠正形式主义、官僚主义、享乐主义、奢靡之风，加强党的执政能力建设和先进性建设，以党的执政威信巩固马克思主义意识形态主导地位。巩固马克思主义意识形态主导权，不仅要守住精神防线，还要稳固意识形态的物质基础。我国意识形态的说服力和主导权是通过社会主义制度运行的有效性来证明的。我国国家治理现代化是在马克思主义指导下进行的，良好的治理效能是中国特色社会主义制度优越性的体现，是人民群众对社会主义制度、对马克思主义意识形态坚定信仰的基础。因此，我们要通过系统治理、依法治理、综合治理、源头治理，使制度效能根植人民、服务人民，充分尊重人民价值和体现人民意志，巩固马克思主义意识形态主导权的物质基础。

（三）掌握多元意识形态斗争的主动权

多元社会思潮"同台竞技"是后现代性的表征。面对复杂多变的意识形态斗争形势，我们应主动回应，认真对待后现代主义思潮提出的挑战，牢牢把握意识形态斗争的主动权。最重要的是自主建设具有张力的文化发展体制和有力有效的意识形态治理机制。

第一，建设张弛有度的社会主义文化发展体制，认真评估当代中国社会思潮的基本走势，正确评判社会思潮，探索当代中国社会思潮的本质规律；在尊重差异的建设原则基础上，批判借鉴国外社会思潮，包容引导非主流社会意识，抵制反主流社会思潮。正确的东西总是在同错误的东西作斗争的过程中发展起来的，真的、善的、美的东西总是在同假的、恶的、丑的东西相比较而存在、相斗争而发展的。哲学社会科学学者要在理论和学术问题的对话和交锋中，在解答回应、批判反驳中，合理解决中国社会乃至世界的现代性问题，破除马克思主义"无用论"。

第二，我国哲学社会科学研究应当敢于正视各种社会思潮所反映的社会问题，回答好新时代的重大理论和现实问题，将理论建设、文化发展与经济体制、政治体制、社会制度相联结，从现实中寻找突破口，解答理论问题，体现理论的原创性、民族性、系统性、专业性，提升马克思主义理论的现实性、亲和力、影响力，以高度的理论自信引领多元社会思潮，强化主流意识形态认同。

第三，要做好网络意识形态引领工作。网络虚拟实践已经成为当代中国一种新的实践方式，互联网也成为意识形态角逐的新战场。占据网络意识形态主阵地，是做好意识形态工作的必然要求。如何做好网络意识形态的引领工作呢？一是积极引导各大主流媒体平台和自媒体平台加强内容建设，全方位地宣传马克思主义立场观点方法，弘扬社会主义核心价值观，发展积极向上的网络文化，以强势的正面舆论与错误思想观点作斗争，唱响网络主旋律。二是改进传播方式，转变单向度的传统思想教育范式，探索多样化的、深层次的理论传播模式。在"破""立"结合中提升宣传教育效果，"破"是指在深刻认识互联网思想舆论传播特点和规律的基础上，找准网民的接受点，揭穿国际敌对势力的政治心机，破除西方意识形态的思想渗透；"立"是指及时关注和了解国内外环境的新变化，抓好方式方法创新，将传统媒体和网络媒体深度融合，全方位回应社会热点、焦点问题，陈情说理，增强思想理论的解释力和公信力。三是制定多元主体参与、多种手段相结合的网络综合治理机制，及时过滤、打击网络空间"分化""西化"以及颠覆社会主义制度的言论和行为，不给错误思想言论提供传播渠道，使人们免受纷繁杂芜的错误思潮的影响，逐步强化社会主义意识形态认同。

（四）提升马克思主义意识形态的话语权

话语具有系统性、传承性和开放性的特征，需要根据现实的变化不断加以调整，增强对现实生活的解释力。同样，马克思主义意识形态话语建构不是教条式地重申马克思主义的话语，而是从现实条件出发，用中国的语言文字来反映时代的呼声，适时适量地进行话语体系转换，真正掌握马克思主义话语领导权。首先，从本质上看，后现代主义思潮与马克思主义意识形态不相容，但是不能因此完全否定其存在的合理性。后现代主义思潮要求人们解放思想观念，关心现实问题；反对教条主义对人们精神的束缚，主张采取不同角度、方法洞察现代性危机。这些观点主张对我国意识形态建设有着积极意义。思维方式转换是意识形态话语转型创新的前提，思想解放要与现实发展同步伐，与同质思想相交融，与有益文化相借鉴，既立足本民族的文化底蕴和价值立场，又吸取发达国家意识形态建设的经验与教训，如美国智库客观上作为国家意识形态治理多端主体中的重要角色，深度嵌入国家治理体系，在美国社会主流意识形态的生产与传播，乃至国家意识形态安全防范与建设中发挥着举足轻重的作用。尽管制度属性有根本差异，但其具体做法对中国特色新型智库建设有着重要的启示。

随着中国特色社会主义进入新的历史方位和社会主要矛盾发生变化，补足社会主义意识形态建设的短板和弱项，整合并丰富中国化马克思主义话语体系，成为新时代强化意识形态认同的关键。但是，后现代主义思潮同样具有意识形态取向，它抹掉了传统的高等文化和大众文化（平民文化）之间的界限，以深度模式消解主流意识形态。面对"意识形态漂浮"的社会环境，我们应当注重大众文化领域的意识形态话语建构。大众文化以轻松、愉快的方式进行特有的情感传达而引起广泛的共鸣，具有价值引领和社会整合的积极作用，我们应借助这一优势，通过加强主流意识形态与大众文化的互动结合，将立党立国、改革开放、社会发展、生活幸福等社会主义因素融入大众文化建设，使旅游业、影视业等大众文化产业成为马克思主义意识形态话语传播的重要渠道。马克思主义意识形态建立在中华民族优秀传统文化的根基之上，因此，我们还应充分发掘和推广中华优秀传统文化元素，发扬优秀传统文化的审美价值、人文教育价值、文化认同价值，夯实马克思主义意识形态的话语传播基础，发出中国声音，讲好中国故事。

▶ 第八章

网络空间意识形态形式与话语权

第一节　移动网络空间中感性意识形态兴起的价值省思

以手机、平板电脑等移动终端为基础，依赖于移动互联网技术建构起来的移动网络空间，改变了主体的存在方式。主体及其技术延伸的泛在性成为常态，意识形态与感性实践生活的融通共存日趋紧密。感性意识形态是指以感性形式表现出来反映不同主体利益或需求的思想观念和价值取向，承认感性意识形态，这不仅否定了把意识形态仅仅归结为理论形式的观点，而且也肯定了意识形态广泛存在的现实性、多样性和具体性。

一、移动网络空间中感性意识形态兴起的价值条件

在移动网络空间中，虚拟与现实交叉渗透。虚拟场域中融入现实元素，现实场景中有虚拟技术，虚实界限逐步融合，技术生活化程度不断加深。人们的意识，随着人们的生活条件、人们的社会关系、人们的社会存在的改变而改变。物质实践生活借助互联网技术在虚拟空间中得以再现，不同的人、事、物以图像方式立体化地沟通着虚实内外，通过符号文化重构世界的价值意义。在虚实场域中，交流方式发生改变，人们运用直接、感性的沟通手段进行表达，摆脱时间地点束缚进行即时连接和集体行动，实现主体对现实世界的超越。移动网络技术使得人际互动更加频繁，全方位地渗透到感性生活中，主体感性实践越来越依赖于移动互联网技术所提供的便利条件。在移动网络空间，中国社会丰富的感性伦理特质越发凸显出来，道德社会生活的价值准则、亲情关系、礼仪风俗等得以延伸，从现

实到虚拟之间的联系互动成为生活化常态。新的权力存在于信息的符码中，存在于再现的图像中。图像传播成为虚实关系构建的桥梁，人们用技术传递思想意识、生活状态、日常见闻、社会变化等，理性的文字表达逐渐让位于感性的图像表达，主体在图像表达中定位自身、谋求交往、拓展空间，感性图像的崛起带来意识形态表达形式的改变。图像重塑了社会意识形态景观，推动了感性意识形态的兴起和意识形态价值样态的变化。

在移动网络空间中，个体利用技术获取信息、分享见闻、传播思想，人们可以从多种渠道获得不同的思想观念，在自我经验和感受基础上进行信息加工，输出到社交网络中，改变网络空间中的意识形态格局。移动网络技术加速网络群体意识形态的形成，意识形态竞争复杂多样，不同阶层群体都会产生和传播自己的群体意识，矛盾和冲突孕育其中。群体意识形态与利益分化、社会变动、价值变迁、认同分解等关系密切。移动网络空间中群体关系的重新建构，使具有相同利益、价值、趣向的社会群体聚集在一起，增强了其思想表达的力量，改变了意识形态传播的内容和形式，进一步提高了社会价值分化的复杂多样性。而且，随着移动网络空间领域的拓展，意识形态的层次性也会逐步深化，现实群体和新兴网络群体都会通过不同的方式展现其意识形态的感性表征。在不同的财产形式上，在社会生存条件上，耸立着由各种不同的、表现独特的情感、幻想、思想方式和人生观构成的上层建筑。移动网络空间群体的交往关系、利益基础和文化生态发生了巨大变化，群体心理、规范准则、信仰追求等随之发生变革，从而带来意识形态的不稳定性和结构性改变。感性意识形态的兴起来源于移动网络群体的丰富感性生活，移动网络技术又进一步将全球性的"物化"意识融入群体性的实践活动之中，使得物化崇拜现象更加普遍。

人类思想中的意识形态成分总是与思考者的现存生活环境紧密相连。在移动网络空间中，个体以自己的生活轨迹参与意识形态构建之中，借助技术开发运用多种形式来释放情绪、交流感受、集中意见等。不同的个性表达是个体感性实践生活的具体体现，保留着自身对社会的观察、理解和体认，融入了独特的经历背景、文化学识、利益追求、价值认同等，并不断地在移动网络空间中改变着交往领域和表达方式。实质上，这是无数的个体生活在同一平台上的再现，形成新型感性交往实践空间。个体在移动网络空间中从事不同的社会活动，需要直接、具体、立体的沟通方式来传递信息和表达自我。移动网络技术创造者为了满足社会需求，不断加强与现实生活紧密结合的技术开发，使得移动网络空间中的感性元素越来越明显，为感性意识形态的兴起准备了技术基础。感性意识形态与主体之间存在着共通关系，个体心理活动中的认知、感觉、情感、记忆、幻想、推理等都会体现出个性化表征，并在移动网络空间中以不同方式表达出来，为感性意识形态传播提供了充分的社会载体。个体的社会生活复杂多变，既受时代驱动，也会深刻地打上地域文化烙印，还会在个体选择中融入思维、想象和成见。移动网络空间中的感性意识形态在个体情绪变化中呈现出不同的样态面貌，个体不同的意识形态水平也会在移动网络空间中成为意识形态感性化的多重价值力量。

移动网络技术为主体提供了"永恒在场"的充分感觉体验空间，主体可以运用网络进行超越地理局限的社会体验活动，既有内心对话、精神活动、兴趣发展等，也有交往实践、情感深化、文化融合等。在移动网络空间中，体验文化逐渐成为主宰社会价值取向的重要因素，主体体验的广泛性、深刻性、即时性等都会对意识形态形式转变产生实质性影响。主流意识形态是维持社会秩序的必备要素，移动网络技术却改变了主流意识形态的存在基础，体验文化也解构了主流意识形态的传播渠道。高度理性化的、注重集体学习的社会组织让位于松散个性化的、强调个体学习的网络群体，自我体验的主动性和积极性成为影响主流意识形态价值作用的内在动力，忽视主体感性体验的意识形态传播难以取得良好的社会效应。在移动网络空间中，主体沉浸在移动场景中的虚拟实践方式改变了心理活动样式，大量非主流意识形态的社会思潮在不停地流转传播，成为激发社会思想活力的重要因子。非主流意识形态社会思潮的产生和发展与主体体验水平的高低紧密相关，能够满足主体私人体验的社会思潮传播快、影响大，尤其利用移动网络技术将用户的情感体验与大众流行文化相互结合起来，建构起社会共享的情绪心理，促成社会群体的集体行动，极易在移动网络空间中削弱主流意识形态的价值基础。而且，不同体验的共享融合也在移动网络技术功能中得到充分利用，为意识形态的消解和重构提供了环境条件。

二、移动网络空间中感性意识形态兴起的价值表现

在移动网络空间中，网络技术将具有相同利益诉求和价值观念的群体集中起来，开展不同类型的网络活动。具有仪式性质的活动逐渐成为感性意识形态的表达渠道，其主要表现为以下三个方面：一是社交分享。移动网络技术典型的特点就是社交分享活动。在社交分享仪式中，其实质就是将意识形态从个体体验转化为群体感受，在这种分享仪式中，借助的是人群信任关系，使得意识形态传播获得更大的转发率和认同度，克服传统理性意识形态传播的盲目、低效和指令性。感性意识形态分享仪式与人群的日常活动融为一体，实现意识形态生活化目标。在社交分享仪式中，群体意识参与意识形态的创造过程，通过群体思想合力对意识形态进行再加工。二是集体行动。在移动网络空间中，集体行动就是宣示意识形态立场的直接途径。在不同意识形态价值冲突的场域中，相同或相似价值立场的群体通过网络仪式活动来传递信息、表达诉求、寻求支持、号召力量等。移动网络空间集体行动的实质就是潜意识中的身份认同建构，参与集体行动的群体无形之中达成价值共识，发出共同声音，尤其是在政治粉丝群体中，对于意识形态的感性表达更充分，甚至可能出现"群体极化"现象。三是自拍影像。社会成员在象征化的感性传播中变成了主动的传播者，是感性传播的主体。个体自拍影像是借助技术手段来传播"物化"意识形态最便捷、

最广泛的手段，直接体现意识形态的"客观化"和"物质化"。在移动网络空间中，主体可以通过自拍影像方式来反映日常生活的意识形态。移动终端对意识形态的感性形式的传播及时、直观、丰富和生动，改变了意识形态人际传播的时空局限和思辨模式，从广泛意义上扩大了意识形态的信息权力影响范围。而且，个体的感性影像深刻地体现出主体的情绪变化和心路历程，在意识形态的心理共振功能中体现的价值不可替代。

游戏是释放主体情感欲望的重要途径。在移动网络空间中，游戏视频既能满足主体在现实社会中难以实现的幻想愿望，也能将理性意识形态感性化，实现双向互动式意识形态传播和接受。移动网络人群有自身的年龄特征和兴趣焦点，不同网络游戏视频的意识形态吸引力各不相同。网络游戏视频用户中的青少年群体思想活跃，紧跟潮流，勇于尝试新鲜事物，游戏视频的开发者或提供者的价值倾向就会在很大程度上成为其价值观念的塑造者。游戏视频在移动网络空间中的普及程度大大超过现实空间，它克服了时空制约和文化隔阂，通过技术手段将群体积聚起来，调动群体情绪，激发群体意志，发挥潜在的社会动员作用。而且随着移动网络游戏视频不断扩散，越发表现出广泛的影响力，能够在虚拟和现实社会中实现意识形态的同步渗透，改变群体意识和群体行为。不同的意识形态可以通过移动游戏视频中的人物角色、故事情节、结构设计、情境营造等，对主体进行价值引导，使其成为"意识形态幻象"的追随者和实践者。在移动网络空间中，游戏视频既会进行价值整合，也会扩散价值冲突，充当意识形态社会化的媒介手段。作为感性意识形态的游戏视频是意识形态在社会娱乐层面的转化，会随着移动互联网技术的发展以及市场逻辑的驱使而改变表现形式，体现出技术、利益和文化等要素的综合性价值影响。

移动网络空间中意识形态话语适应碎片化、随机化、个性化的传播路径，使故事、"段子"成为意识形态传播载体。不同的"段子"中，蕴含着不同的价值取向，反映社会群体的价值诉求。移动网络空间中的"段子"作为感性意识形态的呈现方式有：一是象征化。移动网络空间中的"段子"摆脱了理性意识形态的说教手段，主要以潜在的象征形式来表达价值观念。象征形式或象征体系本身并不是意识形态的：它们是不是意识形态的，以及在多大程度上是意识形态的，取决于它们在具体社会背景下被使用和被理解的方式。在移动网络传播中，"段子"本身只是表现形式，但是如果其被运用在意识形态表达之中，就成为感性意识形态形式，通过正面肯定或赞扬、反面否定或嘲讽等不同视角的叙述和描绘，成为潜移默化的渗透式传播载体，表达不同主体的价值困惑和价值取向。二是民间化。"段子"的表达方式以民间大众化的口语表达为主。民间语言的丰富性和普及性大大超过理性语言，从而在移动网络空间传播中有广泛的认知范围，呈现出深层的社会影响力。在"段子"的创作中，主体来源多样，不同主体的学识背景和经历思维反映不同的社会群体诉求，摆脱大而化之的意识形态宣传，契合多重群体意识形态的价值需要。三是娱乐化。在移动网络空间中，"段子"与日常生活的关系紧密，娱乐化表达倾向明显，在这里，一切公众话语都日渐以娱乐的方式出现，并成为一种文化精神。创作者通过娱乐化的"段子"将现实生活情感进行直观宣泄，达到放松心情、平衡心理、寄托心愿等效果。"段子"的娱乐化表达对于感性意识形态的兴起起到激发作用，将小众的抽象表达转化为大众的形象感染，提升了感性意识形态的网络传播效应。

移动网络交流主要以移动电子终端为载体，个性化的表情符号迅速流行起来，字符、图标、漫画、表情、动图、涂鸦、颜文字等传递信息、表达情感、沟通交流的多模态话语，在青年群体中成为移动网络沟通的必要手段，逐渐成为移动网络群体构建身份认同的工具。移动网络表情符号的非语言功能突出，在一定程度上弥补了语言交流中的障碍因素。作为网络沟通的媒介，网络表情天生就是年轻人用以对抗主流权威的话语实践。网络表情符号的表达风格浅显、跳跃、另类、诙谐，修辞手法灵活多样，有对比、夸张、讽刺、戏谑、隐喻和影射等功能。移动网络表情符号的话语实践彻底解构了现实身份规训下的话语体系，重新建构起移动网络生活的身份场域和交往语境。网络表情符号的传播实质上是进行感性意识形态的话语再造，其传播逻辑符合人际交流中重视非语言沟通信息的习惯。不同于单一模态的交流，网络表情符号因其形象的表意效果，更易提高个体参与度，并促进个体的高自我涉入，使个体在不断认识相应符号的背后意义、认知对方态度的内在驱动力作用下，产生情绪体验上的互动。表情符号的多模态话语对于主体视听觉的刺激大大提升，可以迅速占据主体情感偏向，获得心理认同优势。作为感性意识形态的表情符号既可以维护主流观念，也可以解构价值认同，主要依赖于意指功能发挥作用。网络表情符号经常运用不同的视觉修辞来表达对意识形态观念的情感态度，尤其以日常生活中理想与现实之间的差距为触点，进行调侃、反讽、恶搞、嘲弄、吐槽等，达到宣泄情绪、表达态度和释放压力的需求。在网络政治参与活动中，表情符号的集中运用开始成为常见现象，图像已经成为当代社会普通公众最重要的话语模态和政治参与形式。

三、移动网络空间中感性意识形态兴起的价值动因

在移动网络空间中，感性意识形态兴起的场域是共时同在的虚实交织场域。在场景构成上，移动网络终端与主体之间是对应贴身关系。在移动网络技术作用下，每个主体都可以参与到场景生态构建之中，并以自身言行推动场景变化。景观是意识形态的顶点。不同类型的意识形态利用鲜活的移动场景传播价值观念，影响大众文化，扩大社会影响。移动互联网使人的社交关系更为复杂多样，呈现出"缺席的在场"与"在场的缺席"两种并存状态。在不同的社交场景中主体的存在状态呈现出不同的社交效果，当主体身体不在现实场域，以指代符号参与虚拟活动时，主体可以表现出多重"自我"身份，并在意识形态场域中进行角色扮演和身份互换，从而对移动网络空间意识形态变化产生不同的价值作用。感性

意识形态在移动场景中的生成伴随着网络技术而发展，技术进步刺激感性表达，信息方式促成了语言的彻底重构，这种重构把主体构建在理性自律个体的模式之外。这种人所熟知的现代主体被信息方式置换成一个多重的、撒播的和去中心化的主体。主体身份的多元化在一定程度上削弱了意识形态传播效果，理性意识形态的传播能量逐渐降低，意识形态的感性化表达以其高度个性化、情绪化、渗透性的传播路径，呈现出与移动网络空间相互契合的表现形式。

在移动网络空间中，人们把握世界的方式越发呈现出图像化的特点。海德格尔所言的"世界图像的时代"真的来临了，视觉技术能够从不同层面上帮助主体实现对世界的图像认知和体验。视觉技术的核心是对信息的整合和创造，用感性形象的方式方法来呈现事物、勾勒关系、描绘图景。在视觉技术的创造中，既有现实图像的再现，也有虚拟图像的重组。作为一种新的媒介，移动直播完全可以给未来的商业、文化、生活带来新的改变和机遇。移动网络直播技术可以通过视觉技术来实时连接跨地域的图像人物等，不断激发调动社会资源，使意识形态传播形态逐步从文字文化转化为视觉文化为主。视觉文化对主体的作用机制首先体现在感性形象刺激上，突破了文字文化的教育背景要求。在以大众传播的发展为特点的社会里，意识形态分析应当集中关注大众传播的技术媒体所传输的象征形式。这些象征形式更多的时候是以感性视觉方式来加以呈现的，而且随着移动网络技术与人工智能技术的深度交叉融合，意识形态的智能传播时代即将到来，即通过人工智能就可以将意识形态渗透到主体的日常生活之中，通过智能环境控制来传输意识形态思想，改变主体价值观念。视觉技术对感性意识形态形成的影响在于其构建主体与意识形态之间的信任关系，摆脱经过抽象化的提炼和再还原过程中的信息失真与信任受损，从而提高了感性意识形态渗透的广度和效度。人们当真能对作为新闻与娱乐的工具和作为灌输与操纵力量的大众传播媒介作出区分吗？在移动网络视觉技术的催化下，感性意识形态无孔不入，深度切入私人时间生活之中，作为意识形态的技术更加具象化、精准化、个性化，主体被技术束缚的"他者"化倾向明显。

集体表象就其形式而言是一种感性认识，就其内容而言乃是由道德、伦理、宗教、风俗、习惯和惯例等构成的感性制度，是对人们的社会生活发生内在、稳定和持久作用的非正式制度。在移动网络空间中，虚拟仪式已经具有了现实意义。当移动网络仪式成为集体表象，也就是具备群体的道德逻辑时，感性意识形态越发显著地表现出来。人类群体在移动网络空间中的存在打破了现实秩序，彼此之间以"共同的信仰和情感价值"作为认同基础而聚合在一起，类似于原始社会时期的前逻辑思维，突出了感性吸引的凝聚力价值。在微信、微博、QQ等移动网络社交群体中，一旦由于某种缘由形成了情感共同体，集体表象就开始发挥出对个体成员的心理导向作用。个体的理性批判思维开始削弱或下降，无意识的感性认同思维逐步上升，成为移动网络群体的主导意见倾向。即使有个体固守己见，也会被群体情绪压力所威胁，逐步促使群体舆论中的"沉默的螺旋"发生作用。在移动网络空间中，作为感性意识形态的道德伦理、宗教信仰、故事传说、词曲艺术、游戏影像等都会在一定程度上承载着集体表象功能，成为群体网络生活的黏合剂，使得现实社会中高度分散的个体能够在移动网络空间中凝聚起来，同时个体也在不断加入自身感性生活经验，丰富群体网络生活，增强感性意识形态的普遍化程度。在网络集体意识生成过程中，现实社会的感性制度必须依赖于移动主体之间的社会交往活动，才能转移到网络生活之中。只有在网络感性交往实践活动中，主体之间的认知情感才能逐渐沟通，达到彼此的信任和认同，从而逐渐形成新的社会性格。

移动网络空间既是群体关系的重组，也是个体取向的延伸。意识形态是个体与其真实存在条件的想象性关系的一种"表征"。感性意识形态对移动网络个体发生作用，每个个体都成为感性意识形态的生产者和传播者，个性化色彩可以在感性意识形态形式中得到充分的展现。在移动网络空间中，个体在自己的感性实践活动中与移动网络空间群体进行着信息和能量的交换，获得了信息权力、政治权力和话语权力等。在个体权力得到移动网络技术的支撑从而发挥作用的过程中，网络政治参与深刻地影响着意识形态格局的变化。个体利用移动网络技术工具参与教育、制度、组织、文化活动，以自身的意识形态实践影响政府决策、政治评价和国家形象等。个体发挥网络权力的渠道多元、形式多样、手段多变，决定着主流意识形态不能维持原有的传播方式，必须要适应网络政治参与的变化，将意识形态的发展与个体思想价值观念表达联系起来，吸收个体感性表达经验，转换为促进意识形态现代化的内在因素。权力不再集中于机构（如国家）、组织（资本主义企业）和符号的控制者（公司制媒体、教会）之手。权力关系反映出不同社会主体之间的阶层结构，社会交流的扁平化和透明化趋势越来越明显，移动网络空间中的个体权力最大化释放出社会不同阶层的深度需要，重新组合建构起新型的社会网络，改变了意识形态流转的渠道、形式和方向。此外，移动网络技术在增强了个体权力的同时，也进一步提高了信息技术革命带来的社会价值分裂程度，使得个体在移动网络空间中陷入价值迷茫和困惑之中，严重冲击了社会制度和秩序的稳定性。

四、移动网络空间中感性意识形态兴起的价值导引

图像时代到来，文字和图像之间的相互映衬将为意识形态传播带来革命性变革，要逐步实现从理性意识形态转化为感性意识形态的传播流程重塑。图像中蕴含着意识形态的感性成分，充分挖掘其中密码并进行解读和运用，关系主流意识形态能否在移动网络空间中获取话语权。移动网络空间中的图像叙事是要将意识形态的理性建构还原为感性形象，用具体、生动、活泼的图像表达代替抽象、单一、严谨的文字表达，与主体的工作、学习和

生活场景联系起来，尤其要运用飞速发展的移动网络技术以及灵活多变的移动网络空间符号表达，立体化地塑造出意识形态的生活化状态，以提高意识形态的感染力、凝聚力和吸引力。感性意识形态的图像叙事要将主流意识形态的价值理性力量淋漓尽致地展现出来，克服资本逻辑驱使下的技术理性导向，把握住人的存在价值，突出人的理想追求。图像叙事将大大拓展意识形态的接受对象，降低意识形态的教育认知要求，增强意识形态语言的平民化色彩，夯实意识形态的群众基础和传播根基。移动网络空间图像叙事要发挥主体的个性视角，丰富感性意识形态的多维价值。移动网络空间中个体通过网络技术将自己对意识形态的理解和感受表达出来，既使得意识形态的价值理念更加具体生动，易于传播接受，也会使得意识形态的表达随机化、碎片化、符号化，甚至可能被曲解和误读，消解社会共识资源。要在意识形态图像叙事变革中，提升主体的网络社会责任要求，不同主体要承担自身在移动网络空间中的言行后果及其影响。

在移动网络空间中，社群成为情绪宣泄、情感酝酿、心理沟通的常态化场域。每个社群都有独特的价值观和心理诉求，拥有不断思考的集体意志，并在生活中遵循简单的规则。在移动互联网时代发挥感性意识形态的吸引力，需要将社群思维运用到意识形态传播之中，建构起意识形态社群网络，通过社群生态逐步扩大意识形态影响力。社群思维在移动网络场景中的运用，就是找到意识形态的认同群体，点燃其感性激情，促使其自发用立体化方式传播价值和传递情感，从而在移动网络空间中形成价值优势和舆论氛围。要特别注重培育社群"意见领袖"，以引领意识形态方向。在移动网络社群中，线上与线下的高度融合是典型的群体特质，既要将现实意识形态传播链条在移动网络中重新连接，也要将虚拟场域中的意识形态传播效应在现实环境中重现，形成感性意识形态的虚实环境生态。在移动网络社群中，感性意识形态的兴起会带来浅薄、孤立、片面化的传播影响，复杂化的社群生态也会推动价值偏见、错误思潮、思想冲突等的形成，为社会价值重塑带来困难和阻碍，甚至会引发社会抗争行动。主流意识形态要深入考量群体需要和群体特性，找准差异化的价值问题，进行定点精准的感性传播，满足个体和群体的价值需求。在国家和社会发展的关键节点，抓住意识形态传播的情感基础和文化环境，了解不同移动网络社群的价值倾向，有针对性地进行价值引导或意识形态批判。在移动网络社群中，利用群体聚集场域进行感性传播，需要根据不同群体的情绪氛围因地制宜、因势利导，并利用关键人物、事件促使意识形态裂变，转变意识形态格局走向。

移动网络群体互动是建立意识形态信任关系的情感纽带。在移动网络空间中，主流意识形态要使自己的主张能够及时被感知，使民众对意识形态思想产生认知兴趣，并进行主动传播。主流意识形态既要利用新颖易懂的表达形式，更要不断创新意识形态的思想观念，使得移动网络空间中意识形态的感性表达植根于网络社群的社会基础之中，成为网络社群活动的内在指引。移动网络空间中主流意识形态的吸引力来自群体成员之间的对话互动。在移动网络社群的意识形态对话之中，释放不同声音，平衡权力利益关系，逐步培养意识形态的信仰者、支持者和拥护者，也就是要在移动网络社群中倾听不同声音，发掘出主流意识形态的价值优势，及时填补移动网络社群的价值真空。移动网络空间社群对话的人际传播注重亲切友好、平等交流、即时反馈等特性，将从自上而下的传播渠道转换为自下而上的传播路径。在移动网络社群的意识形态互动之中，不同的身份意识深刻影响意识形态的情感深度，要通过感性载体形式培养意识形态主体认同的身份意识，激发其归属感和自豪感。在群体互动中，要将不同类型群体成员进行分类教育，建立起群体激励机制，尤其要挖掘群体成员、群体活动、群体文化与主流意识形态的价值契合点，从价值融合出发，传播故事传说，引发群体共鸣，塑造价值认同。

我们生活在一个不断生产图像、不断诠释事件意义的大众传播世界里。在移动网络空间中，大量感性化的理想描绘、影像作品、视听创作、身体力行等不断发挥出意识形态的价值影响，而且受到不同利益群体、政治派别、文化传统、宗教势力等多重价值因素的冲击和挑战，使意识形态的出场方式发生改变。利益群体需要利用移动网络技术进行利益表达，争取利益诉求；政治派别在移动网络空间中寻求自身的政治影响和关系建构，谋求政治发展；文化传统在移动网络空间中通过主体言行交往相互渗透，维持价值延续。同时，网络犯罪、网络暴力、恐怖主义和反人类思想等，污染网络空间生态环境，对主流意识形态安全构成了巨大威胁。网络使人信息化在场成为一种越来越普遍的在场方式，并且变得越来越容易和广泛。如何对不同的意识形态进行有效治理，关系到移动网络空间可持续发展以及能否有效建构网络命运共同体。从当前中国实际出发，中国价值要在移动网络空间将自身的统摄能力发挥出来，就要以中华优秀传统文化为价值底蕴，以马克思主义为价值引领，占据意识形态的制高点，有效容纳不同网络群体的价值诉求，体现意识形态的感性化发展趋势，最大化夯实自身的价值基础。要将主流意识形态的信息权力建立在适应移动网络技术的传播逻辑之上，源源不断地吸收来自大众的利益、意志、愿望和期待等，超越自身的理论形态，进行对话沟通，最大限度地促成价值共识。无论移动网络技术的发展如何变化，技术服务于人，并为人本身的发展带来价值是应有之义，而利用技术发展的感性元素来推进价值传播，也是中国社会越来越具有开放特质的必要条件。

移动互联网技术改变了意识形态与主体之间的作用机制，既将多元主体纳入意识形态的生成和传播之中，也将意识形态深度融入多元主体的感性生活世界之中，为主流意识形态的价值建构带来机遇和挑战。感性意识形态随着互联网技术进步不断改变表现形式，对主体的意义世界以及社会的价值体系产生深刻影响。

第二节 移动网络空间主流意识形态话语权状况及因素分析

主流意识形态指在国家和社会中占主导地位，体现统治阶级思想的价值体系。话语权是指思想观念影响事态发展的权力。移动互联网对主流意识形态话语权的实现提出了新的挑战，如何掌握主流意识形态话语在移动网络空间中的主导权，是新时期思想政治教育面临的时代课题，也关乎意识形态安全和国家发展。

一、移动网络空间主流意识形态话语权现状

2021年，笔者采取分层抽样法，采用问卷法与实地调研相结合的方式，对 G 市的部分高校教师、高校学生、政府机关工作人员和公司企业职员等进行了相关调研。2021年12月共发放问卷600份，调查对象中男性占42.50%，女性占57.50%。年龄在20岁以下的占28.00%，20~29岁的占56.17%，30~39岁的占11.50%，40~49岁的占3.00%，50岁以上的占1.33%。学历在专科以下的占14.17%，本科的占59.83%，硕士的占21.83%，博士的占4.17%。调查对象的职业为学生的占50.00%，教师的占10.00%，党政事业单位工作人员占10.00%，公司企业职员占25.00%，其他人员占5.00%；其中，中共党员占23.67%，共青团员占53.50%，民主党派占0.50%，群众占22.33%。除学生外，调查对象的收入情况为3000元以下的占8.17%，3000~8000元的占32.67%，8001~20000元的占13.33%，20000元以上的占1.33%。

（一）移动网络空间主流意识形态话语渗透力状况

话语渗透力即话语在受众中的影响力，可以从横向和纵向两个方面进行说明。从横向方面来讲，主要是指话语在受众中的影响范围；从纵向方面来讲，是指话语在受众中的影响程度。

1. 主流意识形态话语在移动网络空间中渗透范围广

在主流意识形态话语内容中，社会主义核心价值观是主流意识形态的一种重要表现形式。在调查中，五成以上受访者在移动互联网上都会遇到有关社会主义核心价值观等主流思想的宣传，人们在移动互联网中活动时能够直观地接受主流意识形态的影响。同时，人们在政治、经济、文化、社会等领域都能感受到主流意识形态话语的存在，其中，有59.00%的受访者认为在移动网络空间中主流意识形态主要体现在政治方面，46.30%的受

访者认为在经济方面，67.50%的受访者认为在文化方面，61.00%的受访者认为在社会方面。

2. 主流意识形态话语在移动网络空间中渗透程度有待提升

话语的渗透程度，主要体现为话语对象对话语内容的了解程度与接受程度。在了解程度上，大多数人对于其内涵把握不准确。虽然人们对主流意识形态话语有一定的了解，但移动网络空间中纷繁复杂的信息对主流意识形态话语信息起到了一定的消解作用，使得大多数人面对其他社会思潮时持不确定的态度，缺乏辨别能力。在"移动互联网上传播的西方社会思潮、价值观念是否会模糊了您对马克思主义的认识"的回答中，有52.33%的受访者持否定意见，但仍有37.83%的受访者表示说不清楚。从接受程度来看，人们对主流意识形态话语普遍接受，并能够在现实生活中有所实践。当被问及"您认为在移动网络空间加强社会主义核心价值观宣传对规范公民行为的实际作用大吗"问题时，有19.50%的受访者认为"很有作用"，有38.83%的受访者认为"较有作用"，有34.17%的受访者认为"一般"，而选择"没有作用""不清楚"的仅占7.50%。可见，人们对主流意识形态话语普遍接受，并认为其在社会中具有积极向上的作用。但其接受程度有待进一步提升，需要不断扩大渗透范围，增强渗透力度。

（二）移动网络空间主流意识形态话语公信力状况

公信力是指社会公共生活中，公共权力面对时间差序、公众交往以及利益交换所表现出来的一种公平、正义的信任力。主流意识形态话语的公信力主要体现在话语的公正性和权威性两方面。官方网络媒体是移动网络空间中主流意识形态的发声渠道，其在民众中的公信力可以直接反映主流意识形态话语的公信力。

1. 主流意识形态话语公正性相对较高

主流意识形态话语的公正性主要在于其自身的公正性以及对于他人的公正性。主流意识形态话语的公正性是其价值观的体现，而对于他人的公正性主要体现在其对社会事件的表述与看法。调查发现，主流意识形态话语自身的公正性很强，在面对与主流官方话语对立观点时，人们对主流官方话语具有较强的信任度，能够辨析话语的真实性与可信度。当受访者被问及"如何看待网络上的一些反面信息观点"时，有52.33%的受访者认为此观点只是为博人眼球、不可信，而仅有5.50%的受访者对其表示支持。关于受访者对"移动互联网上官方网络媒体发布的有关热点事件信息的态度"，有87%的人选择"部分相信，新闻信息不够全面，存在质疑"，而仅有6.00%的人选择"完全相信，新闻信息真实全面可信"。当进一步问及"影响官方网络媒体在移动互联网中信任度的主要因素"时，有75.67%的受访者选择"新闻报道的真实性、完整性"，64.00%的受访者选择"新闻报道观点态度的中肯度、立场的大众性"。因此，人们认为影响主流网络媒体信任度最重要的原因是新闻的真实性与中肯度。

2. 主流意识形态话语具有较强的权威性

主流意识形态话语的权威性主要体现在：首先，官方网络媒体的权威性较高。当受访者被问及"目前移动互联网上发布新闻的渠道众多，您更倾向于相信哪种平台的新闻信息"时，72.00%的受访者选择"官方网络媒体，如人民网、央视网、新华网等"，而对于"商业网络媒体，如网易、搜狐、新浪等"仅有23.67%的受访者选择。其次，非主流意识形态话语影响力较低。当问及"您如何看待微信朋友圈中的流言、谣言等现象"时，47.17%的受访者认为"容易导致误会及伤害，在突发事件中更加严重，必须取缔"，42.67%的受访者认为"人们能够判断信息的真实性，但仍需一定治理"。可见，人们对于网络信息中的非主流意识形态的话语——如微信朋友圈中的谣言、流言等态度比较明确，多数人都认为在微信朋友圈中的流言、谣言等现象具有一定的负面影响，应该加强治理。

（三）移动网络空间主流意识形态话语认同力状况

话语认同力是指话语本身所具有的，获得社会群体在情感与价值观上认可的，转化为追求与践行行为的一种力量。主要表现为话语的吸引力、话语的亲和力和话语的说服力。

1. 主流意识形态话语吸引力略显不足

话语的吸引力直观表现为说话方式的吸引力。当问及"您认为政府机构在移动网络空间发布的政务信息趣味性如何"时，有52.17%的受访者选择"一般"，认为"非常有趣"的仅占3.33%，仍有29.67%的受访者认为"不太有趣""很乏味、呆板"。同时，当问及"您认为当前影响主流意识形态话语在移动互联网上传播的主要因素有哪些"时，有51.83%的受访者认为"主流意识话语表达方式呆板"是其中的重要影响因素。所以，主流意识形态话语的表达方式不够灵活，是其缺乏吸引力的重要原因。

2. 主流意识形态话语亲和力显著提升

移动网络空间的话语形式多样，最被人们接受与喜爱的是尊重社会的多样性、符合人们的讲话风格、平易近人的表达方式。其主要体现在：首先，话语内容更加平易近人。当问及"官方网络媒体在移动网络空间发布有关政策法规信息的可理解性如何"时，43.33%的受访者认为还是比较容易理解的，仅有10%的受访者认为"非常不容易理解"，说明政策信息的表述越来越符合大众需求。最后，话语活动更加大众化。当问及"两会媒体在网络上开展互动讨论的活动"时，有58.85%的受访者认为"很有意义，能够主动占领思想文化网络阵地"，说明将政治活动作为全民活动在移动网络中开展，能够更好地体现人文关怀、人性关怀、平民风格，增强主流意识形态话语的亲和力。

3. 主流意识形态话语说服力仍需提高

人们希望官方主流媒体能够在热点问题、事件上及时发声，保障信息真实性，及时辟谣虚假信息，以此提升认可度。但是，人们对于主流意识形态的认识并不清晰，且容易受到国外思想文化的影响。这反映出主流意识形态话语的说服力仍显不足，不能够使人们从内心进行理解与接受。

（四）移动网络空间主流意识形态话语主导力状况

主流意识形态话语主导力是主流意识形态话语实现的落脚点，主要体现为话语内容在思想上的导向性和话语客体在行为上的实践性。

1. 主流意识形态话语内容的思想导向性明确

首先，主流意识形态对人们在移动网络空间中的价值观具有导向性。受访者在回答"您认为移动互联网上发布的信息是否应该恪守社会主义核心价值观"一题时，有 67.00% 的受访者认为"应该恪守"。当问及"您认为是否有必要继续在移动互联网上加强公民社会主义核心价值观教育"时，有 38.83% 的受访者认为"很有必要"，34.50% 的受访者认为"比较有必要"，仅有 4.67% 的受访者认为"没有必要"。其次，主流意识形态话语内容对于人们的价值评判具有导向性。当问到"人们对于微信朋友圈或微博上发出的关于国家政策方针的质疑抨击之声的态度"时，选择"很有影响"的受访者仅占 8.00%，26.50% 的受访者表示"比较有影响"，46.33% 的受访者表示"影响一般"，19.17% 的受访者则选择"没有影响"。由此可见，在移动网络空间中，人们普遍遵循主流意识形态话语的指引，并以此规范自己的行为。

2. 主流意识形态话语客体的行为实践性不足

在移动互联网中，人们的想法观点主要通过发帖、转发、评论、点赞等行为表现出来。主流意识形态话语是否能够主导人们的行为，最重要的是看话语客体对主流意识形态话语的行为实践情况。当问及"在移动互联网上遇到有关社会主义核心价值观等中国主流文化的宣传"时，60.67% 的受访者选择的是"点开后快速预览"，14.33% 的受访者选择"仔细阅读并转发"，仅有 6.50% 的受访者选择"积极参与评论并转发"，而仍有 18.50% 的受访者选择"忽略不看"。当问及"您会对移动互联网上官方网络媒体发布的信息进行评论吗"，有 61.33% 的受访者选择"浏览为主，不太发言"，22.17% 的受访者选择"有时"，而仅有 3.33% 的受访者会选择"经常"。可见，人们对于主流意识形态话语的主观能动性仍然不强，不能够积极主动地进行主流意识形态话语传播与互动。但是，人们在进行自主发言和传播信息时，36.33% 的受访者会考虑信息的传播价值或者传播影响，41.50% 的受访者会部分考虑，17.33% 的受访者会稍加考虑，仅有 4.83% 的受访者是从不考虑的。通过数据可得出，人们在网络上的活动仍有一定的自我约束力，能够在网络上谨慎发言，自发控制不良信息的创造与传播。

二、移动网络空间主流意识形态话语权影响因素分析

目前，移动网络空间中主流意识形态话语权的现状不容乐观，仍然存在许多亟须解决的问题。这些问题产生的原因是多方面的。

（一）主流意识形态话语自身因素

人民是历史的创造者，是决定党和国家前途命运的根本力量。在主流意识形态话语权的建设过程中，要注重人性关怀与人文关怀，将与人民群众切身利益相关的问题放在首要位置，积极主动地帮助人民群众答疑解惑，切实地为人民群众解决实际问题。主流意识形态价值取向的人民性是主流意识形态话语权具有影响力的源泉。

主流意识形态在我国意识形态领域占据主导地位，人民群众直接进行主流意识形态研究、宣传、实践的人员以及移动网络空间中的是话语主体。主流意识形态话语在移动网络空间中能否得到人们的认同，与话语主体在移动网络空间的认同度有直接的关系。其原因主要有以下几个方面。

首先，与话语主体自身形象相关。话语主体在移动网络中的形象是人们对其话语内容真实性、可靠性判断的首要影响因素。塑造良好健康的网络形象对于主流意识形态话语的传播具有重要意义。

其次，与话语主体的实践活动相关。移动网络空间实名制的发展，使得主流意识形态话语主体在移动网络中具有现实性与公开性，其一言一行都会直接受到网民的关注。因此，多方面增强主流意识形态话语主体的认可度，直接关系到人们对于主流意识形态话语的态度，关系到主流意识形态话语在移动网络空间的传播与认同。一种意识形态能够得到人们认可的首要条件是其理论要具有科学性，马克思主义意识形态之所以能在复杂的意识形态领域占据主导地位，根本原因就在于其科学的理论体系。理论的批判性是促进主流意识形态话语不断发展的重要因素，主流意识形态理论话语是在不断的批判中进行完善与发展的，是在不断的斗争中提升自身科学性的。

再次，意识形态话语内容的有效性也是科学性的一个重要方面，指意识形态话语能够为社会提供理想目标和基本发展准则，能够整合多元社会思潮，形成人们普遍认可的价值观念和行为准则。

最后，在移动网络空间中，主流意识形态话语应该适应移动网络空间的特点，具有更强的包容性。主流意识形态话语应该加强与各种意识形态的交流互通，广泛吸收其他意识形态的合理成分，不断充实自己的话语内容体系。

话语表达方式的有效性主要表现在话语表达的吸引力与亲和力上。话语的吸引力是影

响话语有效性的重要因素。在话语表达中要敢于创新话语方式，运用多样化、多角度的话语表达方式，与时俱进地与网络话语表达方式相适应，使其在融入网络话语体系的同时不断凸显创新性与灵活性，增强话语吸引力。同时，在话语表达中要注重人文关怀，彰显人文精神。要把以理服人与以情动人结合起来，使话语体系不断贴近生活，增加亲近感。话语只有具有亲和力才能融入人民群众中，才会拉近与人民群众的距离，才能为话语的有效传播创造良好的话语环境。主流意识形态话语要将理论话语与人们的日常生活相结合，将抽象的、学理性强的语言转化为人们易于接受的大众化、平民化语言，从而实现在移动网络空间中的广泛传播。

（二）移动网络空间政治权力因素

权力是主体基于对特定资源的支配，使相对人服从并使相对人的不服从丧失正当性的作用力。政治权力是关于政治社会的权力，是一种政治现象。移动互联网的发展使网络空间成为人们参与政治生活的重要场域，相对于现实社会而言，政治权力在移动网络空间中呈现出了新特点与新趋势，成为影响移动网络空间主流意识形态话语权的重要因素。

移动网络空间中政治参与面的扩大直接影响主流意识形态话语的渗透力。随着社会的进步，公民将全面参与政治，并在政治活动中扮演着不可或缺的重要角色。现阶段，政治参与仍处于相对"贫困"的状态，政府与公民的沟通不及时、不到位的情况时有发生，这都不利于良好社会环境的形成。但是，移动互联网的发展为人们的政治参与提供了更为广阔的平台。移动互联网提供了一种自下而上的对话渠道，政府组织机构可以实现即时的信息收集，得到信息反馈，从而增强政府与公民之间的联系，有利于政府更好地执政为民。同时，人们可以通过移动网络平台提出自己的意见与建议，反映自己的政治诉求，实现自己的政治参与，促进政府做出更加民主、更加有意义的决策。

移动网络空间中政治权力的相对弱化直接影响着主流意识形态话语的主导力。移动网络空间是一个虚拟的空间，网络空间中的内容都是以文字、符号、图片等形式表现出来的。移动网络空间也是一个开放的空间，其中包含着各种各样的信息内容。这就使得政治权力在移动网络空间中被不断地分化，使其在移动网络空间中不能处于相对主导的位置。而主流意识形态话语在移动网络空间中的主导力与政治权力息息相关，也是政治权力在移动网络空间中的重要表现。因此，移动网络空间中政治权力的相对弱化对主流意识形态话语的主导力具有直接的影响。

（三）移动网络空间资本力量因素

随着改革开放和社会主义市场经济的深入发展，资本力量已经参与到了社会生活的各个领域。特别是在互联网兴起的当代社会，资本力量对移动网络空间主流意识形态话语权建设产生的影响是不容忽视的。

资本力量推动了网络话语权的重新分配。约翰·奈斯比特认为，在网络社会中权力主要来源于被多数人掌握的信息。曼纽尔·卡斯特认为，在网络与社会共同发展的过程中，权力基本上是围绕着文化代码和信息内容的生产和传播进行的。可以看到，在网络社会中，信息和技术正在成为新的权力来源，若要想掌握更多的权力，就必须先掌握更多的信息与技术。但在移动网络空间中，重要网络平台的资本大多由外资或私人资本控制。从中国互联网中社交门户网站的客观情况和发展趋势来看，绝大多数都在西方大国的股票交易所上市，因而就被私有资本和外国垄断资本控股和实际掌控，使得私人资本对于网络空间的影响力不断增长。同时，在移动网络空间中，资本力量可以起到控制舆论的作用。人们可以发布各种吸引眼球的非主流信息，促使网络话语权进行重新分配，挤压主流意识形态话语生存与发展的空间，使其话语权受到削弱。

在网络空间中，资本力量使得网络话语权力呈现不平等的状态。话语权的控制者和把握者更多的是社会精英，而数量众多的网民往往只是精英话语和意见的支持者与跟随者。社会精英拥有网络信息技术知识等资本，善于利用网络话语规则进行网络舆论的引导。这些社会精英在现实社会中拥有信息、知识、财富等资本，在网络社会中，可以借助在现实社会中的优势加强对网络话语权的控制。他们利用广大网民从众等心理获得网民支持，从而获得新的网络权力。同时，网络中的话语权也呈现集中的趋势。由网络精英引导的舆论导向极易形成观点流派，一般网民的话语权受到削弱。网络话语权力的不平等对主流意识形态话语权造成了很大的影响，使其在网络中的传播发展受到很多不可控因素的影响，很难真正做到在网络中平等地传播信息。

（四）移动网络空间多元价值因素

移动网络空间中多种意识形态交融和交锋的影响。移动网络社会是互联网技术发展与社会相融合的产物，其不仅具有自然属性，也具有社会属性。因此，移动网络社会必然具有意识形态性。移动网络空间的意识形态性在不同的社会制度下呈现出不同的特点。多种意识形态交融在一定程度上就不断地消解着原来居于主导地位的主流意识形态。人们在面对大量的网络信息时，其信息的选择首先受自身政治倾向的影响，人们会选择符合自己政治倾向的网络信息进行宣传与传播；其次，也会受网络空间中不同意识形态信息的影响，人们不断接受不同意识形态下的价值观点，这就使其原本的政治观点受到影响，会削弱主流意识形态的影响力。与此同时，多种意识形态信息在网络空间中交融的同时也会出现一定的碰触，其中最直接的表现是各种言语的争辩以及由其演化而成的各种网络"骂战"。各种意识形态的交锋，极大地提高了各种意识形态话语信息的出现频率，占据广泛的话语空间，引起人们广泛关注的同时也会吸引人们参与其中。

移动网络空间中多元网络文化传播与渗透的影响。移动网络空间开放性、平等性的特征为网络文化的多元发展提供了充足的条件与平台。在移动网络空间中，多元社会思潮并存，中国传统文化与现代文化、本土文化与国外文化交融，形成了丰富多彩的网络文化的同时也削弱了我国的主流文化体系。首先，网络文化传播的匿名性加大了对主流意识形态话语权的影响。在移动网络空间中，各种网络文化的发布者与传播者都处于匿名的状态，致使政府监管网络文化的难度加大。在匿名性的心理作用下，人们容易在网络空间中进行情绪的发泄，更有甚者将移动网络空间作为其个人泄愤的场所，随意发表一些不符合事实的信息。其次，多元网络文化加速了对主流意识形态话语权的消解。网络文化更容易把负面的信息带给民众，对人们造成负面影响，对社会主义核心价值观产生一定的冲击。最后，多元的网络文化更容易造成"分众"的效果。网络信息传播具有多样性的特点，在其中人们可以听到不同的声音，接收到多样性的文化。这必然会给人们原有的思维方式和思想体系带来影响，从而削弱人们对社会主流意识形态的认同感。

（五）移动网络空间敌对势力因素

移动网络空间进行意识形态工作的基础和前提是要掌握先进的网络信息技术。但是，同世界先进水平相比，我国在很多方面仍然有不小的差距，其中最大的差距体现在核心技术上。互联网关键核心技术是支撑网络文化技术的最大命门，只有拥有了关键核心技术，才能够牢牢掌握移动网络文化的主导权、传播权和话语权。目前，以美国为代表的资本主义国家在网络信息技术方面占据优势，对我国互联网发展具有一定的约束作用。

西方国家利用强大的技术作为支撑，以文化媒体作为载体，在网络空间中大肆传播"普世价值"，极力推广西方的人生观、价值观和世界观，从而达到消解发展中国家意识形态的目的。与此同时，他们用歪曲事实、蛊惑宣传的方法在移动网络空间进行意识形态的争夺。例如，在国际社会中，西方国家不断地制造"中国崩溃论""中国威胁论""中国争霸论"等不实言论来混淆视听，抹黑中国的国际形象，对我国主流意识形态的传播造成了极大的不利影响；在我国网络空间中，西方国家恶意抹黑中国革命，将我国在建设和革命过程中的错误无限放大，制造各种噱头博取大家的眼球，从而达到降低我国政府公信力、削弱我国主流意识形态话语权的目的。

同时，境内敌对势力也在网络空间中活跃频繁。在我国仍然存在一些反社会主义、反中国共产党的敌对不法分子，他们大多受国外敌对势力的影响与控制，借助互联网匿名性、开放性等特点，对人们的价值观产生不良影响。这些敌对势力以"精日""精美"等为主要代表，在移动网络中大肆宣扬资本主义制度的优越性，颠倒历史，丑化中国政府形象，从而颠覆人们的价值观念。

三、移动网络空间主流意识形态话语权提升路径

移动网络空间主流意识形态话语权的实现与掌握具有重大理论意义和现实意义。要从

主流意识形态话语的渗透力、公信力、认同力、主导力等方面入手构建提升路径，促使主流意识形态话语更好地适应移动互联网发展的需要，促使人民群众能够真正地将主流意识形态话语内化于心、外化于行。

（一）坚持话语内容建设，提升主流意识形态话语渗透力

在移动网络空间中，主流意识形态内容的丰富是提升其渗透力的关键。只有丰富的主流意识形态话语内容，才能适应不同文化程度的人们，才能满足不同层次人们的需求。

首先，主流意识形态话语要涵盖马克思理论及其中国化的理论成果。政府部门和相关研究机构要在移动网络空间中加强马克思主义经典著作、经典思想、经典话语内容的充实与普及，促进人们更多地接触经典理论，更多地了解经典著作。

其次，主流意识形态话语要涵盖中华优秀传统文化的精华。主流意识形态话语要在传承中华优秀传统文化精髓的基础之上再进行创新发展。只有尊重传统文化，广泛地吸纳传统文化的精髓，才能保证主流意识形态话语具有中国特色，体现民族声音。

最后，主流意识形态话语要体现时代的特色。移动网络空间是一个新兴的发展空间，是社会进步的产物，形成了信息语言、网络语言等具有特色的话语内容。时代是意识形态话语永远的语境，意识形态话语发展也映现着时代的进步和困惑。因此，主流意识形态话语内容要坚持与时俱进，主动丰富其话语内容，不断地适应网络社会的话语体系。

（二）加强政府形象管理，提升主流意识形态话语公信力

在移动网络空间中加强主流意识形态话语权是执政党的本职工作，是党的建设和政权建设的重要内容。在移动网络空间中，中国共产党是主流意识形态话语主体的领导核心，而党政机关是中国共产党形象的重要代表。只有积极塑造有公信力的政府形象，才能够不断地提升主流意识形态话语权。

首先，要坚持"以人为本"的执政理念。在移动网络空间中，网民不再处于被动的状态，而是主动地寻找、过滤、筛选信息，只有政府坚持"以人为本"的执政理念，围绕民心所需，发布体现民意、切合民心的信息，才能得到更多的关注，才能不断地树立起良好形象。

其次，要合理利用电子政务平台。政府在移动网络空间形象的树立，主要依靠电子政务平台。因此，政府要加强电子政务平台的管理，及时进行信息的更新，积极掌握信息的主动发布权，敢于回应社会热点问题，合理引导社会舆论发展。

最后，要树立政府工作人员的良好形象。网络的实名制发展，使政府工作人员的身份在网络上备受关注。因此，要加强政府工作人员管理，积极打造正面的公众形象。政府工作人员要在移动网络空间中谨言慎行、言行一致，为公众作出良好的榜样。

（三）优化话语表达方式，提升主流意识形态话语认同力

移动网络空间开放性、个性化的特点，促使人们越来越追求创新性与独特性。人们在移动网络空间中的表达越来越具有独特性，如标题化、符号化、简略化的语言受到了人们的广泛关注与使用，从而形成了独具特色的网络话语体系。主流意识形态话语想要获得更多的认同感，就必须具有自己的话语表达特色，形成独树一帜的话语表达体系。首先，主流意识形态话语要与优秀传统文化相融合。构建具有特色的主流意识形态话语体系既要有其创造性，更需要在中国几千年来优秀传统文化的精髓上进行发展。中国有着博大精深的优秀传统文化，其能发展至今，必然有其独特的优势。因此，要善于利用优秀的传统文化，借助其优势发展主流意识形态话语。要在主流意识形态话语内容中融合优秀传统文化的内容，提炼优秀传统文化的精髓，将其应用于主流意识形态话语的表达中，从而形成蕴含传统文化精华的主流意识形态话语体系。其次，主流意识形态话语要与时代特点相适应。我国已经进入了社会主义发展的新时期，处于经济高速发展、文化空前繁荣的社会主义新时代。主流意识形态话语也要紧跟时代的发展，进行体现时代特色的话语表达。主流意识形态话语要关注政策话语表达的变化，及时使用最新的话语表达方式，引领话语表达的新方向；要关注时代发展的新进展，及时进行信息的更新与宣传。最后，主流意识形态话语要与网络语言相匹配。塑造主流意识形态话语表达特色，并不是要其固步自封，而是同样需要与网络语言相匹配。主流意识形态话语要积极吸收网络话语的表达方式，善于利用人们普遍认可的网络话语来进行表达与宣传，从而提高对人们的吸引力，增强亲切感，提高认可度。

（四）构建有效治理机制，提升主流意识形态话语主导力

移动网络空间的健康可持续发展离不开制度的保障。移动网络空间环境的规范化是我们加强主流意识形态话语权建设的重要前提保障。因此，制定完善主流意识形态工作相关的政策法规，加强移动网络环境的法治管理与监督是提升主流意识形态话语权的重要途径。首先，要制定完善相关的法规政策，引导人们理性地对待主流意识形态话语的传播。移动网络空间中各种信息交汇出现，各种意识形态话语并存，面对这样一个开放性、共享性强的环境，我们必须制定有针对性的政策法规进行积极引导与规范。目前，我国关于网络空间的治理已经初见成效，如《中国互联网行业自律公约》等的发布，对于规范网络行为、净化网络环境起到了积极的作用。但相关政策法规仍显不足，对于移动网络空间的监控有待进一步加强。其次，要落实责任管理，加强网络监管机制。对于移动网络空间的治理，政府应该加大投入，落实责任，促进网络监管机制的有效运行。相关管理部门要具有权责意识，进行有效的管理，维护移动网络空间的稳定，为移动网络空间主流意识形态话

语权的提升创造有利的网络环境。同时，要将制度建设与监督制度有效地结合，加强网络准入审批制度建设，提升信息端口的把关水平，创造清朗的网络空间环境。

第三节 移动网络空间主流意识形态话语的消解与转换

移动互联网的快速发展带来了媒介结构的颠覆性变革，也使主流意识形态话语建构空间发生转移。在以移动智能终端技术为基础搭建的网络空间中，众多节点被激活，各方信息往来交织、快速流转，社会转型和技术转型叠加，使主流意识形态话语建构遭遇诸多障碍。

一、移动网络空间主流意识形态话语消解的表征

移动网络空间是主流意识形态话语发展的最大"变量"，其无序性和复杂性在一定程度上降低了主流意识形态话语构建的实效性。

（一）主流意识形态话语主体失衡

话语主体是意识形态的制定者和实施者。意识形态作为本真价值的观念体系，为特定阶级阶层或利益集团的社会制度进行合法性证明和辩护。伴随着意识形态言说主体的多元崛起，移动网络空间中话语主体可划分为官方自媒体、市场自媒体和草根自媒体。官方自媒体是强化党和国家意识形态合法性的新型宣传阵地，拓展了传统主流媒体的内容含量和辐射范围；市场自媒体拥有独立的商业运营模式，以营利为目的；草根自媒体使个体价值得以扩大。在"众声交汇"的多元话语场域下，智能移动终端的使用者成为潜在的话语生产者和传播者，寻求话语分权和重建秩序。如果任由话语自由和主体自主性发挥，就会引发主流意识形态话语主体失衡。

移动网络空间突破封闭权威话语的限制，随着不同阶层、文化背景参与者加入，话语实践主体构成发生变化。移动个体是独立话语源头，随时替代主流意识形态话语主体的信息来源，话语议题渐次分化。官方主流媒体在处理突发公共事件时策略失当，就会驱动群众转向多元的新媒体，丧失话语统帅地位，加深主流意识形态话语主体的沟通困境。网络话语契合网民接受心理，可迅速整合不同人群的社会期待。在符号化表达日益强势的情境中，如果国家意志在网络符号系统中缺席，网络话语就会肢解、转义乃至消隐主流意识形态的内嵌话语规则，最终导致话语认同出现裂痕。

（二）主流意识形态话语受众分化

受众是意识形态话语的接受者。随着移动终端的广泛应用和话语传播分散，网络受众扩展到普遍的"新移民"，同质化话语被差异化话语取代。在移动设备和社交 App 双重驱动下，移动直播、即刻视频、算法推荐、问答社区等呈现蓬勃发展势头，激发网民广泛的自主参与，形成了独立于主流媒体的自组织传播形态。当众说纷纭的传播形态成为常见景观，意识形态"主旋律"不可避免地被冲击，短平快的生活模式迫使人们对"过载信息"的注意和认知呈现破碎性与混杂性。为契合受众需要，话语传播的完整叙事被裁剪为只言片语，甚至被颠覆了本义和真义，打破了既定的话语交流规则。当网络话语表达方式的浮躁化和注意力的片段化成为习惯性潮流，进而被受众内化为主观现实，最终导致思考表层化和领悟低质化时，受众会丧失对主流意识形态的理性认知耐心。

移动传播时代交往方式变革，信息受众分层成为基于需求惯性和价值趋向共建的"意见圈群"，形成话语势能同频共振的"蝴蝶效应"。类聚受众在立场过滤中不断强化同类信息关注度，一旦小部分受众所酝酿的潜在行为出现偏差，偏激意见不断循环放大，极易形成舆论旋涡，引发网民情绪狂欢。日常生活中的情绪冲动，多数从自媒体发端，进而引发群体化情感宣泄，压倒公共话语的理性讨论，导致舆论失焦和网络暴力局面的出现，个别有预谋的政治势力操纵民意将矛头直指国家政府，容易导致群体性政治事件的发生。如果主流意识形态话语没有及时"过滤"和"对冲"，群体暗示和感染就会促使谣言蔓延，官方话语规范和价值逻辑就可能脱离既定发展轨道，进入失控的话语场域。

（三）主流意识形态话语载体失控

话语载体是意识形态的传播中介，主体通过话语载体展现价值要义。随着移动传播优先化，自媒体作为人际交流的话语载体，充斥在社会互动交往之中。但信息发布者的价值观念日渐游离于主流意识形态之外，削弱了官方可控性。在商业逻辑主宰下，传媒的执行意识将逐渐由政府意志向资本意志转移。偏离我党宣传方向，游离于马克思主义、社会主义主流意识形态之外的传播内容有所增多。某些资深媒体人或所谓的"意见领袖"将自己标榜为公众利益的代言人，在媒介信息图景上聚集了数量可观的协同行动者，利用与粉丝互动不断强化话语传播的传阅度和可信度。为获得最大化利益，体现自我主张，不少自媒体动辄放弃社会责任，为非主流或反主流意识形态鼓噪发声，甚而蒙蔽良知进行虚饰性包装，放大或强化偏激观点或极端言行。

互联网的内嵌自由性被无限制泛化，私人话题正以铺天盖地之势侵入公众视野，成为受众利用和消遣的文化内容，分散了主流意识形态话语的关注点。一切公众话语都日渐以娱乐的方式出现，并成为一种文化精神。我们的政治、宗教、新闻、体育、教育和商业都心甘情愿地成为娱乐的附庸，毫无怨言，甚至无声无息，其结果是我们成了一个娱乐至死的物种。当这种基于私利的、过度自由化的、非理性的日常经验蔓延为生活重心，人们尤其是青年人的思想便会沉溺在自媒体"量身定制"的戏谑化、感性化、扁平化的无限演义中，放逐自身生活环境的情感体验，规避主流意识形态话语的教育功能，抛弃理想信念与历史责任。

（四）主流意识形态话语场域冲突

在移动网络空间话语场域中，不同类型意识形态利用网络符号遮蔽政治意图、设置观点议题，主流意识形态要与非主流意识形态争夺话语空间。多样化的网络群体结构中，包含着由不同因素带来的不稳定性，随时会成为网络话语场域冲突的导火索。在新媒体舆论场域中，别有用心的人通过"点穴式发帖""抹黑式营销""隐射式诱导""反讽式攻击""游牧式渗透"等方式将特殊问题普遍化、局部问题全局化、社会问题政治化，刻意瓦解人们对主流意识形态的认同。政治偏见和异见话语通过移动网络技术分享、转载、评论，造成负面信息甚嚣尘上，主流意识形态话语密度和空间遭到大幅侵占。在社会剧烈变迁的情况下，意识形态猜忌、国家观念解构、价值层面真空和虚无主义盛行，无疑会引发主流意识形态话语生态危机。

移动网络空间中的多方话语势力以议题框架设置网络信息传播壁垒，利用大众化、时尚化、娱乐化的隐蔽手段，将宏观叙事碎片化、政治问题娱乐化、严肃问题轻松化，模糊价值倾向，诱使民众放弃思想领域的自卫权。随着意见强化和壁垒加厚，外来力量改变内部议程的难度增大，主体不仅难以察觉话语隐遁下的意识形态扩张，反而会让自我思想栖身于幻化"现实"。如果不进行理性的反思与辨识，就无法洞察背后玄机，意识形态话语权就会被利益集团和资本势力俘获，导致话语霸权遮蔽下的影子话语抹杀网络空间中的批判精神，主体无意识地被驯化，沦为资本逻辑的"顺民"。

二、移动网络空间主流意识形态话语的消解变因

传播技术的应用、文化价值的转向、资本逻辑的操纵、外部力量的掣肘……繁复的主客观变因都会影响移动网络空间主流意识形态话语力量的实现。

（一）话语传播缺位弱化主流意识形态

主流意识形态话语能否有效"产出"，不仅取决于话语主体思想认知的重视程度，而且取决于该主体能否根据话语场域的现代性变革确立起相应的话语范式，并根据实践需要对话语内容和话语方式进行调试。在新媒体环境下，社会媒体与政府之间原有的共生基础被

破坏，民间话语力量兴起稀释了政府主导舆论的权力。网宣人员的官僚思维惰性、辨析能力不足、补位意识缺乏、媒介运用欠佳等共性问题，使话语主体的信任度逐渐降低，加深了社会大众与主流意识形态的话语隔阂。由于目前移动网络空间的主流意识形态话语，仍存在用崇高化、理想化标准替代多样化、差异化的社会现实，与民众社会心理和特点疏离，使得阶级性话语与大众性话语不能有效对接和弥合，出现话语错位。对主流意识形态话语传播实效性具有关键影响的重点人群，对主流意识形态产生认知障碍或误读，进而无法对其话语进行有效转换。

主流意识形态宣传过于依赖权威媒体，话语表达虚词高论，影响话语效用，媒体融合力量亟待加强。主流意识形态通过官方权力在移动网络空间中施加影响，虽然能在一定时空中产生效果，但仍会出现"意识形态漂浮"现象，使大众产生反感。这种反感并非来自立场和内容，而是因宣教思维、生硬导向、强设议程、堆砌术语、形式呆板而产生。比较典型的是把封闭的革命话语套用在开放治理语境中，造成主流意识形态边缘化。

（二）多元价值观念分化主流意识形态

不同价值主体在移动网络技术发展中寻找自身发展机遇，移动网络空间中交织着多元的群体利益关系。利益群体基于不同价值取向的审视和未来期许的双重考量，使得社会群体目标指向更加复杂。网络空间的发展水平与人们的有效需求难以匹配，使得部分利益群体或集团对社会感知不平衡，出现被剥夺感或压迫性反应，并站在主流意识形态的对立面，从而影响主流话语的影响广度。移动网络技术的便捷性和随身化极大地方便了人们的利益诉求表达，激发了社会生活中蕴藏的发展动力。但以利益和效率为核心的技术主义评价标准会诱发和宣扬功利主义和实用主义价值取向，社会主义主流意识形态的正当性被不断瓦解。价值异构在利益刺激下不断野蛮膨胀，价值主体观念不再被历史发展的远大理想所感召，而是致力于现实生活与短期利益的满足，世俗的、实用的、强调个人利益的政治心态成为消解精神世界终极价值的主导力量。

在移动网络空间中，难以通过上层的激励与压力将政治主张与民众的整体利益直接串联起来，从而大大增加了政府网络执政的难度。在移动网络空间中，不同地区、行业、人群等利益分配不均和利益固化的现象被不断揭示，导致民众的离心情绪与日俱增，意识形态所描绘的理想信念与社会公正缺失的落差。

（三）资本"挟同"技术腐化主流意识形态

话语浮在社会现象表层，支撑其内核的是主体控制原则。在社会支配性原则影响下，意识形态话语权力正由一家独大的组织化机构向个体化资本媒体转移。在资本扩张本性驱动下，部分文化传媒底线失守，沦为迎合资本市场的盈利机器，把自己的需求、欲望、经验变成意识形态的主导力量，在媒体空间内鼓吹资本价值，遮蔽或忽视民众的利益诉求。

在移动网络空间下，网络舆论具有表面化、泛娱乐化以及变化快、性质杂等特点。传播渠道的革命性解放、技术平台赋予个体的话语生成能力，使得每个人都成为自己话语传播的"把关人"。然而，在话语编码过程中，个体进行自我把关必然会受到政治倾向、媒体立场、价值负载等多方面的影响，受众在自我价值选择过程中也存在主观解读的异化。从组织行为到个人行为的转移给主流意识形态治理带来潜在危机，使得主流意识形态话语裹挟在信息洪流中，面临信息失真的干扰，消磨了核心话语的主导价值。

（四）西方境外势力丑化主流意识形态

在多元化的网络话语症候中，资本势力凭借完备且纯熟的意识形态支配体系和手段，挤压社会主义主流意识形态。意识形态终结论、文明冲突论、人权高于主权论、"中国威胁论"等蕴含政治企图的论断企图颠覆社会主义核心价值观；物欲崇拜、金钱万能等腐朽思想文化和生活方式的触角延伸至网络空间，用物质引诱和实用主义价值观来宣扬耻言理想、拒斥崇高、调侃传统、游戏人生等理念。包藏祸心的意识形态诱导民众从认知行为和价值判断上放弃社会主义理想信念，用资产阶级价值体系取而代之。

西方价值观念在文化产品中形成隐形刺激，擅长抓住受众眼球和心理。在移动网络空间中辨别力低、认知结构失调的受众，尤其是主体文化意识不足的青年受众，容易盲目尊崇西方的价值观念和文化理念。以好莱坞、漫威电影为代表的西方文化援引"象征资本"虚构舆论景观和镜像世界，巧妙融合西方政治设想和价值意图。在贩卖过程中，媒介在客观上完成了对人无意识的影响和控制。人们在使用或消费"景观商品"时，会无意识地在审美愉悦中接受西方的审美情趣、思维习惯和价值观念，认同西方政治理念和治理模式。西方国家从意识形态薄弱环节下手，通过培植"话语代理人"和"意见领袖"，利用微空间话语传播随意性强、速度快、影响大等特点，制造反华舆论，散布"阴暗面"，妄加指责和干涉中国问题，用不实信息搅乱思想秩序。另外，他们还费尽心机地设置大尺度话题，借助网民的情绪诋毁污蔑中国政府，编写迷惑性、破坏性段子，曲解和肆意调侃革命英雄，妖魔化国家领袖，在网民潜意识中种下分裂种子，造成国际社会对中国道路的认知和评价偏向。

三、移动网络空间主流意识形态话语的转换路向

意识形态话语在被受众接受后，要不断维持话语内容的合理性和优越性，要在主体、受众、载体和场域等要素上实现主流意识形态话语权转换。

（一）目标的转换：从工具化向人本化转换

移动网络空间强化了平面化价值沟通，作为目的和意义的"人"获得了新的价值阐释和

个性舒张。主流意识形态话语要利用工具资源助力价值理性实现。大数据可以加速交织多重社会关系的形成，为深度开展主流意识形态话语转换提供了数据支持。技术会揭示出人对自然的能动关系，人的生活的直接生产过程，从而人的社会生活关系和由此产生的精神观念的直接生产过程。利用大数据技术，我们可以将表面杂乱无章的数据汇集、萃取和关联，精确识别地区差异、受众类型与诉求要点，从而对主流意识形态的话语内容和表达方式进行差异化建构，强化网民对主流意识形态的认同和信仰。

Web2.0技术带来的"用户生产内容、用户贡献价值"理念，促进了传者本位到受众本位的变迁。主体生活、教育背景不同，对事实和矛盾的认知和诠释会有较大差别，移动网络的发展使得趣味、爱好或特征接近的人群找到生存地带并聚合成一定规模，为精准投放信息提供了可能。主流意识形态话语要充分理解和运用这些特征，为差异化的口味和取向提供多样化的话题和观点，把满足和引导统一起来，强化主流意识形态话语传播效果。

当代意义最为重大的革命不是经济革命或是政治革命，而是一场在被统治者中制造"同意"的艺术的革命。传统的话语传播模式对受众的考究集中于主流社会和主流阶层的意愿与态度，忽略了亚文化非主流群体的需求，移动网络作为群体性价值建构工具，自身的扩散性、交互性使得话语议题极易因共同利益在短时间内传播开来，引发全方位的人力动员。网络意识形态治理主体多元化的发展，打破了民众原有的思维图式，使集体性智慧得以发挥，对主流意识形态话语合法性形成必要补充。

（二）内容的转换：从理论化向实践化转换

意识形态倡导的价值取向要成为价值共识，需要进行具象演绎，巧妙地将阶级性话语与群众性话语结合起来，才能有效地使受众充分领会意义。在受众细分的时代，主流意识形态话语要善于由理论化的"形而上"务虚切换为亲民化的"形而下"务实，话语内容要从官方领域下移至民间领域，找准人民群众的思想共鸣点、利益交汇点，注重把握科学理性与通俗感性互动的微妙平衡点，在不失高远追求的同时做到通俗表达。

中华民族的悠久历史文化底蕴、中国精神的历史积淀和中国道路的建设奇迹，是构筑主流意识形态话语的核心优势与丰厚养料。只有从优秀文化遗产中汲取养分，主流意识形态话语才能与社会成员的心理、思想、价值观念相契合。要在移动网络空间中进行主流意识形态"话语折变"，把中华优秀传统文化元素与中国特色社会主义实践相结合，对体现时代要求的核心理念进行加工提炼，打造新时代中国特色社会主义话语的网络主调。

（三）方式的转换：从显性化向隐性化转换

主流意识形态话语权的维系不是仅依靠自身理据性的符号形态就能实现的。"编码—解码"模式认为，因话语主体的编码与话语受众的解码均从自身立场出发，二者存在歧异态度。只要掌握互联网的硬件和技术，任何人都能成为传播信息的"自媒体"，形成自由的意见市场。因此，移动网络空间中话语沟通策略应从"机械灌输"和"刻板格调"中跳出，运用"交往理性"探索民众参与公共协商的新方式，从独白话语向意义共享转变。

信息技术的快速发展打破了权威阐释、稳定可靠的言论格局，意识形态话语的象征形式已从抽象概念推论转变为感性文化形式。在高度可视化传播时代，意义通过图、文、声、形等技术上的连接得以彰显，意识形态解释框架应采用清新的话语风格和再嵌入的话语技巧，看似随意的、偶然的、零星的宣传可能比集中的显性说教来得更真实。

主流意识形态话语宣传的效度，不仅取决于话语主体的宣传方式，还取决于话语受众如何接受以及接受的深浅。在新媒体异军突起的时代背景下，民众不再是被动的教化对象，主流意识形态话语主体要在理论与实践相结合的原则基础上讲求艺术性和差异性，熟谙不同受众群体的接受心理和适应能力，善于通过分众化定位和互动式传播策略，增强话语受众对主流意识形态话语精髓自我吸收、自我完善、自我实现的能力。

第四节　算法技术影响网络空间意识形态安全探析

互联网是意识形态工作的主战场、最前沿。随着大数据、云计算的普遍应用，算法技术改变了网络空间自主选择信息的方式方法，影响网络空间意识形态的分布格局和延伸领域，带来意识形态安全形势的变化。

一、算法技术影响网络空间意识形态安全的表现

技术是科学的应用。算法是通过智能分析和过滤机制对海量数据进行深度分析，进而精准匹配用户需求的数据处理技术。作为技术的算法对作为"观念上层建筑"的意识形态的影响涉及不同方面。

算法技术是改变网络空间意识形态的技术基础。算法技术分布在不同的网络空间领域之中，随时随地对网络信息进行数据收集和处理。只要用户从事网络活动，就会被算法捕捉轨迹，并可以即时开展信息加工。现实社会难以掌控的个体特性，通过算法汇集分析，就会成为清晰精准的用户画像。从数据中建立起来的各种关联，构成了我们与其他人进行互动的时空维度。算法数据可以再现主体与社会的互动关系和交往频率，通过对彼此之间的数据匹配进行关系评估，开展信息推送等相关促成活动，进而改变主体价值判断的社会关联基础。社会关联性在用户价值观念建构中起到长期的隐性作用，既会涉及用户对政府的政治认知和政治态度，也会关系到用户对不同政策的支持和拥护程度。通过算法连接的

用户关系，改变了随机性的网络交往实践活动，彼此之间的关联性增加了交往的密切性，为用户创造了新型的意识形态场域，改变了网络空间意识形态的竞争状态。技术本身没有价值倾向，仅依赖于算法技术自发地处理信息，其离散式、反中心的技术处理过程，加上不同的利益、政治和价值诉求的驱动，可能导致意识形态表达随机化、场域碎片化、思想极端化等状况不断出现。在算法技术的拟态环境中，主流意识形态面临着多元化社会思潮和价值观念的冲击，难以通过传统教育手段解决主导性和话语权问题。在大数据时代的网络空间政治生态中，算法技术支配的数据关系构成了思想意识的变化基础，技术进步推动数据模型不断逼近真实地再现用户观念形态。同时，算法技术搜集网络空间中的隐私信息，无论是对于个体，还是组织，隐私权都会遭遇安全性挑战。算法技术对于社会隐私空间的侵入，对主流意识形态的话语权形成了威胁，从而持续影响网络空间主流意识形态的张力和活力。人工智能与算法技术结合程度的不断提升，既可以帮助主流意识形态扩展影响范围，也会在潜移默化中累积意识形态安全风险。

算法技术界定网络空间意识形态的主体身份。算法身份是基于大数据技术建构的网络身份，它为主体划分活动边界，与现实身份存在差异。在网络空间中，主体的数字化表达存在无数种可能，通过算法加工被赋予不同的价值意义。这些社会属性既可能是正面展示，也可能是负面评价。一旦某种社会属性被算法不断强化推送，就可能改变主体的社会形象，产生不同的社会影响。个体的偶然性网络行为数据可能不具有身份判断价值，但是通过算法汇集的数据转码，就能从不同层面定义主体。同时，算法越来越能够影响主体的身份观念，进而操纵社会价值倾向。从网络空间意识形态安全来说，算法身份带来的意识形态风险主要体现在"算法偏见"或"算法歧视"等方面。"算法偏见"或"算法歧视"是指在算法分类过程中，算法阐释数据的价值逻辑会导致对象主体处于不利地位。这些偏见或歧视体现在性别、年龄、区域、国别、民族、种族、收入、学历等领域，无形之中赋予了被分类者不同的身份归类，也就会从不同方面造成价值分化。个体的数字身份使其在网络空间中产生不同的社会交集，进一步推动类属身份群体的成长和壮大，凸显意识形态的角色特性，固化了社会形象。一旦不同群体的价值分化达到一定程度，就会带来意识形态的矛盾和冲突，加剧社会不稳定。此外，算法还可以通过不同主体身份的交互数据找到彼此之间的价值共性和价值差异，赋予不同的算法权力。例如，如果被算法技术认定为合法主体，就可以享有相应的言论自由或表达权利等；反之，则可能被限制网络言行或活动，进而影响社会公正的价值和规则。算法技术制造数字身份，不一定按照国家和社会发展所需要的公民身份进行设定，而是为了满足不同价值主体的动机需要进行生产，客观上既会带来便利性，也会存在着不同身份的冲突因子。随着虚拟现实的融合步伐加快，算法身份还会逐渐影响主体在现实社会意识形态安全领域的表现状态。

算法技术助推网络空间意识形态的群体互动。网络群体不是按照地域空间，而是按照兴趣、价值、利益等进行分类。具有相同诉求的群体利用互联网便捷地集中起来，表达愿望，诉诸行动，大数据算法技术强化了这种倾向。不同的网络群体类型具有迥异的特性，遵循自身规律形成群体的归属感和安全感，群体成员之间彼此的信任关系强化了情绪情感的支配作用。算法对于网络群体意识形态的驱动作用体现在以下三个方面。

第一，强化群体标签。网络群体角色就是群体标签，是群体对外展示的形象体现。网络群体聚集不依赖于身体在场，符号象征意义凸显，为算法发挥作用提供了功能空间。算法可以不断累积群体共性，强化群体身份，展示群体价值。在算法技术推动下，群体中的个体被打上群体烙印，成为群体的代言人，个体言行在无形中推动群体价值观念变化。反过来说，群体价值观念也会逐渐同化个体思想意识，消弭个体自身的异质思想，固化同质性观念，造成"信息茧房"。

第二，改变群体结构。网络群体结构松散，开放性和封闭性并存。开放性是指群体成员构成超越时空限制，可以保持动态变化。封闭性是指由于网络群体之间的技术阻隔，可以屏蔽不同人员的进入。算法在群体结构中的作用一方面是极大地拓展网络群体的开放性，利用技术手段扩大群体范围，大大提升群体影响力；另一方面是可以更加深入地筛选网络群体成员，从多元化信息中判断网络群体成员的价值趋同性，从而为网络群体意识形态提供价值基础。

第三，加剧了群体对立。网络群体之间存在着不同边界，边界既是群体区分的标志，也是群体冲突的界限。当网络群体价值趋同时，两者之间会产生社交互动，进而出现群体融合现象；反之，群体之间就可能出现矛盾摩擦。算法可以对不同群体的价值差异进行区分，计算不同群体的价值取向，为不同群体进行价值定位，从而为群体意识形态对立提供价值条件。当然，价值主体具有选择的权利，可以操控算法技术的价值导向，适时干预治理，就能够逐渐化解意识形态安全风险。

算法技术重构网络空间意识形态的安全环境。网络空间意识形态环境是不同意识形态主体在自身需求驱动下，彼此竞争形成的结果。算法随着互联网技术的发展不断地创新发展，在技术迭代过程中，技术更新会带来网络空间意识形态传播渠道和方式的转变，从而重塑网络空间意识形态的安全格局。只有及时掌握并运用新技术的意识形态主体，才能占据网络传播的主动权和话语权；反之，即使拥有丰富的话语资源，也有可能在技术竞争中处于劣势。算法技术创新是社会发展的需要，技术无法为自己设定界限，如果没有适当的规制，技术就可能消解主流意识形态的环境优势，为非主流意识形态提供话语空间和影响平台。算法终归是技术程序，支配算法导向的重要因素是资本逻辑。一旦有适当的利润，资本就胆大起来。如果利润丰厚，资本就可能操纵算法，甚至逾越道德或法律的红线，挑战主流意识形态安全。在资本主导的环境中，算法会不断采集有利于资本扩张的舆论话题，进行编辑加工，采取点赞"灌水"、美化置顶、裁剪拼接、添油加醋等各种手段进行推送。相反，如果出现不利于资本增殖的言论行为，算法则会进行遏制。在算法技术加工中，自我主体要求被忽视，网络行为解读由算法按照既定的程序进行数据处理和输出，并对其进行阐释。"你"的行为意图不是由"你"来表达，而是由资本控制下的算法来表达。如果不对算法技术的价值导向进行调控，就会冲击主流意识形态的价值基础，并且逐渐改变网络空间意识形态安全环境的变化趋势。技术影响意识形态，意识形态也会对技术产生反作用。我国主流意识形态是提倡人民利益至上的社会主义意识形态，虽然资本力量在经济发展中起到重要作用，尤其是互联网技术创新离不开资本力量的驱动，但是如何防止资本操纵网络空间舆论导向始终是保障主流意识形态安全的重要议题。

二、算法技术影响网络空间意识形态安全的要素

算法技术对网络空间意识形态安全的影响存在不同的动力要素，这些要素或独立，或彼此交叉作用，改变着网络空间的意识形态安全局势。其主要体现在以下四个方面。

一是用户习性。数据、算法、用户，每一部分在决定算法系统的产物时都起到了重要作用，但它们的总和往往大于它们的简单累加，因为这些部分间复杂的相互作用起到了最为重大的影响。数据、算法和用户之间具有依赖关系，算法功能依赖于数据，用户决策依赖于算法。用户的依赖感源于信任，对算法的信任既有被动因素，也有主动因素。从被动因素来说，算法成为互联网技术的支撑力量，用户依赖于算法技术进行网络活动。从主动因素来说，由于主体本身的惰性，用户逐渐习惯于通过算法便捷地获取信息资讯或享受网络服务。用户对算法的依赖是技术发展的结果，但是也会带来不同的社会后果。从网络空间意识形态安全领域来看，算法依赖逐渐弱化了网络空间中用户主体的价值批判能力和水平。网络空间中的意识形态交融、交互、交锋现象更加突出，隐蔽性和复杂性更强，维护意识形态安全的必备条件是不断强化网络空间用户主体的意识形态辨别力和判断力，保持意识形态安全的敏感性。但是，算法技术的全方位应用，在网络空间形成了算法生态效应，使算法依赖成为普遍性社会现象。算法依赖一开始更多地存在于生产生活领域，逐渐波及价值观层面。主体逐渐习惯于算法推荐的热点话题和价值信息，乃至匹配的社交对象等。主体算法依赖因陷入"算法牢笼"，失去的恰恰是自身的理性判断能力。特别是"关键意见"主体的价值批判可以在相当大的范围内产生"涟漪效应"，带动其他主体保持对算法技术的警惕性。算法权力意识的觉醒是克服算法依赖的必要条件，只有用户始终保持对算法技术工具的警惕之心，并且可以在选择算法应用时，保留自身的数据权利，随时可以提交第三方机构审核的时候，才能对算法与用户之间的关系进行有效平衡，防止算法垄断在网络空间意识形态安全领域的支配状况。

二是算法权力。传统的权力来源于法定、世袭、俗成等方式，算法权力来源于对数据的收集、加工、诠释、发布的能力和水平，主要表现为以下四个方面：其一，数据收集权力。网络空间中的信息流动需要收集数据，但是数据如何收集涉及权力问题。数据所有权属于数据所有者，在数据所有者没有授权以前，算法无权收集。随着平台经济的发展，算

法可以通过平台获得数据授权，进而合法地进行大规模数据收集活动。个体在使用网络平台开展活动时，不得不授权平台进行数据采集，无形之中就让渡了自身的数据权力。算法获得采集个体数据的权力，就掌握了个体网络行为活动的数据轨迹，对其进行不间断的叠加储存，就可以占据数据规模优势。其二，数据加工权力。数据效益不仅在于数据规模，更重要的是对数据加工处理的能力和水平。只有充分挖掘数据内涵价值的算法技术，才能真正体现算法权力的影响。在算法处理中，通过对数据的整合，可以从不同层面勾勒多样化用户的复杂面相，从而建构意识形态光谱或价值偏好。而且，算法可以根据不同的目的需求进行程序设计，改变数据组合逻辑，推导出不同的价值结果，甚至可以通过利用数据，营造出不同的意识形态拟态环境。其三，数据诠释权力。如何诠释数据关乎意识形态评价权力。算法可以基于预设的意识形态立场，对不同主体体现出来的意识形态倾向进行正面或负面的评价，从而掌握意识形态主导权和话语权。网络空间用户主体的意识形态属性不能由自身来定义，也就在一定程度上丧失了网络空间的意识形态解释权，可能陷入被算法诠释的话语陷阱之中。其四，数据发布权力。算法可以优选数据发布的主体、途径和时机等。不同主体发布信息的社会影响差异性极大，算法可以通过数据集成计算，搜寻在不同网络场域中有意识形态号召力的主体，并通过算法推荐对其施加影响，从而获得意识形态立场支持。同理，算法还可以优化数据发布途径和时机，在有利的范围内传播意识形态价值观念，并且进行精准匹配，促使传播效应最大化。

三是资本来源。算法技术依赖于资本力量开发，只有能够不断为资本来源提供价值增值的算法才能持续获得资本投入。但是，资本来源方需要的价值各不相同，既可能是经济利益上的增值回报，也可能是政治权力上的竞争较量，还可能是价值观念上的渗透传播等。从我国的算法技术支配力量来看，要注重洞察分析不同性质资本力量的内在需求。国有资本是中国特色社会主义经济发展的主导性力量，占据国民经济的命脉部门，资本实力雄厚，长期为国家经济发展提供支柱作用。从实力和地位出发，国有资本应该在算法技术创新领域承担自身责任，致力于掌握技术前沿，体现出自身优势。因此，国有资本只要能够集中发力，就可以将技术优势转化为意识形态优势。而且，对算法技术的投入，可以进一步帮助国有资本了解市场动向，密切与人民群众的日常联系，维护企业信誉，改善企业形象，提升市场影响力。民营资本是推动社会主义市场经济发展的重要力量，资本来源广泛，经济动力充足，发展活力巨大。民营资本的创新需求旺盛，只要拥有合适的市场环境，就可以带来源源不断的创新技术。算法技术中的民营资本力量更多地基于利益增殖需求而进行投入。利益优先开发可能带来算法应用的道德风险和法律风险。如果不适时加以算法规制，就可能为意识形态多元化提供算法窗口，甚至可能造成安全数据外漏，累积政治风险。在互联网竞争领域中，外资由于占据技术先发优势，可以在更高技术起点上研制算法，延续技术领先位置。外资在中国进行商业活动，必须遵循中国法律，但是由于其价值基因的西方化，难以充分考量社会主义主流意识形态的价值导向，需要进行价值评估。

随着中国经济与世界经济的深度交融，混合资本越来越普遍，对于混合资本领域中算法技术的价值取向，存在复杂的资本博弈。从经济效益上，混合资本以利益为先，但是在社会效益层面，需要各方权衡利弊，尤其是国有资本介入的主导程度，关系算法技术能否服务于主流意识形态安全。

四是应用场域。算法可以在网络空间不同场域发挥作用。在不同空间场域中算法发挥作用的方式不同，影响虚拟环境中意识形态的安全格局。算法技术影响比较明显的有：其一，基础服务。算法技术改变了信息流动方式，重塑了信息呈现形态，促进了不同技术应用之间的融合发展。在网络新闻、网络搜索、网络办公等常见领域中，基于算法数据技术的新闻传播、定位搜索、远程办公等应用形式越来越普遍，由此为技术平台收集海量的个人和企业数据提供了充分的机会与丰富的渠道，既给互联网企业创造了大量的信息资讯传播机遇，也带来了意识形态传播的风险和挑战。其二，社交媒体。算法是网络社交媒体的技术支撑。通过算法，社交媒体可以实现对网络人群的信息挖掘、追踪和匹配，从而为交往双方提供实时服务。在社交媒体中，算法可以对用户几乎所有社交数据进行留存和提取，进而开展不同的价值应用。对于网络空间意识形态安全领域而言，算法在社交媒体中可以对用户的价值信心、价值倾向、价值缺陷等进行深度分析，进行精准信息推送，改变意识形态的价值基础。其三，商业应用。在电子商务、网络金融、网络娱乐等商业领域中，算法技术集中于利益竞争方面。在电子商务中，对网络购物的人群类型、消费潜力、口碑效应等数据信息的整合利用是对社会群体的精准画像，可以开展营销推广和价值诱导；在网络金融领域，亿元级以上的金融数据被商业公司操纵或买卖，无形之中隐藏潜在的安全风险；在网络娱乐领域，大量的网络游戏、短视频等都是意识形态的绝佳载体，渗透性覆盖所有社会群体，并且通过算法技术不间断地推送，影响社会价值风气。其四，公共服务。算法技术在网络政务、网络医疗、网络教育、网络交通等领域提升了社会运行效率，压缩了公共服务成本。但是，当公共领域的数据信息被算法公司所掌控，并可以随时被用于营利活动时，作为社会主义组织细胞的算法公司能否保持主流价值导向值得关注。尤其是在网络教育领域中，随着数字化教育平台的普及，商业化应用弊端不断显现，无孔不入的算法营销侵蚀青少年价值观念，亟须开展算法治理。

三、算法技术影响网络空间意识形态安全的治理

虽然算法技术带来的网络空间意识形态安全问题逐渐显现，但是技术不是决定力量，只要能够洞察技术逻辑，开展综合治理，就能够有效维护主流意识形态安全。综合治理的主要方法有以下四种。

1. 厘清主体权利

算法应用是客观事实，也是网络技术发展的必然趋势。在意识形态安全领域中，要厘

清算法主体的正当权利，用主流价值导向驾驭算法，维护网络空间意识形态安全秩序。这些正当权利主要有以下三方面。

其一，效益权利。算法技术的出现是生产力水平进步的标志，算法提升效益是正当的社会需求。但是，如何保证算法多重效益平衡，需要进行意识形态论证，采取风险预警机制对算法速率与算法安全进行正当性评估。只有在保证安全的前提下，算法效益的正当性才能得以体现。算法主体要实现自己的效益目标，需要公开算法选择的价值依据及其逻辑链条，防止数据滥用带来的权益损害。在不同主体发生权利冲突时，需要考虑第三方机构的介入评价，并且提供相应的追责机制，从而实现多方主体的效益正当性，实现算法权利的救济目标。

其二，伦理权利。算法伦理正当性的关键是算法正义。算法技术在数据处理应用中进行排序、关联、分类、筛选、清洗、优化等多重复杂的计算，必然涉及价值判断依据问题。所有的算法数据都可能关系到数据来源主体的公正权益，如果没有算法伦理监管机制的存在，就难以进行有效矫正。在算法数据的收集处理过程中，需要利用监管机制对数据收集的范围和程度进行意识形态安全甄别，从数据来源上发现潜在的风险，从而消除内在的算法偏见或算法歧视的可能性，从源头上保证权利所有者的个人权利不受侵犯。同时，要关注大数据算法视野之外的人群权益，尽可能反映他们的呼声和诉求，保持主流意识形态的普遍影响力，推动数据平权。

其三，法律权利。对算法技术能否搜集用户数据，以及如何搜集和运用数据等问题必须开展严格的法律论证。从国家和社会层面来说，算法程序是网络空间价值传播的必备条件，但是问题在于算法技术如何能够利用数据进行不同种类的话语建构活动，算法话语的法律依据何在。所有算法都能够采用不同的程序设计进行意识形态话语解读，算法技术深刻改变了网络空间意识形态的话语逻辑，必须要从法律上取得自身运行的正当性，否则就会被质疑为算法滥用。算法应用需要平衡国家安全、公共利益与公民权利的关系，从法律层面界定主流意识形态话语在算法技术运用中的功能和地位。

2. 规制技术权力

算法权力是基于算法技术而产生的技术权力，延伸为选择权、优化权、话语权、预测权等。算法权力建立在对代码的控制之上，要规制算法需要以下三步。

首先，要从代码治理开始，为代码的编写和设计提供规范性指导。代码治理不仅依赖于行业协会的行业自律，同样需要政府机构介入其中，体现出国家意志和主流价值，防止代码的利益导向，将代码的经济效益和社会效益结合起来。既要对代码生产机制进行约束，也要把控代码的输出机制，避免算法运算过程中出现的"算法偏差"或"算法错误"，从人工和技术的不同层面开展代码治理。

其次，算法权力要区分主体治理。不同的网络行动者在算法领域中的权力发挥存在差异，政府机构意愿通过算法进行意识形态把关，防止话语权力旁落，基于政府立场的算法权力规制注重价值正当性治理。市场机构运用算法谋求经济利益最大化，提倡用户至上，基于市场导向的算法权力规制注重效益正当性治理。网络平台的算法取向强调技术创新和商业变革，突出竞争优势，基于平台经济的算法权力规制注重技术正当性治理。无论是价值正当性、效益正当性还是技术正当性治理都会出现不同程度的障碍和冲突。在中国特色的网络治理行动中，需要兼顾不同行动者的内在需求，将算法价值、算法效益和算法技术统一起来，找到三者之间的平衡点，并进行动态演化控制。

最后，算法权力规制要给予个体选择权。要制约算法权力，需要将个体的价值力量解放出来，通过个体汇集的社会权力来平衡强大的技术力量。在社会权力中，既要赋予个体对于算法类型的价值选择权，也要给予个体不选择算法的放弃权，避免被动选择带来的价值后果。此外，要通过社会群体在网络空间中的集体行动，对抗算法规则，避免技术垄断。只有多方力量参与，才能打破算法垄断的支配局面，保持社会活力。当然，社会权力的价值正当性也必须以主流意识形态的安全为限度，防止出现价值偏差。

3. 优化资本结构

算法权力越来越被资本所掌控，大型互联网企业算法数据的集中化程度越来越高，存在意识形态安全风险，必须要进行算法资本的优化改革。

首先，确保国有资本主导。中国特色社会主义社会的根本特征之一是公有制为主体，就是要保持国有资本在关键领域中的支配性地位。当前互联网发展的重要特征是算法驱动，只有保证国有资本在资金、技术、管理上对于算法领域的主导，国家利益和社会利益才有保障。

其次，防止资本无序扩张、野蛮生长。资本的本性就是不断寻求利益最大化，没有约束的资本会不断突破道德和法律底线，必须要加以防控。要强化反垄断和防止资本无序扩张。既要依法保护国有、民营、外资等各种所有制企业的合法产权和自主经营权，完善公平竞争的市场法治环境，鼓励资本在国家高质量发展中发挥创新动力作用；也要依法规范、加强监管，深化资本市场改革，推进资本市场基本制度建设，促进资本市场平稳健康发展。强调互联网企业家的爱国情怀和社会责任，激发市场主体活力，推动不同性质的互联网企业发挥更大作用，突出社会主义社会的资本优势。防控资本要明确资本红线，就是要公开划定资本限制进入或不能进入的领域。要维护社会主义国家公共利益，就不能任由资本主导舆论，而是要由政府出台相应政策，因地制宜、因时制宜，降低意识形态安全风险。

最后，引导资本结构优化。资本结构关系的投资方向，会无形之中诱导社会情感和心理焦点。如果社会资本结构失衡，必然带来社会价值偏向，影响社会风气走向。对于网络空间意识形态安全来说，不仅要注重意识形态话语安全，更要从算法资本结构入手进行调控，才能正本清源，体现出社会主义制度的价值导向。尤其是互联网产业资本，由于其流通快、分量足、影响大，在网络空间中的意识形态优化效应凸显，应着重引导其进入发挥正向效益的行业领域，为主流意识形态安全起到价值支撑作用。

4. 公开算法数据

透明化是算法治理的必要条件。无论算法在哪个互联网领域中发挥作用，都要进行必要的数据公开，保证被获取数据用户主体的数据知情权和同意权，严格限制不经网络行动者同意采集的数据范围，避免数据滥用。

首先，提倡算法开源思想。开源思想是追求计算机领域数据、软件自由共享的思想意识。从社会整体利益视角来看，算法数据的开源思想能够最大限度地集聚智慧结晶，促进算法进步，推动算法创新。对于中国互联网企业来说，恶性竞争不在于国内市场，更关键的是在与国际资本较量之中，要集中发力，必须在一定范围内提倡算法数据公开，摒弃单打独斗的狭隘思维，寻求算法领域的技术突破。而且，互联网企业要将开源思想体现在对用户主体的数据公开上，只有算法数据采集和使用得到广大用户认可，才能发挥出全社会的监督效应，最大限度地遏制意识形态安全风险。

其次，构建算法透明机制。要促进算法公开，必须要进行算法透明机制的理性设计，既准确反映出算法数据真实状态，又能够清晰简明地进行校验监督。尤其是算法在采集数据过程中可能存在的安全风险，更需要重点关注；要接受公众的质疑和征询，畅通社会沟通渠道，明确算法责任认定。算法透明机制的构建能够显著提升公众信任感和认同度，保证主流意识形态话语体系在透明机制中的价值地位，对于提升意识形态认同起到积极作用。

最后，提升公众算法素养。一旦人们不再把工业看作买卖利益而是看作人的发展，就会把人而不是把买卖利益当作原则。算法技术要为人的发展服务。对算法的认知和理解是公众算法素养的基础，对公众开展算法教育，帮助了解算法知识、方法，阐明算法使用价值，普及算法运行机理以及对公众日常生活的正负面影响。随着算法技术发展，提醒公众关注算法在社会生活中的存在及其权利义务，采取适当的行动反应，以保护自身权益，履行应尽责任，促使公众形成正确的算法价值判断，既能够从整体上促进算法技术提升，又可以保持算法应用边界，逐渐在全社会培育良好的算法治理环境。

马克思主义作为科学的意识形态，在大数据时代会受到算法技术发展的影响。但是，只要紧跟时代步伐，密切关注意识形态安全问题，不断进行理论和实践探索，明晰逻辑机理，进行综合治理，就能铸就意识形态安全屏障，促进网络社会秩序稳定和人的发展。

第四篇
传统文化认同篇

▶ 第九章

思想政治教育文化认同中的主体澄清

思想政治教育文化认同的主体澄清是本篇研究的一个基础性和前提性问题，只有在理论和实践层面澄清了谁是思想政治教育文化认同的主体并以此来建构思想政治教育的文化认同结构模型和活动过程，才能达到文化认同的目标，实现思想政治教育的效果。而在谁是主体的问题上，传统的思想政治教育模式一直存在着认识和行为误区，并由此形成了思想政治教育改革的障碍，即单一主体的思想政治教育模式使思想政治教育难以在新时代新的环境和条件下深入推进、有效展开。为此，思想政治教育文化认同必须确立新的思想政治教育主体观。

第一节　思想政治教育文化认同的主体性分析及实践教学的主体性建构

思想政治教育活动是人类教育活动历史发展的一种必然要求，也是当今社会政党政治、地缘政治和民族政治的反映。毋庸讳言，一个国家、一个民族、一个政党，要坚持自己的人才培养目标和办学方向，就必须将思想政治教育活动与文化相结合，以社会核心价值文化作为思想政治教育活动的基础，以文化认同作为思想政治教育活动的手段和目的，以思想政治教育主体作为思想政治教育活动的载体，从而达到教书育人，铸造社会核心价值观，培育、发展和壮大本国文化的重要目标。思想政治教育活动对造就什么样的人以及文化的传承和发展起着至关重要的作用，因此，对于思想政治教育的文化认同活动中的载体，即思想政治教育文化认同主体的主体性认识和分析以及思想政治教育的文化认同活动的主体性建构尤为重要。

一、思想政治教育文化认同主体的主体性分析

思想政治教育的文化认同活动过程有几个必须重视的认知前提，它们决定了如何开展文化认同活动才能取得实效。

第一，思想政治教育文化认同的主体是有一定基础和能力的人，他们可以借助书本阅读和理解教育内容。

第二，思想政治教育的文化认同活动不仅是为了传授知识和技能，更是为了让教育客体产生思想共鸣和价值认同，通过文化的熏陶和认同过程，逐步形成正确的世界观、人生观、价值观和追求公平与正义的人生理想、人生态度。

第三，思想政治教育主体不是万能的，依靠教育主体把全部教育内容讲准确、讲深入、讲生动，通过单纯的讲授使被教育者真心喜爱、终身受益的想法是幼稚的。

第四，思想政治教育文化的内化本质上就是一个文化认同的过程，是一个文化再认知和情感体验的过程，没有被教育者主动地学习、思考和体验，仅靠外力难以完成这个过程。

第五，思想政治教育的文化认同过程是一个理性认知、文化传递和情感交流的过程，其中文化认同主体的文化知识水平、理想、信念和人格的力量可以产生很大的作用。

第六，在思想政治教育的文化认同的过程中不能强迫被教育者接受什么样的文化，但可以引导他去了解和认识什么样的文化。正是因为思想政治教育活动有其特殊的目标、任务和过程，它把塑造人的思想观念当作全部工作的核心，把文化的认同、传承和发展作为其根本目的，所以在思想政治教育的文化认同过程中，重视和强调思想政治教育活动中人的主体地位，分析思想政治教育的文化认同主体的特性成为思想政治教育的文化认同过程的必然要求。

主体性是一个哲学概念，它包括人是中心、人是目的、人是自然的主人、人有主观能动性等内容，但在这里我们所强调的是思想政治教育文化认同过程中人的主观能动性的发挥，人的主体性是人在与客体的相互作用中发展起来的一种自觉能动性。即思想政治教育文化认同过程，不是一个工具性的改造和被改造的过程，不仅仅是一种既定的程序性的活动。文化认同的效果如何，取决于主体的创造，即作为思想政治教育文化认同活动的主体的主观能动性发挥的程度。教师和学生都是具有主体性的能动主体，在思想政治教育文化认同活动中两个主体都需要发挥作用，而且要能够互动和互换。客体的主体化和主体的客体化是同一过程的两个不同方面，指向着教师教学和学生学习的"教学相长"，是同构师生

主体性的基础工程。在思想政治教育文化认同活动中，教育者的主体性表现为他是整个教育活动的组织者、设计者、执行者和管理者，负责维持教育活动的持续进行，因此教育者主体作用的大小决定于他对其活动客体的把握程度，特别是对具有主体性的客体——受教育者的把握程度，教育者应根据被教育者的变化发展状况把握教育进程、调整教育策略，促进被教育者的学习和主体性的构建。而被教育者则是教育活动中学的主体，他们是自己学习活动的发动者、组织者和维持者，只有被教育者有意识、有目的地从事自己的学习，这种活动才能持续不断地进行下去。相对于被教育者，教育者是具有主体性的特殊客体，被教育者与教育者之间是主客体的交往关系，通过这种交往关系，被教育者获得有效的指导和经验，从而减少学习的盲目性和随意性。被教育者对学习内容的主体性则是指其能够能动地认识、理解和掌握学习内容，把学习内容内化为自身的知识结构。

　　思想政治教育的文化认同活动之所以要重视主体的主体性，是为了对当前思想政治教育的文化认同活动进行现实批判。在我国，思想政治教育活动内容反映的是社会主义的本质文化，体现的是党的意志、国家意志、人民意志和社会主义文化意识形态的要求，因而受到高度重视，特别是"马工程"①的实施和"05方案"②的出台，赋予了思想政治教育极其重要而神圣的使命，其教育手段和教育内容也与时俱进地进行了调整，在坚持以马克思主义为指导思想的前提下，结合了我国大量的优秀传统文化，应该说社会主义和中华文化的传承和传播得到了进一步加强，文化认同的实效性得到了进一步提升。但是，我们必须看到这样一个事实：教育者和受教育者对思想政治教育活动的满意度还不高，思想政治教育活动的文化认同效果还不很理想；在思想政治教育的文化认同实践活动中，教育者教的主动性、积极性与被教育者学的主动性、积极性都不尽如人意。我们常常面临这样的境地：当教育者按部就班地开展思想教育的文化认同实践活动时，被教育者不愿意听；当被教育者不愿意听时，教育者也无精打采；尽职的教育者费了很多心力，也不一定能收到好的效果；不尽责的教育者随便对付一下，也不一定招被教育者非议；一些教育者想达到理想的文化认同实践活动效果，却没有相应的知识跨度与深度；一些被教育者想对某一文化进行深入了解时，却感觉听老师讲还不如自己看书。

　　总的来说，思想政治教育活动的现实状况是"三贴近"不够、"三进"问题远没有解决，而这一切都是教育主体性没有得到充分发挥所造成的。思想政治教育的文化认同实践活动是具有内在感染力和吸引力的教育活动，这一点是不容置疑的，如果说我们在教育内容、教育手段、教育条件等方面都有较好的准备并达到了一定程度，那么文化的认同效果问题则必然是教育主体的问题。这里的关键是：教育者是否读懂了被教育者、是否掌握了媒

---

① 2004年1月，中共中央印发《关于进一步繁荣发展哲学社会科学的意见》，提出实施马克思主义理论研究和建设工程，简称"马工程"。
② 2005年，中宣部、教育部《关于进一步加强和改进高等学校思想政治理论课的意见》，简称"05方案"。

介？被教育者是否参与文化的传播过程，是否与教育者有思想和文化的互动和交流？文化传播的效果是教育者的知识水平、能力、素质和被教育者素质、学习状态以及教育内容、手段等多种因素相互作用的结果，特别需要通过结构性设计和艺术的表达来实现。因此，要解决文化的认同效果不佳的问题，归根到底要回到思想政治教育文化认同的主体性上来。如果不从主体性上探索解决问题的办法与途径，那么达到培育思想政治教育文化认同的目的就无从谈起。

思想政治教育的文化认同活动的主体性教育过程是对教育主体和教育对象双方地位和责任的厘定。思想政治教育的文化认同活动是一种需要主体具有高度责任感的活动。教育者处于何种地位，应该承担什么责任；被教育者是否有相应的角色意识，能否认识到文化认同的价值和意义，都需要通过主体的自觉确认。当教育者与被教育者的主体意识不明确时，他们就有可能以完成任务或者以被动应付的态度来对待文化传播的过程，就会失去传递和学习社会主义核心价值文化的责任感和使命感；他们也有可能随波逐流，去迎合一些非主流的文化，或者误入歧途、舍本逐末，弃博大精深的中华传统文化而全盘西化。这样，思想政治教育的文化认同活动就成了一个没有活力和目标，教育者、被教育者都可以敷衍塞责的教育活动。与此相反，主体性教育强调教育者是思想政治教育的文化认同活动的文化传播主体，同时是被教育者文化认同的中介；被教育者是思想政治教育的文化认同活动的认同主体，同时是教育者文化传播活动的客体。教育者在思想政治教育的文化认同实践教育活动中的主体地位决定了教育者在教育中应发挥积极性、主动性，而且必须对思想政治教育的文化认同效果的好坏承担相应的责任；教育者在被教育者教育活动中的中介地位要求教育者发挥引导作用，如果被教育者没有把注意力和精力投入到思想政治教育的文化认同实践教育活动中来，就是教育者的引导失职。这样就能较好地约束教育者在文化认同活动过程中"放羊"的状况，改变教育者那种"我讲我的，听不听由你"的状态。从被教育者的角度讲，他们在思想政治教育的文化认同过程中具有能动性，既是文化认同实践活动的主体又是文化传播活动的客体，在文化传播活动中必然具有受动性，因而处于既是能动的又是受导的地位。他们有主动的选择权，但应该是在教育者引导下的选择，而且不管作出何种选择，作为被教育者都有责任认真履行在思想政治教育的文化认同活动中学习文化的义务，不然就不是一名合格的被教育者。

思想政治教育的文化认同活动诉求于主体性教育的前提，是由其有效事实和逻辑规定的，因而思想政治教育的文化认同活动的主体性教育是一种教育理念在教育实践活动中的综合运用，而不是某一单独教育方法的取舍。无论是讲授法、专题教育法，还是研究式教育法、体验式教育法、问题教育法，都可以与主体性教育有机地结合起来，形成一种因情景、对象和条件不同而灵活运用各种教育方法，以达成最佳思想政治教育的文化认同效果的状态。思想政治教育的文化认同活动以其具有超越知识的价值性、文化内容的普适性、教授者和学习者目标指向的多样性而与其他的教育活动有所不同，因而形成了思想政治教育的特殊性。要完成好培育思想政治教育的文化认同任务，就要通过一切有效手段来完成被教育者将社会核心价值文化内化的过程，即思想政治教育的文化认同的过程。由理性化达到思想政治教育文化的内化，通过社会化把正确的思想政治教育文化观念付诸实践。理性化和社会化的交互进行，必须依赖于主体性教育对多种教育方法和手段的综合运用，从而使被教育者思想政治教育的文化认同程度得到不断强化和提升。因此，思想政治教育的文化认同过程中的主体性教育手段的多样性和灵活性是服从这一过程所需要的。根据思想政治教育的文化认同活动的特殊性，我们认为，针对实效性目标，思想政治教育的文化认同活动的主体性在当前的重要任务就是：通过一系列思想政治教育的文化认同实践教育方法的运用，建构思想政治教育的文化认同实践教育的主体性，提升教育者和被教育者在文化传播活动中的积极性，使教育者、被教育者和教材等媒介都变得活起来，从而使双方在情绪激昂、生动活泼的教育活动中完成文化传授与文化认同任务，实现思想政治教育的文化认同活动的实效性。

二、思想政治教育的文化认同实践教学的主体性构建

思想政治教育的文化认同活动是一种特殊的实践——认识活动，这一活动的完成依赖于思想政治教育的文化认同实践教育的主体性构建。

首先，教育者与被教育者在思想政治文化教育活动中结合在一起为的是完成文化的传递与转化，无论是教育者还是被教育者都需要认知和理解文化认同实践教育内容，都要围绕该教育内容开展活动。而这一教育内容在不同的主体之间的传递与转化的效果是不同的。有的教育者能够使文化传播过程变得生动、深刻，富有感染力和吸引力，是因其能够主动驾驭文化认同的实践教育内容，而同样的文化认同的实践教育内容在另一些教育者那里则可能成为枯燥生硬的说教，使人感到味同嚼蜡，从而失去应有的价值。其原因是主体素质、主体能力和主体创造性存在差别。思想政治教育的文化认同实践教育内容是被教育者文化认识改造和提升的中介，被教育者的接受状态是主动的还是被动的，决定了文化认同效果的好坏。

其次，思想政治教育的文化认同目标的实现需要思想政治教育的文化认同活动主体的一致认同。教育者的教育实践活动和被教育者的学习活动的目标都是实现文化的认同和内化，它规定着教育者教育实践的内容和被教育者学习实践的方向，是思想政治教育的文化认同实践教育活动得以进行的精神动力。只有当二者目标一致时，文化教育活动才能有效进行。而教育目标的生成与明确是思想政治教育的文化认同活动内外部规律作用于教育活动主体的结果，不能是强加的和外生的。在我国，思想政治教育的文化认同活动的教育目

标是十分明确的，而它实现的前提和手段是思想政治教育的文化认同活动主体对本国核心价值文化的认同。

最后，教育主体双方的交往活动与其学识、基础、兴趣、人格等密切相关。在思想政治教育的文化认同的过程中，教育双方的文化交往越密切，效果就越好，无论是面对面的交往还是通过网络等媒介的交往，教育双方都有自己的取舍，所谓"重其道而亲其师"，就是交往活动的反映。思想政治教育的文化认同活动在某种意义上是一种人与人相互影响的过程，加强教育双方之间的文化交往、提高教育双方文化交往的密切度是其内在需要。因此，在思想政治教育的文化认同过程中，主体性教育的一个重要任务就是要加强和改善主体间的文化交往。此外，语言和教育手段的运用，需要教育实践和认识主体的共同理解。思想政治教育的文化认同实践教育活动以间接的文化知识为主要教育内容的特点，决定了语言及相关教育手段在思想政治教育的文化认同活动中的重要性，教育者把文化意识形态及其产物转化为被教育者可以接受的认识对象，必须借助语言等教育手段；被教育者通过对语言等教育手段的感知，理解它们与文化之间相对确定的意义关系，进而达到对文化的认同与内化，而教育双方之间文化的互动与交流，主要是双方通过语言等手段达到沟通、理解与接受，因而教育双方对语言及教育手段的理解和接受，关系到教育者文化传播实践活动与被教育者文化认同实践活动能否达到有机统一，如果教育者的表达能力不强和表达手段运用不当，被教育者语言理解能力不强或对表达手段认同度不高，都将影响思想政治教育的文化认同活动的效果。

思想政治教育的文化认同实践教学要进行主体性构建并取得实效，首先在于对思想政治教育的文化认同过程的实践本质与特征的正确认识与把握。

实践是人类自觉的能动行为，是人的有意识的生命活动。实践活动是以改造世界为目的、主体与客体之间通过一定的中介发生相互作用的过程。实践的基本主体是人，实践的基本矛盾就是人的基本矛盾，其规律就是人的运动规律。人的行为范畴就是实践的行为范畴。实践与思想具有共同性和一体性。实践以思想为本，没有思想参与的物质活动是不足以称为实践的，思想是实践最基本的东西。人通过实践创造对象世界，改造无机界，证明自己是有意识的类存在物。实践是同思维和认识相互区别和相互对立的主体行为，但是实践不能脱离思维和认识独立存在，实践需要思维产生的实践意识做指挥，思维需要认识获得的知识做基础，没有思维和认识就没有实践。实践、思维和认识是统一的整体。

实践创造出新的社会主体。人是社会的主体，个人的实践同社会有着密切的关系，因此，人的实践是社会的实践，全部人类历史是由人们的实践活动构成的，人自身和人的认识都是在实践的基础上产生和发展的。马克思认为，人既是从事社会物质生产和人类自身生产的主体，也是社会联系的主体，人是进行全部人类活动和全部人类关系的本质和基础。而在现实中，人的本质是自由自觉的劳动实践，实践是人类全部社会关系的本质和基础。

实践是人的社会关系的基础，人的社会关系形成于人的现实实践活动之中。马克思在《德意志意识形态》中研究"原初的历史关系"和历史的前提时论述了人与人在自然关系之外的客观的社会关系的形成和性质。生命的生产，无论是通过劳动而达到的自己生命的生产，或是通过生育而达到的他人生命的生产，就立即表现为双重关系：一方面是自然关系；另一方面是社会关系，社会关系的含义在这里指许多个人的共同活动。马克思在此强调：社会关系不是自生的，而是源于生产活动的；社会关系就其实质内容而言，乃是一种现实活动。马克思在《政治经济学批判序言》也说："人们在自己生活的社会生产中发生一定的、必然的、不以他们的意志为转移的关系，即同他们的物质生产力的一定发展阶段相适应的生产关系。"这表明，一方面，社会关系表示人们之间基于实践的"共同活动"及其活动方式，社会关系是人类实践的活动方式；另一方面，实践本身也是一种社会关系，一种根本性的社会关系。

由此，我们认为，思想政治教育文化认同过程中的文化实践是思想政治教育核心价值文化的社会化以及思想政治教育核心价值文化的具体化和客体的文化抽象化过程。

思想政治教育核心价值文化的社会化，就是把个体的文化观念与思想政治教育整体的文化观念与意识联系起来，使个体的文化认知成为思想政治教育整体文化体系的构成部分和活性因素，在理解思想政治教育文化内涵的前提下，通过实践有效推动思想政治教育核心价值文化的改造与发展。思想政治教育核心价值文化的社会化所遵循的是人是社会实践的主体，人是全部社会关系的总和，人的实践创造社会关系，同时也受制于一定的社会关系。社会关系不仅表现为一定的生产关系，同时也表现为包括人们思想意识在内的其他共同活动。而个体的文化认知融入社会主义核心价值文化是保证个体成为社会成员的前提。只有实现了思想政治教育核心价值文化的社会化，人们才能开展共同的社会实践以实现共同的奋斗目标；只有通过实践，个体的文化认知观念才能实现社会化的传播途径。

思想政治教育核心价值文化的具体化，是指思想政治教育主体通过实践使主体的文化由意识形态转化为对象物，即主体通过思想政治教育的文化认同实践教育活动将思想政治教育核心价值文化向客体灌输、渗透的过程，也就是使实践教育活动中的客体对思想政治教育核心价值文化认同的过程。它表现为文化的能动作用，以及思想政治教育主体对文化认同实践教育活动的对象进行有愿望、有目的的思想观念上的改造，使对象的文化认知体系按照主体所传播的内容进行构造。

客体的文化抽象化，则是指客体从客观对象的存在形式抽象为思想政治教育核心价值文化的一般过程。客体的形态、属性、规律等经由思想政治教育主体的文化认同实践教学活动拓宽了思想政治教育核心价值文化的边界、丰富了核心价值文化的内涵、增强了文化的自信，从而转化为社会主义核心价值文化整体的一部分。

因此，思想政治教育的文化认同实践教育是思想政治教育主体在思想政治教育的文化认同过程中不断对文化进行改进、传播，并使思想政治教育对象认同、内化思想政治教育文化的育人育德活动。如果思想政治教育的文化来源于教育主体的实践活动，反映了核心价值文化的本质内涵，符合当代社会发展规律和需要，就能够指导人们有效地开展社会活动，促进客观事物的发展；如果思想政治教育文化脱离了实践教育活动，歪曲反映客观事物及其发展规律，则会把人的活动引向歧途，阻碍客观事物的发展。因此，我们一定要重视思想政治教育的文化认同中实践教育的作用，重视文化意识形态的力量，通过实践教育活动正确地树立思想政治核心价值文化体系，创新更具实效性的思想政治教育的文化认同途径。

思想政治教育的文化认同实践教育要进行主体性构建并取得实效，还在于清楚地认识与区分道德的文化认同实践和应用的文化认同实践，二者是目的不同的文化认同实践方式。

文化认同的实践活动是主体的对象性活动。但是作为有目的人的实践，必然也会体现为因其目的不同而区分为层次、方式与路径不同的实践。因此，我们可以把文化认同的实践活动分为物的制作的应用文化的认同实践活动和人的自我完善的道德文化的认同实践活动。物的制作的文化可称为"应用文化"或"格物文化"，相应地，以完善人的道德为目的文化则是"道德文化"或"修身文化"。应用文化的认同实践活动的本身就是目的，也就是使人格物致知，学习和掌握自然科学技术，提升对自然界客观事物的认知与应用能力。而道德文化的认同实践活动是一种修身的文化实践活动，它通过思想政治教育等人文科学知识传播，加速个体社会化的进程，使其迅速融入社会群体中，它能使人"明智"，明辨是非善恶，了解自我的价值所在，是一种与社会核心价值文化相联系并教人坚持"善"的行为，做"善"的公民的文化认同实践过程。相比于应用文化的认同实践活动，道德文化的认同实践活动不仅重视个体与外界的联系和对客观事物的认知，更重视个体完善自身的道德修养，明白幸福生活的意义，追求整个社会的和谐发展。

认识并对道德文化的认同实践活动与应用文化的认同实践活动加以区别，其意义是有利于我们正确把握思想政治教育的文化认同实践过程，从而突出思想政治教育的文化认同主体的主体性地位，并对思想政治教育的文化认同实践教育进行主体性构建。

思想政治教育的文化认同实践教育是一种以人的文化思想观念改造和培育为目的的教育，它需要用一定的文化、社会意识形态来影响和教育被教育者，培育被教育者对思想政治教育核心价值的文化认同感，并使其形成正确的世界观、人生观和价值观，成为有理想、有道德、有文化、有纪律的"四有新人"。与其他教育活动相比，思想政治教育的文化认同活动传授的不是关于"应用"的文化，而是做人的道理；实现的不是某种技术和能力的提升，而是善良品德和正确思想观念的确立，因此，始于人而止于人是其所遵从的逻辑循环；知、情、意、行的统一，从文化的认知、认同到内化是其必须经历的过程。

　　思想政治教育的文化认同的实践教育是一种致力于主体对核心价值文化的认同的实践教育活动，是一种改造人的思想实践活动，其目的在于通过对优秀文化的认同，确立人的正确的思想观念，完善和提升人的道德品质，也就是说，思想政治教育的文化认同实践即是善恶观念和主体生存与发展智慧养成的实践。文化认同活动实践的全时空性、全体性、整体性和动态性，是其实践的基本特性，也是思想政治教育的文化认同实践教育的建构基础。思想政治教育的文化认同实践教育应该紧紧围绕被教育者主体文化、思想认识形成过程与特点来建构。依照文化认同活动的实践规律与特征，反思和检讨现有的思想政治教育的文化认同实践教育，重新建构其文化认同的实践模式与过程，是思想政治教育的文化认同实践教育取得实效的必由之路。

　　思想政治教育的文化认同实践教育是思想政治教育的文化认同活动的重要组成部分，对于思想政治教育的文化认同活动成果的巩固、深化和拓展具有十分重要的作用。正确认识和准确把握思想政治教育的文化认同实践教育的特点和作用，是提高思想政治教育的文化认同活动的感染力、吸引力、针对性和实效性的重要前提。但是，从思想政治教育的文化认同活动的整体状况来看，特别是从思想政治教育文化认同的实践教育的实施过程来看，我们既没有从操作层面解决好实践教育如何开展的问题，也没有从认识层面把握好实践教育的本质特征。因而，在思想政治教育的文化认同实践教育过程中呈现出"说起来重要，做起来次要，忙起来不要"的状况。很多时候往往因需要一定数量经费、被教育者覆盖面大、集中组织困难、场地落实不易、安全风险较多等而放弃这一教育环节，从而把思想政治教育活动变成了一门纯粹坐而论道的教育活动，其实效性也就很难真正实现。

　　思想政治教育的文化认同的实践教育是一种致力于主体文化思想实践的教育活动，其主要特征就是主体思想与文化观念、环境互动，即表现为文化、环境对思想的确证与消解，以及思想对文化的认同和对环境的反思与批判。因此，思想政治教育的文化认同实践教育能使思想政治教育的内容变得更加丰富、更加生动而有活力，能把空洞的文化和理论化为活生生的社会现实，并在生活化的社会现实中促进认知主体对文化和理论进行批判性的思考与提升。有鉴于此，思想政治教育的文化认同实践教育具有如下特征。

　　思想政治教育的文化认同实践教育的全时空性。思想政治教育文化认同的实践教育是一种无时不有、无处不在的实践。无论何时何地，任何一个参与教育活动中的被教育者，只要他在思考，他实际上就进入了思想政治教育的文化认同实践的场域。文化认同的实践教育的全时空性意味着其具有不可控性，无法人为地创设环境和条件，因而往往不能要求实践者"非礼勿言、非礼勿听、非礼勿问"，而是应该让他们自由思考、自主探索、自我判断、自我教育。同时，还要使思想政治教育的文化认同的内容与环境形成一种适应性互动，以使被教育者的文化认同的实践教育活动变成一个更有准备、更加自觉的过程。相反，如果认识不到文化认同实践教育的这种全时空性，把文化的认同过程与环境割裂开来，对被教育者进行纯而又纯的说教与灌输，那么就很难获得理想的、能经得住实践检验的教育效果。

思想政治教育的文化认同实践教育的主体性。思想政治教育的文化认同实践是主体思想与文化、环境以及与其所能接触到的一切事物所发生的一种关系，这种关系在主体身上表现为反思、批判与认同。也就是说，人的认识过程是主体依据客体提供的信息能动地作用于客体的过程，而不是没有客体的绝对精神活动过程。在这个过程中，主体往往以自己所具有的经验和知识来评价客体，并通过由此及彼、由表及里、去粗取精地思考和分析来得出关于认识对象善与恶、对与错的结论。因此，思想政治教育文化认同实践的主体性更强调主体认识文化的观点和方法的正确性、全面性和深刻性，更强调主体不是被动地去接受什么、赞同什么、反对什么，而是主动地探寻关于文化的意义、把握思想政治教育与文化之间的内在关系与规律。只有在人的主观能动性即人的生命力、欲望和才能得到普遍提升的情况下，思想政治教育的文化认同实践才会产生真正有益于人的身心健康的价值。

思想政治教育的文化认同实践的整体性。思想政治教育的文化认同实践教育活动不是零碎的片面的实践，而是全面的、整体的实践。由个别到一般、由部分到整体、由现象到本质是人们认识事物的普遍规律，也是形成正确认识的路径。文化认同实践教育的目的就是使教育对象在实践教育活动中获得正确的文化认知。我们日常生活中所接触和形成的文化观念往往是零碎的、片面的、非系统的，只有在进行正确的思想政治教育的文化认同后，人们才有可能形成符合自身、社会、国家需要的系统的文化观念和思想体系，也就是说，人们要知道梨的滋味就必须去尝梨，但如果他要得出水果是什么的结论，就不能仅仅是吃梨。因此，整体性是思想政治教育的文化认同实践的内在要求和方法论层面的规定。失去整体性，思想政治教育的文化认同实践就可能步入歧途、形成片面和错误的文化思想体系，从而也就失去了思想政治教育的文化认同实践的内在价值。

思想政治教育的文化认同实践的动态性。事物是不断发展变化的，人们对客观事物的认识也是不断发展变化的，所谓解放思想、与时俱进，强调的就是人们的思想要与客观事物和环境的变化保持一致，墨守成规、故步自封，与生动、丰富的社会实际生产、生活相脱离的思想观念必然陷入僵化以至于腐朽。中国古代关于"刻舟求剑"的寓言就充分说明了这个道理，社会之舟已经启航，人们就不能在其原来停留的地方去"求剑"，如果还是在船上刻的印记的位置去"求剑"，必然会使人产生思想的困惑。因此，思想政治教育的文化认同实践应该是动态的实践，是思想政治教育文化紧跟社会现实发展并把握其现实性的实践。思想政治教育的文化认同实践的动态性特征揭示出了正确文化认同、继承与发展的过程，如果我们不能正确地把握这种动态性，就不能依托中华文化的繁荣发展来实现中华民族的伟大复兴，更不能在当今世界竞争激烈的各民族文化之林占有一席之地，党和国家所提倡的增强"文化自信"也就成了一纸空谈。

思想政治教育的文化认同实践的全时空性、主体性、整体性和动态性，是思想政治教育的文化认同实践教育活动的基本特性，也是思想政治教育的文化认同实践教育的理论皈依和建构基础。它告诉我们，人的文化观念和思想体系的确立是一个主体自觉实践的过程，是其将所学的文化知识主动地运用于对现实社会生活的观察、思考、批判和确认中的过程。因此，关于思想政治教育的文化认同实践教育的建构应该是一种围绕培养被教育者主体的文化认同感，使其形成正确思想认识过程的建构。如果我们的思想政治教育的文化认同实践教育不是从这样一个被教育者主体思想形成的特征出发，没有考察和把握好思想政治教育的文化认同实践教育活动的特点和规律，那么，我们所遇到的必然是种种无法克服和解决的困难和问题，而这种明知思想政治教育的文化认同实践教育重要而又无法有效开展的困局，必然实现不了思想政治教育的教育目标，达不到理想的效果。

因此，依照思想政治教育的文化认同实践的规律与特征，反思和检讨现有的思想政治教育的文化认同实践教育，重新建构其实践模式与过程，是思想政治教育的文化认同实践教育取得实效的必由之路。

思想政治教育的文化认同实践是一种无处不在、无时不有的全时空实践。对于思想政治教育的文化认同活动实践教育活动的组织者和管理者来说，就不能用传统的方式方法来组织实践教育。如果我们还是按部就班地来进行教育实践活动，把被教育者定义为一个文化知识的被动接受者、一个在某种条件和场合下接受某种文化知识的对象、一个不与丰富多彩的社会生活发生千丝万缕联系的学习者，那么我们就会对文化认同实践的时间、地点、环境、条件等提出各种要求，并按计划、有组织、分阶段地开展思想政治教育的文化认同实践教育。这样不仅费时费力，而且缺乏针对性、时效性。相反，因为社会对我们的影响是活生生的、每时每刻的，所以只有把现实社会和被教育者所能接触到的一切作为一个大的实践场地和实践对象，把任何时间作为实践时间，才能有取之不尽的素材和广阔的空间，才能提高思想政治教育的文化认同实践教育的实效性。

思想政治教育的文化认同实践是主体的主动实践，是自省式的实践，是受教育者用正确的文化理论和正确的方法去印证和认知社会的实践，是一种主体的知行统一过程。我们要有意识地呈现出社会的复杂性与多样性，让被教育者明白：当代思想政治教育文化是一种复杂环境下的思想政治教育文化，是在社会转型条件下各种文化观念相互激荡、各种利益冲突空前激烈的现实状况中所进行的。与好的坏的、善的恶的、美的丑的各种社会现象相伴而生的社会现实，是被教育者不可回避的生存和生活环境，也是他们在成长道路上需要面对的影响因素，能否正确地认识、面对社会现实是被教育者成功与否的关键。所以，思想政治教育的文化认同实践的主体性，要求教育者重新调整和改变教育活动中的主从关系，自觉扮演引导者和协同者的角色，放手让受教育者在实践中进行主动体验，切实用科学理论指导被教育者分析现实、找出本质，引导被教育者从身边事、身边人中见微知著，关注社会热点，分析社会事件，开展社会调查，内化理想，外化行动，从而提升思想政治教育的文化认同实践教育活动的实效性。

整体性是思考和观察问题的方法论把握，它要求教育者具有引导和提升的能力，能从零碎、散乱的文化观念中把握被教育者的文化观念动向，及时筛选被教育者在实践中形成的正确或不正确的文化观念，用科学的观点和方法引导和解释社会现象和实际问题，把被教育者的文化思想认识及时提升到整体上、大局上来，引导到"红色文化"上来，形成正确的思想政治教育文化观。社会转型中的部分腐败现象，使一些被教育者对中国共产党的信心有了动摇，对"红色文化"产生了质疑。但是，如果我们全面、整体、辩证地看问题，有比较地、系统地了解中国共产党创立、发展、建设的成就，那么我们就将由衷感叹中国共产党的伟大，更加坚定中国特色社会主义建设事业的信心，更加认同当代中国特色社会主义文化。

动态性是思想与客观现实达到和谐统一的重要途径。运动是物质世界的根本属性。我们必须在任何时候都坚持用发展的观点观察一切、分析一切。马克思主义并没有结束真理，而是在实践中不断地开辟认识真理的道路。社会不断向前发展，思想政治教育的文化认同实践教育活动也要与时俱进、不断创新。思想政治教育的文化认同实践教育只有积极加入不断发展的社会变革实践的滚滚潮流中，才会具有针对性、时效性和强大生命力。当前，网络成为社会的"第四媒质"，已成为人们使用得最多的工作、学习和生活的便利工具。但网络是把双刃剑，网络上的文化纷繁复杂，如何利用网络工具引导被教育者树立正确的价值观，使被教育者对思想政治教育文化产生认同感和归属感，是思想政治教育的文化认同实践的大战场和新领域。因此，思想政治教育工作者必须主动学习掌握网络技术，用好网络这个多元文化的载体，有效地发挥网络的文化导向和思想政治教育功能，从而切实提高思想政治教育的文化认同实践教育活动的实效性。

我们只有认识思想政治教育的文化认同实践教育活动的特征，进行思想政治教育的文化认同实践教育活动的主体性建构，才能挣脱空间的束缚，开阔眼界，主动把握、有效集中和灵活运用各种文化资源。认识层面上的问题解决了，操作层面上的问题也就能迎刃而解了。环境是文化认同实践教育活动的场所，事件是文化认同实践教育活动的材料，人是文化认同实践教育活动的对象。实践教育内容和形式的丰富多彩必然能带来思想政治教育的文化认同活动的感染力、吸引力、针对性和实效性。当然，思想政治教育的文化认同实践教育及其操作对教育者提出了更高的要求，教育者要有控制这种实践的水平和能力，既要大胆充分地调动被教育者进行文化认同实践的积极性，又要深入细致地了解被教育者思想动向，注意及时疏通引导、归纳总结、宏观把握，让被教育者在社会主义思想教育、品德教育上产生思想共鸣，对社会主义核心价值文化产生认同，形成正确的世界观、人生观、价值观和正确的人生理想、人生态度，进而坚定共产主义理想信仰，自觉成为有理想、有道德、有文化、有纪律的社会主义事业建设者和维护者。

第二节　思想政治教育文化认同机制的主体间性

主体间性是人与人的社会关系的价值性建构，在强调人的转型和自我实现的时代，思想政治教育文化认同的主体间性理论的研究不应仅仅只是现代哲学在思想政治教育领域内的运用，也应是发展中的思想政治教育文化认同过程中具体实践的各种显性或隐性的局限性问题的重要解决途径。要对该理论进行充分深入研究并实现其价值蕴涵，关键在于现实教育实践、建立现实原则话语。因此，总结思想政治教育文化认同理论及实践的缺失，将思想政治教育文化认同与主体间性相结合进而进行理论构建，是思想政治教育文化认同的主体间性理论研究的创新，也是推动思想政治教育文化认同机制研究的必经之路。

一、主体性思想政治教育理论与主体间性思想政治教育机制

近年来，随着国内对西方现代哲学的不断深入研究，哲学研究逐渐开始应用于其他具体的学科建设和研究中，学科间的交互研究、借鉴研究已成必然之势。主体间性这一范畴在 21 世纪初就已引起了各界学者的广泛关注，成为哲学、美学、教育学、文学、德育学等学科研究的热点，思想政治教育学领域也不例外。到目前为止，关于主体间性和思想政治教育两者融合的研究已经渐成规模。思想政治教育文化认同的主体间性理论研究在国内虽有所发展，但仍未形成一套标准的体系。因此，本节以马克思主义哲学为指导，借鉴现代西方哲学对主体间性研究的现有成果，紧密结合思想政治教育学的学科特点，对思想政治教育文化认同的主体间性理论进行初步探索。

（一）主体性与主体间性

要准确地认识主体间性思想政治教育文化认同的内涵，必须先对主体性和主体间性的区别和联系进行了解，进而认识主体间性思想政治教育文化认同。

一般来说，主体有本体论和认识论两种含义。本体论意义上的主体是指属性、关系、状态、运动变化的基质、载体和承担者，它表示一种实体存在物，并不是认识论意义上同客体相对应、相关联的主体。至于认识论意义上的主体，则是指认识活动和实践活动的承担者，是与认识和实践的客体相对应、相关联而获得其规定性的。具体来讲，就是指从事认识活动和实践活动的人，包括个体、社会集团乃至整个人类。而客体是指人们在实践活动和认识活动中所指向的对象。由此可见，认识论意义上的主体，是相对于客体而言的从

事认识活动和实践活动的现实的人，主体与客体不仅是相对应的一对范畴，而且还是能动与受动、主动与被动关系的运动变化。

1. 主体性

主体性这一个命题的探究，可以追溯到笛卡尔"我思故我在"的命题及由此所产生的自我意识运动——表现为"唯我性"和"占有性"。起初，它属于哲学范畴，意指作为主体的人在对象性活动中，运用自身的力量，能动地作用于客体的特性，是主体在主客体相互作用中所表现出来的物质方面和精神方面的属性，具体而言，是指主观性、创造性和自主性。从中可见，近代西方哲学是从认识论层面来理解主体性问题的，它相当程度上忽视了对主体性实践论层面的理解，因而把主体性等同于自我意识。人类社会的发展历史告诉我们，这种主体性在促进了人和社会的极大进步的同时，也使人们付出了巨大的代价，特别是造成了主体与客体、人与自然、人与社会以及人与人关系的对立和分裂，导致了人对自然的无限宰割和大自然的报复，还导致了大国霸权、人与人之间的信任危机等。正是这种单一的主体性，掩盖了主体与主体之间的关系存在。西方哲学家为了挽救与重构人的主体性提出了主体间性，使主体重新回到丰富的生活世界中，这也是主体性走出危机的唯一选择。

2. 主体间性

主体间性问题是 20 世纪哲学研究的重要范畴。主体间性哲学的异军突起是西方主体性哲学由盛转衰的产物。在现代西方哲学中，由主体性转向主体间性的研究并不是孤立发生的，而是多层次、多方面的，这一转向既与西方近现代的主体性哲学自身的逻辑矛盾有关，又与西方近现代的人类社会所面临的历史危机有关，可以说是对人类所面临的诸如工业异化这些特定的社会历史境遇的深刻反思。主体间性的转向与语言学、现象学、解释学、存在主义和交往理论的兴起紧密相连。现代西方不同形态的哲学派别从不同层面、立足于不同的视域来揭示主体间性理论，加深了对主体间性问题的认识，使该理论成为西方现当代哲学的主要思潮。

主体间性，即主体之间的关系，是现象学、解释学、存在主义和后现代主义哲学的重要概念，是一种消灭主客对立和主体中心的新主体哲学。主体间性超越了在主客关系中占有性的个人主体性，把主体性置于主体与主体之中。主体间性下的主体是超越主体任何一方，又包容了双方的"公共主体"或"交往主体"，是主体突破封闭的自我，走向"他者""他我"并与之构成互为主体或互为主客体的一种存在关系。主体间性是主体间关系的规定性，指主体与主体之间的相关性、统一性、调节性。主体间性是两个或多个个人主体的内在相关性，它以个人主体性为基础。如果人不成为主体，不具有主体性，人与人之间就不会有主体间性。国内多数学者把主体间性理解为主体与主体之间的相关性、统一性。与主客体间性不同，主体间性不是体现为以"自我"（主体）为中心对"对象"（客体）的能动，而是体现为主体之间在交往中以交互主体为中心的和谐一致；不是生成于对象化活动的单一的主体对客体的占有，而是生成于交往实践的主体之间的理解和共识。

主体间性概念的提出，可追溯到现象学大师胡塞尔的《笛卡尔的沉思》一书。胡塞尔认为每个人都是一个"自我"，这些"自我"拥有一个共同世界，世界既是我的，也是你的、他的。自我与他我通过拥有共同世界而形成一个共同体，单一的主体性也因此而过渡到主体间性，这种主体间性是通过"共现""统觉""移情"而实现的。在胡塞尔看来，主体性意味着"自我"，而主体间性则意味着"自我共同体"（我们）。主体性原则带有个体主义、自私自利的倾向，而主体间性原则包含有集体主义、互助互利之意。因而，极力主张主体间性原则，以交互主体、主体间性来取代个人主体性。

海德格尔认为，主体间性既否定了"原子式"的孤立个体的观念，也否定了社会性对个体性的吞没。主体间性即交互主体性，它是主体与主体之间的共在，是我与他人之间在生存上的联系，是我与他人对同一客观对象的认同。主体是以主体间的方式存在的，但是其本质又是个体性的，主体间性就是个性间的共在。他认为现实中有两种共在：一种是处于沉沦状态的异化的共在，这种存在状态是个体被群体吞没；另一种是超越性的本质共在，个体与其他个体存在着自由的关系。因此主体间性并不是对主体性的否定，而是对主体性的超越和突破。

伽达默尔从诠释学的角度认为，主体间性是指对解读活动中读者与作者之间交互作用的首肯，是指主体间的"视域交融"，即人们通过一次有效的对话，得以形成共同的尺度和共同的视野。马丁·布伯对主体间性的开拓，在于他认为主体性的"我—他"的关系是非本质关系，而主体间性的"我—你"关系是本质的关系，应从"我—他"走向"我—你"，也就是从"认识论"的层面回到"生活世界"的层面。哈贝马斯认为主体间性是人与人在语言交往中形成的精神沟通、道德同情、主体的相互"理解"与"共识"。随后，马丁·布伯和维特根斯坦等从不同角度对主体间性理论进行了更深入的探讨，丰富并完善了主体间性理论。

由此可见，现代哲学是在扬弃了近代哲学唯我性缺陷的基础上建立起来的，其核心内容就是主体间性理论。因此，近代哲学可称为主体性哲学，现代哲学可称为主体间性哲学。从笛卡尔以来，哲学家一直在绞尽脑汁解释：主体是怎样认识客体的？20世纪后，哲学家开始提出另一个更难以理解的问题：一个主体是怎样与另一个主体相接触的？

主体性是主体与客体发生关系时所表现出来的以自我为中心的能动性、占有性等个体特征；主体间性是主体与主体在交往活动中所表现出来的，以其主体性为中心的和谐一致性。总之，主体间性是主体性盛极而衰的产物。主体性是主体间性的基础，主体间性是主体性的超越和突破，主体间性为主体性全面发展提供了广阔的天地和视野。主体间性并不是对主体性的绝对否定，而是对主体性的现代修正，是在新的基础上重新确立主体性。脱离主体间性的主体性，往往会失去合理发挥的尺度，极易出现"过之"与"不及"的现象，而离开主体性的主体间性，会因没有现实基础而日渐虚无。

（二）主体性思想政治教育文化认同理论与主体间性思想政治教育文化认同机制

思想政治教育是指社会或社会群体用一定的思想观念、政治观点、道德规范，对其成员施加有目的、有计划、有组织的影响，使他们形成符合一定社会或一定阶级所需要的思想品德的社会实践活动。

主体性思想政治教育文化认同理论，是指以主体性哲学为基础建构起来的一种以培养人的主体性为旨归，使人自觉进行文化认同、内化的理论形态和实践模式，其本质体现为一种关系、一种结构，即"主体—客体"模式。在该模式中，教育者占据着主体地位，受教育者被看作被填充的对象，其自主性、能动性和创造性通常被忽略。如此，教育者与受教育者双方缺乏交往，难以达成共识。长此以往，教育者自身的独立思考的能力和辩证的批判精神逐渐丧失，受教育者的被动性得到强化，思想政治教育文化认同的实效性受到影响，其尊重人、理解人、提升人、实现人的全面发展的宗旨在很大程度上受到挑战。主体性思想政治教育文化认同的模式是"主体（教育者）—客体（受教育者）"，在这里，教育者的主体地位已被确立，现在要分析的是他对待受教育者的态度，在现实中有两种取向。一种取向是教育者认为受教育者虽然是客体，但他毕竟是人，因此，在一定程度上应该尊重他们的意志，在一定程度上应该考虑他们的实际情况。这种取向是可取的，这种取向的思想政治教育文化认同理论是合理的，是我们建立主体间性思想政治教育文化认同的基础。但这种取向还是存在问题，那就是以教育者为中心倾向，局限于"主—客"两极模式，而没有变成"主—客—主"的交往模式。思想政治教育的主体观存在单主体的问题，并且教育者在多大程度上尊重受教育者，这个"度"难以把握。要解决这个弊端，必须把受教育者看作与教育者一样的平等的主体，建构起"主体（教育者）—客体（教育资料）—主体（受教育者）"的模式，这个模式就是主体间性思想政治教育文化认同的模式。另一种取向是教育者把受教育者看作纯粹的客体，是被改造的工具、被填充的对象，从而也使自己成了"单子式"的个体，具有明显的唯我性，把自我看作一切的中心，师道尊严，教育者可以我行我素，把自我的经验看作至高无上的，是衡量是非善恶的唯一尺度，不考虑受教育者的具体情况。显然，这种取向是不可取的。而主体性思想政治教育文化认同理论的问题和局限性主要是由这种取向所引起的，我们把这种取向的思想政治教育文化认同机制称为"单子式"的主体性思想政治教育文化认同机制，它严重忽视了人的发展，是我们所要批判和抛弃的。

　　主体间性思想政治教育文化认同理论主要涉及文化传喻主体(教育者)和文化认同主体(被教育者)，二者作为主体把文化内容、文化传喻方法、文化认同活动等作为共同客体并共同作用于客体，形成相互理解的主体间的交往活动，二者是相互依赖的主体。据此，传统的文化教育理论产生了巨大的变化：一方面，教育者作为思想政治教育文化认同活动的主宰、权威的观念被彻底地推翻了；另一方面，受教育者的独立意识和自主意识得到强化，尤其在信息化的时代里，受教育者在学习文化的途径和效率上并不落后于教育者，甚至超越了传统教育者。同时，在文化认同过程中，教育者与受教育者会通过相互间的交流、对话进入到对方的内心世界，从而使受教育者真正地接受思想政治教育核心价值文化的内容，并积极主动地形成自己的文化价值观，将思想政治教育核心价值文化的内容内化为自己的思想、信念和价值取向。换句话说，在主体间性思想政治教育文化认同条件下，通过文化的交流与碰撞，情感的传递与影响，主体间最终形成特殊的融洽与默契，从而在相互作用的基础上共同进步，对文化产生一致认可，使自身的主体地位都能够得到充分体现。主体间性思想政治教育文化认同理论是以主体间性理论为理念，立足于社会发展和思想政治教育文化认同工作实际，通过教育者与教育者、教育者与被教育者、被教育者与被教育者主体间平等的互动和交往，将其放置于主体—主体的关系中来，培养被教育者主动学习和认可社会主义核心价值文化，并将其内化，使被教育者具有主体间性思想政治品德的理论。该理论的建构具有两方面的内涵：第一，思想政治教育文化认同实践过程被当作主体间的存在方式，教育者和受教育者都具有主体性、能动性、创造性，均具独立人格；第二，主体间性思想政治教育文化认同实践活动是教育双方主体间的交往活动，而不是孤立的个体活动。思想政治教育文化认同活动是凭借一定的思想政治教育媒介而形成的一种特定的交往关系，它生成于教育双方间的相互理解、相互沟通，其主要内容是规范一个主体(教育者)与另一个主体(受教育者)在文化认同过程中如何相互作用，其过程是多对主体要素间相互理解、相互沟通、相互作用，最终达成文化价值观认可、文化内容共享的过程。该文化教育理念的建构是建立思想政治教育文化认同机制的基础和保证，也是确保被教育者传承核心价值文化的关键；该理论的运用，有利于我们充分发挥文化认同实践教育活动中教育主体和对象主体的双向主体性，是思想政治教育文化认同活动的本质要求。

　　国内学者们对主体间性思想政治教育文化认同机制内涵的研究可以概括为以下两种观点。第一种观点，是从主体间关系的视角予以界定。主体间性思想政治教育文化认同是两种关系的统一：一种关系是在思想政治教育文化认同的过程中，教育者与受教育者都作为思想政治教育文化认同的主体，二者构成了主体—主体的关系；另一种关系是教育者与受教育者二者都是思想政治教育文化认同活动中的主体，是复数的主体，他们把文化教育资料作为共同客体，与文化教育资料构成主体—客体的关系。第二种观点，是从主体间交往的角度予以界定的。思想政治教育文化认同的主体间性是在思想政治教育文化认同的主体交往实践中，主体双方共同作用于教育客体而构建的思想政治教育文化认同的主体间的关系属性，是研究和规范一个主体(思想政治教育文化传喻主体)是怎样与完整的作为主体运作的另一个主体(思想政治教育文化认同主体)相互作用的。

主体间性思想政治教育文化认同机制是在思想政治教育交往实践中，思想政治教育文化传喻主体同文化认同主体在相互作用、相互交往的过程中，共同作用于教育客体而构建的一种互为主体的思想政治教育文化认同主体间的交往机制。总体上讲，主体间性思想政治教育文化认同机制把交往与沟通作为文化认同活动的基点，通过教育者与受教育者相互交流、沟通来促进双方对核心价值文化的共同认可以及思想品德的提升，主体间性思想政治教育文化认同机制培养的是一种具有丰富人性的主体。受教育者能够充分发挥自己的主观能动性、积极性，对文化进行评价与选择，并通过自身思想的矛盾运动，吸纳正确的思想、正确的价值观念，从而形成新的文化认识观念和文化结构。

显然，主体间性思想政治教育文化认同机制是为了突破主体性思想政治教育文化认同机制的困境而产生的，它合理吸收了主体性思想政治教育文化认同机制的优秀成果，克服了以自我为中心的思维，把教育者与受教育者同样视为文化传喻活动的主体，使得思想政治教育文化认同的活动更具人性化、科学化、合理化。换言之，如果没有主体性思想政治教育文化认同理论，主体间性思想政治教育文化认同机制就因没有基础而日渐虚无；如果没有主体间性思想政治教育文化认同机制，主体性思想政治教育文化认同理论发展就没有正确的方向。

二、思想政治教育文化认同中的主体间性理论建构

如今，中国人民的物质生活水平得到了极大的提高，创造了让世人瞩目的"中国奇迹"。然而，与之相对应的精神文明水平却相形见绌。我国在吸收西方资本主义的科学技术和管理经验的同时，以欧美为主的西方资本主义文化一度成为我国国内的主流文化之一。中华民族历经五千多年的文明发展，泱泱大国的优秀传统文化不计其数，却被部分崇洋媚外的中国人完全抛诸脑后。建设中国特色社会主义文化强国，一方面要求我们充分吸收全人类文明的优秀成果，另一方面要求我们必须重视中华优秀传统文化的继承和发展。因此，对于每个公民社会化过程中最重要的思想塑造途径和手段——思想政治教育来说，如何将中华优秀传统文化传播与思想政治教育实践相互结合、相互渗透，探究思想政治教育的文化认同机制和创新途径，成为当下思想政治教育活动最为紧迫的任务之一。思想政治教育的文化认同过程应坚持以人为本，以文化为根，以培育受教育者对社会主义核心价值文化的认同感为目标，以贴近实际、贴近生活、贴近被教育者为原则，努力提高思想政治教育的针对性、实效性和中华优秀传统文化的吸引力、感染力，培养德、智、体、美全

面发展的社会主义合格建设者和可靠接班人。因此，我们需从马克思主义实践理论入手，充分结合中华优秀传统文化，总结前人对主体间性思想政治教育文化认同机制的研究成果，对主体间性思想政治教育文化认同机制的建构条件、目标体系和运行原则进行剖析，建构主体间性思想政治教育文化认同的理论框架，推动思想政治教育文化认同的理论创新，提出一种新的主体间性思想政治教育文化认同理论，用发展的主体间性思想政治教育文化认同理论来指导思想政治教育文化认同实践。

需要强调的是，马克思关于交往实践的理论为主体间性思想政治教育文化认同机制的探索指明了方向，具有重要的理论指导和实践指导作用。从理论维度看，它要求把交往实践作为主体间性思想政治教育文化认同机制研究的重要切入点，充分认识交往实践在主体间性思想政治教育文化认同机制中的重要作用。从实践维度看，它要求在交往实践中开展主体间性思想政治教育文化认同工作，尊重被教育者在思想政治教育中的主体地位；注重被教育者的能力培养，以促进人的全面发展。

三、思想政治教育文化认同机制的主体间性实践条件

1. 变革文化传喻主体的思维方式是主体间性思想政治教育文化认同实践的前提条件

作为具体的文化传喻行为的参与者、组织者，思想政治文化传喻主体的思想认识水平直接决定着主体间交往的成败，进而决定着文化传喻效果的优劣。为确保思想政治教育文化认同取得实效，我们应转变文化传喻主体的教育理念，让其从传统的主客二分的对象性思维方式转变到主体间性的"人学思维"上来。唯有如此，才能从实质上理解人，从实践的角度来认识交往。以主体间性理论为基础的人学思维具有如下特征：重关系而非实体，重创造而反预定，重差异而反统一，重非理性而反工具理性。在此视野中，每个人都是渴望与之真诚交往的具备人学思维的教育者的存在，所以，文化交往的参与者不会再把被教育者看作自己手中的"提线木偶"，而是和自己一样有理想、有感情、有意志的生命个体。只有这样，双方才能够平等地自由交往，并达成对核心价值文化的一致认可，文化认同主体丰富完满的文化核心价值观方能生成。

2. 主体意识的强化是主体间性思想政治教育文化认同实践的必要条件

被教育者的主体意识，是指作为思想政治教育活动主体的被教育者对自身主体地位角色、自我调控能力和自我存在价值的一种自觉意识，是被教育者主体自主性、能动性、独立性和创造性在其主观意识中的反映。遗传、环境、教育及自身主观能动性作用等方面的不同，决定了每个被教育者具有不同能力、气质以及不同爱好特长。主体性是个性的本质特点之一。作为文化认同主体的被教育者，只有自主地支配自己的意识和活动，才能自主

选择、自主分辨和自我控制，才能进而主动参与到文化认同活动中去，主体间的平等交往才能得以实现，进而主动将核心价值文化内化。因此，引导强化被教育者的主体意识，发挥其主体性作用，形成文化传喻主体与文化认同主体辩证统一的主体观，已经成为新世纪新阶段思想政治教育文化认同实践的重要工作之一。

3. 语言有效性交流是主体间性思想政治教育文化认同实践的重要条件

在思想政治教育文化认同活动中，教育者与受教育者语言的有效交流与学习效果有着密切的联系，它对被教育者的文化学习、知识掌握、能力发展和精神世界的建构起着至关重要的作用。现实思想政治教育文化认同实践在一定程度上存在语言有效性的缺失现象，教育者和受教育者在交往中应当运用语言加以交流的却未采取这种方式，而更多地采用短信、电子邮件等方式进行沟通。这在一定程度上导致思想政治教育主体间性交往的缺失，也容易导致交往发生断裂，因为教育的很多危机往往可以从语言那里找到某种征兆，教育的危机很可能是语言的危机，很多时候教育出了问题，需要医治的却不是教育，而是教育的语言。因此，思想政治教育过程中教育者的语言只有具备了言语表达的可领会性，再现外在事实的真实性，再现主观内在情感的真诚性及符合公允的规范、价值、制度等有效性时，才能使双方的交往行为顺利地进行，这同时也是生成主体间教育双方关系的重要基础。

四、主体间性思想政治教育文化认同机制的构建原则

主体间性是在人与人的交往中得以体现的，因此理解主体间性必然要和交往联系起来。主体间性理论具有普遍的指导意义，具有抽象性；交往则更体现实践性，具有操作性。笔者认为，要构建主体间性思想政治教育文化认同机制，应遵循以下四个原则。

1. 以人为本原则

在思想政治教育文化认同实践过程中坚持"以人为本"的原则和理念，要求教育者抱有平等、尊重的理念和服务的意识，把受教育者作为文化认同的主体和目的加以交流。"以人为本"的原则包含三个方面的意义。其一，平等性。主体间性思想政治教育文化认同机制突破传统文化教育的最大特点就是强调教育者和受教育者在文化认同过程中的地位平等。教育双方虽存在文化、知识、阅历上的差距，但就思想政治教育文化认同活动中的地位而言，两者是平等的。其二，教育双方应该彼此尊重对方。尊重在某种程度上意味着肯定和接纳，教育者唯有主动表示出尊重受教育者，受教育者方可与之深入交流，文化交流的互动性方可真正形成，文化认可的实效性方可真正提升。其三，教育者要有服务意识。对被教育者遇到的问题和困难，教育者一定要设身处地为被教育者着想，只有这样被教育者才能对教育者充满信任，达成情感共鸣。简而言之，在主体间性思想政治教育文化认同

过程中，教育者应充分发挥主体性，主动创造良好的文化传喻环境；受教育者应积极主动地与教育者进行互动，积极应对文化交流中的各种难题，充分发挥其主体作用，从而使整个文化认同实践活动呈现为独立自主、积极主动和富有创造性的发展状态。总之，如果教育者与受教育者地位不平等，那么文化认同和交往就无法进行，对思想政治教育文化认同机制和创新途径的研究也无从谈起，建立交往式思想政治教育文化认同模式也显然成了无本之木、无源之水。因此，教育者与受教育者地位的平等，是构建主体间性思想政治教育文化认同机制的前提。

2. 贴近生活原则

顾名思义，贴近生活即以生活世界为背景来确定思想政治教育文化认同的内容和形式。这是交往式思想政治教育文化认同机制的源泉。思想政治教育原本是生活世界的一部分，在原始社会，文化的教育与传承是和人们的生产、生活过程融为一体的，一个人的文化价值观念是在共同生活的过程中不断学习和形成的，而不是凭空想象出来的。而到了制度化教育产生以后，特别是进入现代工业文明以来，道德文化越来越从生活世界之中分离出来、孤立起来，社会越来越强化道德文化的工具价值，即为社会、政治、经济发展服务的价值，道德文化越来越成为封闭的文化体系，越来越远离生活世界。

生活世界其实是丰富多彩的，每个人生活在其中，都有酸甜苦辣的感受，都有是非对错、好恶真假等观点。文化也是多种多样的，每个人对不同的文化取向都有不同的见解，这些感受、观点、见解都是文化传喻主体和文化认同主体进行价值取向探讨、平等对话和情感交流的源泉。例如，电视、广播中宣传节约型政府、节约型社会文化，用各种形式、形象表明节约的重要性，使人们对节俭文化都有一定的见解，这些见解有对错之分，认同程度有深浅之分，在这些见解当中有的与节约型社会发展所要求的有一定的差距，而缩小这个差距是我们思想政治教育文化认同的任务。若以"节俭文化"作为思想政治教育文化认同内容，就可以"长明灯""长流水"的危害作为切入点，只有当教育者与受教育者都对文化内容有感性认识时，他们才有表达自己见解的条件和资格，教育者与受教育者才能产生互动，而不至于出现教育者唱独角戏的局面，影响思想政治教育文化认同的实效性。又如，在传播"公仆"文化时，好像听起来很空洞，但是我们可以借用"权为民所用，情为民所系，利为民所谋"的中华传统历史典故来进行文化传喻，借用"群众利益无小事"的一些生活实例来阐释，这样一来，思想政治教育文化认同实践活动就由空洞走向了实在。再如，宣传"和谐社会"文化时，我们可以结合和谐街道、和谐工厂、和谐社区、和谐家庭、和谐班级来进行宣传教育，这样一来，思想政治教育文化观念就由抽象走向了具体。可见，思想政治教育文化认同活动只有贴近生活世界，才具有无限的生命力。

3. 双向互动原则

双向互动原则，是指各主体间为了共同的目的而进行的一种能动性的交流活动，是维持主体间相互依赖、相互作用关系的基础和前提。教育者和受教育者要进行对话、交流，最后达成共识。在互动过程中，双方在相互体验、理解对方的基础上，接纳对方的意见，最终达到相互激励、相互促进、共同发展。主体间性思想政治教育文化认同的互动可分为三种类型，即教育者之间的互动、受教育者之间的互动、教育者与受教育者之间的互动。其中，教育者与受教育者之间的互动是主体间性思想政治教育文化认同活动的主要形式。根据不同的标准，该形式又可以分成不同的类型，比如教育者与受教育者个体互动、教育者与受教育者群体互动，直接互动与间接互动等。一般情况下，教育者与受教育者的互动表现为个体互动和直接互动，它指教育者与受教育者之间在"你来一句"和"我往一句"的交流中，不断调整和改变不正确、不成熟的观点，进而形成正确、成熟的观点。在交流互动中，教育者起主导作用，受教育者是积极的参与者。在思想政治教育文化认同的互动中，教育者要先行，首先要确定好文化内容，然后设计好文化传喻形式和方法，最后实施文化交流互动活动，同时，受教育者也要积极参与到交往中来，通过文化的传喻和互动，最终取得教育主体双方一致的文化认同效果。在主体间性思想政治教育文化认同的互动中，教育者应充分尊重受教育者的观点和建议，让他们体会到"主人翁""主体"的感觉。目前，网络为思想政治教育文化认同活动创新提供了一个很好的互动平台，由于网络的虚拟性，人们可以在多种文化圈子里自由地进行交谈，不受拘束，实现真正的文化互动，文化"中心"被消解了，没有绝对的权威，只有倾诉者和倾听者。这正反映了主体间性思想政治文化认同机制的本质特征，即教育者与受教育者是平等的思想政治教育主体。在主体间性思想政治教育文化认同活动中，教育者不仅自己要讲，而且要留时间给受教育者讲，受教育者不仅要听，更重要的还要准备讲，他们应彼此相互理解，进行真诚的文化互动。教育者与受教育者通过文化互动达到多元文化的激荡、思想的碰撞，最后产生共识的火花，进一步提升思想政治教育文化认同的实效性。只有加强教育者与受教育者之间的文化互动交流，充分调动受教育者的积极性，才能使思想政治教育文化认同实践活动目标具有针对性，才能使思想政治教育文化认同机制得到进一步发展。

4. 互惠共赢原则

互惠共赢原则，是使同性质的主体在思想政治教育文化认同实践活动中都成为受益者，不仅要引导受教育者的文化认同价值取向，还要致力于完善教育者的文化知识体系的构建，这也是主体间性思想政治教育文化认同活动追求的目标。互惠共赢作为一项原则，已是当今世界政治、经济发展的大趋势。在具体的思想政治教育的文化认同过程中，要贯彻这一原则就要使教育者和受教育者相互取长补短、相互学习。对教育者来说，要时刻保持清醒的头脑，要明白"逆水行舟，不进则退"的道理。相对于受教育者，教育者在文化底蕴和文化阅历上有优势，但这种优势不是绝对的，尤其是随着现代科学技术的发展、网络的普及，年长的教育者所掌握的文化知识体系已经变得陈旧，而年轻的受教育者借助先进便捷的电子和互联网技术，在获取新知识、接触新文化的方面渠道远远多于前者。在这一点上，教育者应该向受教育者学习。只有教育者的文化知识体系不断地更新换代，才会有利于受教育者对核心价值文化产生认同感，有利于整个社会核心价值文化的进一步发展。这才是思想政治教育文化认同机制的可持续发展之路。作为受教育者来说，不能仅仅看到自己对新知识文化掌握的优势，同时还应清醒地看到自己的劣势，看到自己与教育者在文化底蕴和阅历方面的差距，要视教育者为良师益友，"弟子不必不如师，师不必贤于弟子"正说明了教育者与受教育者相互学习的必要性。主体间性思想政治教育的文化认同过程是教育者与受教育者文化涵养共进的过程，他们在这一过程中不仅交流了不同的文化观念，而且交流了意识和情感，受教育者文化素质提高的同时还不断促进教育者文化素质的更新和提高，从而形成一个互塑的、共同发展的过程，实现二者在思想政治教育的文化认同实践中的双赢。

现今中国，必须大力推行思想政治教育文化认同理论的创新，通过理论创新来指导思想政治教育的文化认同实践的开展。为此，我国许多思想政治教育工作者进行了深入的研究，提出了多种切实有效的观点和思路。其中，主体间性思想政治教育的文化认同理论就是近年来思想政治教育理论研究与实践探索的一个热点。主体间性思想政治教育的文化认同理论虽已被教育者了解，但其被认识和接受的程度远远不够，这不仅仅表现在教育者身上，同时也表现在受教育者身上。主体间性思想政治教育的文化认同理论强调教育双方人格的平等，它以教育双方主体性的发挥为前提，用以人为本、民主平等的交往关系为保障，以实现教育者与受教育者双方互利共赢为目的。在当前思想政治教育的现实中，主体间性思想政治教育的文化认同实践活动还面临一系列困难，所以，必须坚持改革与创新，积极探索思想政治教育的文化认同新理论、新模式、新机制及新途径，通过创新来解决思想政治教育文化认同实践活动中所遇到的困难，不断增强思想政治教育文化认同活动的针对性和实效性，最终达到促进人的全面发展和推动社会进步的目的。

第三节　"三喻文化"背景下思想政治教育文化认同机制中的主体

在社会化过程中，人们养成的礼仪和语言模式以及获取的文化知识中的一部分是通过长辈传承而来的，另一部分是从同辈或者书本中学习得来的。美国人类学家玛格丽特·米德于 1928 年在《未来与文化》一书中提出了著名的"三喻文化"说，她将人类文化传递和交流的方式划分为三种类型：晚辈向长辈学习的"前喻文化"，同辈人之间相互学习的"并喻文化"，长辈反过来向晚辈学习的"后喻文化"。这三种文化类型分别具有不同的传喻主体，即"前喻主体""并喻主体"和"后喻主体"。

随着当今文化传播途径渠道的不断扩展和再社会化方式多样性的发展，"三喻文化"在研究文化认同的主体结构中越发重要。"三喻文化"的交织并存促使思想政治教育主体向多维发展，并且新的社会文化背景为研究思想政治教育的文化认同机制提供了新的研究思路，丰富了思想政治教育文化认同的研究方法。因此，探索思想政治教育"前喻主体""并喻主体""后喻主体"的含义及其特点，分析思想政治教育不同主体的角色定位，充分发挥思想政治教育多维主体的优势，转变单一灌输型传统教育模式和教育主体地位，不断增强思想政治教育主体的教育合力和整体效应是构建思想政治教育文化认同机制所面临的一项重要而紧迫的任务。

一、思想政治教育文化认同机制中"三喻主体"的含义

1. 思想政治教育文化认同机制中的"前喻主体"

在"前喻文化"中，教育活动的组织者、实施者与承担者，即教育的主体是长辈，由长辈向晚辈进行文化传喻。思想政治教育文化认同的"前喻主体"也是如此，都是由履行思想政治教育职能、对晚辈进行思想政治教育的长辈来担当。思想政治教育"前喻主体"是思想政治教育文化认同活动中最正式、最常规的主体，往往对思想政治教育文化价值取向起着主导作用。

"前喻文化"涵盖了现今大部分的文化传喻方式。比如，在家庭与社会教育中，思想政治教育文化认同"前喻主体"凭借其在代际关系中所处的"先行者"位置，不仅是后辈的培育者，还是后辈的"引路人"，通过向后代传喻社会规范、历史文化与文明成果，结合人生阅历与生活经验，引导青少年发展和形成符合社会要求和导向的文化价值取向和思想与行为，塑造个体的心理特征，传递一套规范和价值以及信念和态度。在学校教育中，思想政治教育文化认同"前喻主体"往往具有职业化、专业化的特点，专职的思想政治教育工作者，依托职业系统所提供的平台和资源，能够使文化认同的实践活动常态化、规范化、系统化，从而形成思想政治教育文化认同的合力，在向被教育者传授文化知识的同时，对其灌输荣誉观和爱国情感。在思想政治教育文化认同"前喻主体"的教育基础上，教育对象的文化知识水平和思维能力得到提升和开发，能动性得到增强，政治态度得以形成，爱国情操得以培养，社会化进程得到推动和发展。总之，由教育规律和思想政治教育自身的属性所决定，传统的"前喻式"教育仍是如今思想政治教育文化认同活动的主要方式，"前喻主体"是思想政治教育文化认同主体的最一般形态。

2. 思想政治教育文化认同机制中的"并喻主体"

并喻文化主要是指长辈和晚辈的教育及学习均产生于同辈人之间，是同辈人之间相互学习的文化传喻方式。这种由同辈人相互进行文化交流和传递，是一种横向平行的文化传递模式，特别是由同辈人中的先进者向后进者进行文化的传递，"未来以现在为指导"是其主要特点。思想政治教育文化认同的"并喻主体"是指处于平行关系的同辈、同事、同学之间互相传喻文化观念，互相教育启发，互相启迪思想的主体。自现代以来，社会发展速度日新月异，代际分层也越发明显，不同年代的人们有着属于自己的"独家记忆"和群体文化，"70后""80后""90后""00后"等群体称谓应运而生。同辈人之间往往会进行互动和彼此之间的对比，寻找群体的共性，形成"群体归属感"，将自身在社会化过程中所形成的文化认知体系、思想观念和行为模式在同辈之间交流，分享彼此的价值尺度和成长记忆。社会日新月异的发展速度要求文化的更新速度越来越快，人们在长辈身上所传承到的知识内容和文化结构也亟须与时俱进。因此，要想跟上时代的步伐，人们必须主动依托现实基础，不断总结社会实践经验，向成功同侪典范学习。与权威式的前喻教育不同，在思想政治教育文化认同的并喻教育模式中，从小作为楷模的长辈们已不再是唯一的权威，不再是唯一的传道、授业、解惑的智慧象征，也不再是唯一的道德行为模范。人们不再一成不变地效仿长辈的言行，长辈单方面的文化灌输和不受质疑的地位由于不断受到时代变迁的冲击而日渐削弱，如今的父母为了鼓励孩子们向优秀的同龄伙伴学习，也主动削弱了长辈的部分权力。思想政治教育文化认同的"并喻主体"由于彼此之间的群体归属性，拉近了相互之间的距离，在同辈之间的文化互动和分享的过程中，由成功的同侪发挥激励和带动作用，使得同辈之间形成相互竞争的文化氛围，并且随着成功文化、竞争文化的不断传播，最终促进整个社会艰苦奋斗、苦干谋实的创新文化得到进一步发展。相对于思想政治教育文化认同"前喻主体"自上而下的文化信息纵向传递，思想政治教育文化认同的"并喻主体"则是同辈之间的学习、交流的文化同向传递，通过成功的同侪激励效应，不断相互学习、交流、分享和竞争，使成功的经验得到及时的传播，推动良好的社会创新竞争文化形成，是思想政治教育的文化认同和文化传递过程的重要主体。

3. 思想政治教育文化认同机制中的"后喻主体"

后喻文化，也就是俗称的"青年文化"，它的文化传递方向同前喻文化正好是相反的，是指年轻一代将文化知识传递给年长一代的文化传喻类型，文化教育信息由晚辈流向长辈。站在社会学的角度来看，这实际上是一种"反向社会化"，晚辈在经历社会化过程后，反过来将长辈作为文化传喻客体实施思想政治教育文化认同活动，向长辈传递更新后的文化知识内容和结构，使长辈不致被时代的步伐所抛弃，从而使年老一代的文化知识水平与时俱进，是长辈再社会化的一个过程。后喻文化体现的是晚辈代表着未来，权威式的"前喻文化"被倒转了过来，长辈不再是唯一的权威者。传统思想政治教育的内容、方式以及教育者素质在信息化时代备受挑战。新鲜事物大量涌现，新信息井喷式增长，获取信息方式日渐个性化、多样化和现代化，促使现代社会人们接触信息、掌握信息和利用信息的能力高低各不相同，即产生了所谓的"信息差"。老一辈由于年龄、心理、经验和习惯的差别，其获取信息的手段、渠道和方式以及对新鲜事物的接受能力、悟性和兴趣往往落后于年轻人。同时，信息时代改变了人们的交流方式，拓宽了人们生活的时空领域，由网络组成的虚拟世界日益得到青少年的青睐。青少年的学习平台、生活环境、思考方式与老一代相比发生了翻天覆地的变化，网络对其生活和成长产生了巨大的影响。年老一代对网络资源的利用、网络信息的获取、网络技术的开发程度远远不如"成长在网络中的一代"年轻人。虽然俗话说，姜还是老的辣，年轻一代在文化知识水平和实践经验上与长辈相比仍存在一定的差距，但正因为年轻人思维尚未固化，相比长辈拥有以下三个优势：其一，猎奇创新优势。思想政治教育文化认同的"后喻主体"依靠其敏锐的观察力，能够迅速捕捉时事热点、新兴文化，并且年轻人没有文化传统的束缚，思维活跃，对于新兴文化往往有更强的接受和运用能力，在新信息时代能更好地进行文化创新。其二，技术优势。随着信息科学技术的发展，开辟了诸多方便、宽松的学习环境，互联网、手机、公共资源的应用渠道的拓宽为如今人们学习文化知识提供了巨大的技术便利。年轻人掌握了先进的学习工具和技术，让文化知识的获取变得更有效率，换而言之，和老一辈相比，年轻一辈只需花费更少的时间便能掌握同样的文化知识水平。其三，发展优势。人们无法站在当下去把握未来的确切面貌，但可以肯定的一点是，未来只会是螺旋式地向上发展，必将不是过去的重复。米德在论述"三喻文化"思想之时，将重点放在了"后喻文化"的阐发上。可以说，"后喻文化"是米德对整个人类文明史进行观察后得出的对人类文化传递方式发展趋向的揭示与确认。她将未来的希望完全寄托在年轻人身上，对其进行了不遗余力的赞颂，呼吁人们要完全地相信年轻一辈，呼吁人们重视"后喻文化"——过去是量变的积累，为未来的质变做好了铺垫，要让过去和现在成为未来的助推剂而非枷锁。只有通过年轻一代的直接参与，利用他们广博而新颖的知识，我们才能够建立一个富于生命力的未来。米德在《未来与文化》中提出"三喻文化"思想的目的正是号召年轻人去把握未来、创造未来，依靠年轻一辈文化知识水平的不断进步来带动年老一辈，从而推动整个社会核心文化体系不断完善。正如梁启超在《少年中国说》中所述："今日之责任，不在他人，而全在我少年。少年智则国智，少年富则国富，少年强则国强，少年独立则国独立，少年自由则国自由，少年进步则国进步……"思想政治教育文化认同的"后喻主体"是人类文化传承和社会延续的接班人，是未来国家文化事业建设的顶梁柱。青年人是祖国的未来，是民族文化树立于世界之林的根本所在。思想政治教育文化认同的"后喻主体"对于思想政治教育活动而言是具有发展性的关键主体。

二、思想政治教育文化认同机制中"三喻主体"的特征

从"三喻文化"角度来看，思想政治教育的文化认同活动作为一种文化传递过程，其文化传喻主体即"前喻主体""并喻主体""后喻主体"呈现出多维性、相对性、差异性、复杂性和发展性的特点。

1. 思想政治教育文化认同主体的多维性

从"三喻文化"视域看思想政治教育文化认同的主体最为突出的特点是多维性。这种多维性主要表现在以下两个方面。

第一，思想政治教育文化认同主体构成的多维性。思想政治教育文化认同的主体地位并非始终是一成不变的或者说与生俱来的，其决定因素在于掌握文化信息的多寡，即学识的差距。这意味着思想政治教育文化认同的教育者依靠自身信息高位的优势向信息低位者即思想政治教育文化认同的受教育者施加文化价值取向的影响。故而，在"三喻文化"交织的时代背景下，长辈、同辈、晚辈都可以占据信息高势位，思想政治教育文化认同的实践活动中"前喻""并喻""后喻"现象并存，三者皆可成为思想政治教育文化认同过程中的主体。换而言之，构成思想政治教育文化认同主体的，既有"前喻主体"，又有"并喻主体"，还有"后喻主体"。这三种主体在思想政治教育文化认同活动中的存在，使其文化的传递从传统的单一路向转变成三重路向，即长辈传喻晚辈的"前喻路向"、同辈传喻同辈的"并喻路向"以及晚辈传喻长辈的"后喻路向"，从而使思想政治教育文化传承模式得到了多样性的发展。思想政治教育文化认同的"前喻主体""并喻主体"和"后喻主体"构成的多维主体，使得文化传承形式灵活多样，文化互动关系生动活泼，增添了思想政治教育文化认同活动的生机活力。

第二，思想政治教育文化认同主体的多重性，即一人同时担任多个角色。从"三喻文化"的角度来看，思想政治教育的文化认同过程不仅体现为"多维主体"，而且体现为"主体多维"。"多维主体"如之前所说，指的是思想政治教育的文化认同过程具有"前喻""并喻"和"后喻"等多种不同的主体，而"主体多维"是指思想政治教育的文化认同过程中同一主体可以扮演多个角色，发挥不同思想政治教育文化认同主体的职能优势。思想政治教育文化认同的主体在参与思想政治教育文化认同活动的过程中，由于受复杂的社会关系和多层次的思想政治教育影响，可能担当多个思想政治教育关系的主体，成为"并喻主体""后喻主体"和"前喻主体"的集合，既能作为"并喻主体"在同辈之间相互学习、交流和沟通，形成思想政治教育文化认同活动中的平行互动关系；又能作为"后喻主体"，用广博而新颖的新兴文化知识对长辈加以启发；当然也能作为"前喻主体"，对晚辈进行文化价值取向的引导，使之认同符合社会所要求的价值观念。这种角色的多重性也从侧面反映了思想政治

教育文化认同机制的多维性。

2. 思想政治教育文化认同主体的相对性

思想政治教育文化认同主体所承担的职能只能是思想政治教育的文化认同活动的组织者、承担者和实施者，这是思想政治教育文化认同主体的绝对性的一面；思想政治教育文化认同主体所承担的多重角色，在一定程度上又体现了思想政治教育文化认同主体的相对性。这种相对性主要体现为教育主体地位随着角色的变化也相应地转变。在"三喻文化"视域中，思想政治教育文化认同主体的相对性显得尤为突出。思想政治教育文化认同主体的角色不断变化，地位相互转化。比如，长辈对晚辈履行组织、实施文化传喻的职能时，就成为思想政治教育文化认同的"前喻主体"，当他对晚辈无法履行组织、实施文化传喻的职能时，就会丧失思想政治教育文化认同主体的属性和主导地位，而当他被晚辈进行文化传喻时，就会倒转成为思想政治教育文化认同"后喻主体"的教育对象，即"前喻客体"。总之，长辈并非天生就是思想政治教育文化认同的"前喻主体"，关键得看他是否能够履行思想政治教育文化认同主体的职能。同理，思想政治教育文化认同的"后喻主体"，也不能依托其年龄、技术上的优势，自然而然地成为思想政治教育文化认同的主体。只有当他把自身优势应用在思想政治教育文化信息获取，并主动履行思想政治教育文化认同的职能，对长辈进行文化传喻时，才能成为思想政治教育文化认同的"后喻主体"，否则就只能始终是被"前喻主体"教育、引导的"后喻客体"。由此可见，不管是哪种形态的主体，其主体属性及地位并非是天生就有的。思想政治教育文化认同的"前喻主体""并喻主体""后喻主体"地位的确立取决于其履行思想政治教育文化认同主体职能的情况，具有一定的相对性。

3. 思想政治教育文化认同主体的差异性

思想政治教育文化认同的"前喻主体""并喻主体""后喻主体"尽管在不同的思想政治教育文化认同活动的关系中都充当"主体"一角，但三者在文化价值取向、思维方式、知识构成、经历经验、个性特点、成长环境等方面的不同，致使三者在思想政治教育文化认同的主体性及其发挥水平上存在差别。这一点也决定了思想政治教育文化认同的"前喻主体""并喻主体""后喻主体"所占据的信息高势位只能分别在不同的领域存在，他们所传递的思想政治教育文化信息也必然是根据自身优势而各有侧重，并非相同。"三喻文化"视域下的思想政治教育文化认同活动中每一类主体的文化知识水平、实践能力、思维方式、兴趣爱好、个性特点等方面的不同，会使得三类主体在开展思想政治教育文化认同的活动时所采取的教育方法、教育模式、教育目的不尽相同。一般而言，长辈在文化知识水平、实践、经验层面上更具比较优势，往往更擅长于对文化的传播和传承的教育；而同辈由于具有共同的阅历、情感和成长的大环境，在日常文化沟通、文化交流、竞争与互动方面的效果更好；青年一代因其思维活跃、猎奇心强烈、求知欲旺盛，对新事物、新信息、新动向和新兴文化特别敏感，且善于将眼光投向未来，故在文化的创新性和发展性等教育方面更具优势。总而言之，思想政治教育文化认同活动的内容多样性、教育模式灵活性以及文化信息的获取和运用方式不尽相同，思想政治教育文化认同的三种形态的主体形成差异，而恰恰是这三者之间的差别和优势，使得主体间的优势互补成为可能。

4. 思想政治教育文化认同主体的复杂性

高速发展的信息时代带来的是越发复杂的社会人际关系，在"三喻文化"视域下的思想政治教育文化认同活动中体现为思想政治教育文化认同主体之间的复杂性。由于不同时代、不同群体的人们对教育关系和代际关系作用的认识不同，"前喻主体""并喻主体""后喻主体"三者之间所发挥的关系、职能和作用也呈现出纷繁复杂的特点。总的来说，从"三喻文化"视域出发，通过三类主体来建构思想政治教育文化认同主体，既是对传统代际关系的打破和挑战，又是对传统代际关系的弥补与超越。比如，如果认为代际关系和教育关系二者风马牛不相及，对二者的相互交缠、相互影响没有一个正确的认识，便会造成代际沟壑，阻碍思想政治教育的文化认同主体的多维发展，致使晚辈对长辈的文化灌输产生反感，长辈质疑晚辈的文化接受传承的能力，代际间甚至同辈间缺乏有效的文化沟通、交流和分享，进而影响整体的文化认同效果。另外，为了因人制宜、因地制宜、因势利导、因时制宜而采取和重视某一形态的传喻方式，从而在认同活动的实践、方法上也体现出"三喻文化"视域下思想政治教育文化认同主体的复杂性。

5. 思想政治教育文化认同主体的发展性

无论是"后喻主体""同喻主体"，还是"前喻主体"，其实际担任者都是人。由于人的认识能力和实践水平不可能尽善尽美，其所充当的主体并非是与生俱来的"完美主体"，而是具有发展性的主体。"三喻文化"视域下的思想政治教育文化认同主体的发展性主要体现在时、空两方面。其一，空间发展性。思想政治教育文化认同的主体具有三重发展路向，不能简单地认为主体一定是在"前喻主体""并喻主体"或"后喻主体"中的某个单一发展领域中，而要认识到三者之间是可以进行优化组合及相互转换的，应该注重拓宽思想政治教育文化认同主体的多维发展空间。其二，时间发展性。思想政治教育文化认同的主体无论是哪种形态，皆是相对于个体生命的某一发展阶段而言的，都是身处于有限的生命和无限的文化信息教育发展的矛盾中的。庄子曰："吾生也有涯，而知也无涯。"尤其在当今所提倡的学习型社会，思想政治教育文化知识和信息的获取与运用是无止境的，这一点已被如今文化日新月异的时代所证实。思想政治教育文化认同的主体需要确立自身学习目标，不断获取新的文化知识，更新旧的文化体系，利用当今越发便利的学习手段充实自己，从而达到实现教育主体的文化传喻价值，履行思想政治教育文化认同的主体职能，巩固和发展自身教育主体地位，引导教育对象形成正确的文化价值取向，对各种文化"去其糟粕，取其精华"，培养我国优秀传统文化认同以及正确实现社会化过程这一根本目的。总之，思想政治教育文化认同的主体需要注重不断向书本学习，向现实学习，向长辈以及同辈学习，向教育对象学习，顺应当今文化发展潮流，把握文化发展脉搏，以培养符合社会主义核心价值观的文化认同为根本出发点，不断加强"三喻文化"视域下的思想政治教育文化认同的多维主体发展性。

三、思想政治教育文化认同机制中"三喻主体"的效能优化

马克思主义哲学的联系观和现代系统论认为，当部分以合理有序优化的结构构成整体时，整体功能大于部分功能之和。如前所述，在分析和考察"三喻文化"视域下的思想政治教育文化认同的主体含义和特征时，可以发现思想政治教育文化认同的"前喻主体""并喻主体"和"后喻主体"处于代际关系与教育关系的不同交集点上，各有优势和不足。其多维性、相对性、差异性、复杂性和发展性的特征决定了若是孤立地、片面地看待三类思想政治教育文化认同的主体，将其视作各不相关的三个部分，不将三者职能有效结合起来，则可能会使思想政治教育文化认同的多维主体的互补优势和整体效应难以发挥。故而，合理调适"前喻主体""并喻主体"和"后喻主体"的关系，充分发挥三类主体的互补优势，构建科学的思想政治教育文化认同机制和多维主体教育模式，可以有效地推动思想政治教育文化认同的多维主体效能优化。

1. 以尊重思想政治教育文化认同主体地位为基础

首先，要认识到思想政治教育文化认同的多维主体的效能优化是必须建立在尊重不同形态的思想政治教育文化认同的主体地位之上的。在"三喻文化"的背景之下，"前喻""并喻""后喻"的思想政治教育文化认同模式是客观存在的，不仅有传统权威式的"前喻主体"，而且有民主式的"并喻主体"、倒转式的"后喻主体"。从本质上说，承认思想政治教育文化认同的主体的多维性，实际正是对开放、平等、互动教育理念的坚持。其次，我们必须充分肯定思想政治教育文化认同的主体多维性的重要意义。如前所述，思想政治教育文化认同的"前喻"模式是目前思想政治教育文化认同活动的主要模式，"前喻主体"是思想政治教育文化认同主体的最一般形态，其重要性和意义是毋庸置疑的。但"并喻主体""后喻主体"的客观存在的意义随着时代的进步和发展越发重要，他们在思想政治教育文化认同的实践教育活动中有着"前喻主体"无法比拟的优势。不认可思想政治教育文化认同的"并喻主体""后喻主体"的重要意义，实质上是否认思想政治教育文化认同主体的多样性、差异性和互补性，这从根本上阻碍了思想政治教育文化认同的多维主体的效能优化。思想政治教育文化认同的"前喻主体""并喻主体"和"后喻主体"都具有内在规定性和现实合理性，都具有各自的优势和客观价值。因此，在思想政治教育文化认同的实践活动中，必须

承认思想政治教育文化认同的主体多维性，重视三类主体的差异性，进行合理的角色定位，充分发挥不同形态主体的优势和价值。只有如此，才能为思想政治教育文化认同机制中的主体效能优化奠定基础。

2. 全面提升思想政治教育文化认同主体自身能力水平

俗话说，"工欲善其事，必先利其器"，想要实现思想政治教育文化认同的多维主体效能优化，必须充分调动主体自身的主观能动性，引导其主动学习，全面提升自身文化素质水平。在信息社会中，随着科学技术的迅速发展，信息与知识的急剧增长，知识更新的周期缩短，文化创新的频率加快。这拓宽了人们的文化视域及活动空间，对人的素质的要求提高，人力资源的重要性增加，同时也造成了群体分割，而这种群体分割的标准是人们面对新兴文化和事物的态度和适应社会发展的能力。因此，不断学习和提升自身文化知识水平成为个人、组织以及社会的迫切需要。思想政治教育文化认同主体必须将不断学习作为生活和自我发展的第一要求，在夯实原有文化水平的同时，拥有更广阔的文化发展视域和空间，这不仅拓宽了自身的发展空间，同时为更好地发挥思想政治教育文化认同的主体优势提供了文化基础和现实平台。社会竞争的残酷现实一再证明了，故步自封的人往往因对学习不思进取或者浅尝辄止而逐渐变得鼠目寸光，他们无法与时俱进，慢慢被时代进步所抛弃，接触不到最新的文化知识，无法享受社会发展便利，难以参与社会和政治实践，生活在狭小的信息圈里，最终将丧失思想政治教育文化认同的主体地位或者根本无法成为思想政治教育文化认同的主体。大浪淘沙，不学习的人终将被现代学习型社会所淘汰。思想政治教育文化认同的"三喻主体"的效能不仅是指表面上的思想政治教育文化认同的活动过程，其本质在于通过思想政治教育文化认同的主体在文化认同实践活动中对教育对象进行文化传喻活动，从而达到教育对象认同社会主义核心价值观的培育作用，而优化思想政治教育文化认同多维主体效能的重要手段的关键在于文化认同的主体进行不断学习。春秋时期著名乐师师旷曾劝学晋平公："少而好学，如日出之阳；壮而好学，如日中之光；老而好学，如秉烛之明。秉烛之明，孰与昧行乎？"彼得·圣吉也指出："真正的学习会触及做人的意义这个核心问题。通过学习我们得以再造我们自身；通过学习我们开发自身能力，去做以前不能做的事；通过学习我们重新认识世界，重新认识我们与世界的关联；通过学习我们拓展我们的创新能力，使自己成为生命的成长和生发过程的一部分。"①他认为，"增强我们创新能力的学习"是学习型组织必不可少的，即"生成性学习"。只有注重增强持续开发创新能力的"生成性学习"，才能最大程度地优化思想政治教育文化认同机制中的主体效能。

---

① 彼得·圣吉. 第五项修炼学习型组织的艺术与实践[M]. 北京：中信出版社，2009.

3. 畅通思想政治教育文化认同主体角色职能互换路径

从本质上来说，思想政治教育文化认同的活动是特定的教育主体通过有意识的文化认同培育手段，将文化价值观念传喻教育客体，并使其内化的过程。由此可见，思想政治教育文化认同的主客体关系始终是相对于思想政治教育文化认同活动而言的，不同的角色、地位、职能都是根据彼此之间的教育关系变化而变化的。从"三喻文化"视域出发，我们可知思想政治教育文化认同主体的多维性、相对性以及复杂性决定了教育主体并非一成不变的。换而言之，由于思想政治教育文化认同中的关系是不断变化发展的，处于思想政治教育文化认同活动关系中的主体和客体的角色、地位和职能也是不断轮换和变化的。具体来说，在某一思想政治教育文化认同活动关系中作为教育主体的个体，可能在另外的关系中被视为教育对象。或者说，在此种关系中他为"并喻主体"，在彼种关系中则为"前喻主体"或"后喻主体"。此外，由于"三喻主体"的复杂性，主体间存在相互联系和角色的相互转换，这主要体现在两个方面。首先，就主体本身来说，不同的思想政治教育文化传喻模式和情景以及实践教育方式、方法赋予教育主体不同形态主体的体验和感受，教育主体通过对承担不同角色的经验、所取得的成效进行消化、总结和反思，不断完善和发展不同形态主体的职能，从而使自身得以在不同形态主体中顺利转换和流动。其次，在思想政治教育文化交往活动中还应注重推动思想政治教育文化认同的"前喻主体""并喻主体"和"后喻主体"之间的交流、沟通，使其相互启发、携手并进。尤其是在特定条件下三者角色的互换流转，必须保证思想政治教育文化认同的多形态主体之间转换路径的畅通。在思想政治教育文化认同的主体角色的转换和流动中，要提升思想政治教育文化认同的多维主体的教育体验，开发和合理利用思想政治教育文化认同的多维主体资源，全面提高思想政治教育文化认同主体的自身能力水平。只有这样，才能实现思想政治教育文化认同机制中"三喻主体"的效能优化。

4. 注重思想政治教育文化认同主体的整体效应

在"三喻文化"交织的背景下，思想政治教育文化认同的"前喻主体""并喻主体""后喻主体"都有各自的优势和差别。那么，要实现思想政治教育文化认同的多维主体的效能优化，就必须对不同形态主体进行协调整合，使思想政治教育文化认同的多维主体之间进行优势互补，注重教育主体整体效应。由前述的思想政治教育文化认同的"三喻主体"的含义和特征分析内容可知，三类教育主体都有其自身的擅长领域和优点。例如，在传播优秀传统文化、总结历史经验、弘扬中华优良传统，对党的路线方针政策和"红色文化"进行宣传、贯彻时，应着重利用思想政治教育文化认同"前喻主体"的优势，以保持思想政治教育文化传喻内容的准确度、权威性和传承性，确保引导教育对象尤其是青少年的价值观念取向朝着社会和国家所需要的方向发展。而在同辈教育活动中，如在表彰大会、工作讨论小组、党支部大会中，优秀的同侪效应所展现出的榜样模范和激励作用比传统的单方面的灌输传喻模式更为有效。因此，在需要培养团队文化、竞争文化、奉献精神和榜样作用的教育情景下，"并喻主体"能够充分发挥其比较优势。又如，如今传统的教育模式和教育手段在信息现代化时代受到了严峻考验，年老一代对于新文化、新事物的学习、适应和创新能力要明显弱于年轻一代。现代思想政治教育的文化认同活动的重要任务之一就是培育教育对象尤其是青少年对创新文化的认同，促进传统思想教育主体守旧观念的革新，因此，只有注重发挥"后喻主体"的传喻优势才能促进民族创新力后来居上，为我国在世界文化软实力竞争中博得一席之地。思想政治教育的文化认同活动只有根据特殊教育内容和模式的需要，选择最佳形态的主体，协调整合思想政治教育文化认同活动中多维主体间的整体效应，克服传统单一主体的不足和缺陷，才能使思想政治教育文化认同的主体形成合力，实现思想政治教育文化认同机制中"三喻主体"的效能优化。

第十章

思想政治教育系统性文化认同机制的建构

当今世界，各种思想之间的交融、交锋更加频繁，社会思想意识更加多元多样多变。在传统思想政治教育模式与日趋复杂的社会舆论生态与网络信息环境的碰撞中，思想政治教育实效性受到前所未有的挑战。面对各种思潮和复杂的社会现象，如何运用马克思主义的立场观点方法说服学生、帮助学生解释疑惑，需要思想政治教育更有说服力、生命力与感染力。中国是一个文化积淀深厚的国家，中华优秀文化是思想政治教育的重要构成。一方面，中华优秀文化中蕴含着丰富的思想政治教育资源，思想政治教育彰显着优秀文化对伦理、价值、命运等的诉求；另一方面，思想政治教育的合法性离不开中华优秀文化的要素论证，任何行动的合法性都需要依托特定的文化才具有意义。而从文化传承角度考察，人性的文化和文化的人性即富有生命力的中华优秀文化，是在主体之间传导并产生作用的，在人的"意识"或"无意识"当中都含有精神文化的沉淀。因此，立足于中华优秀文化，探究思想政治教育的文化认同机制，能提高思想政治教育效能、增强思想政治教育实效性。

文化既是思想政治教育的土壤与养分，又是方法与途径。哲学解释学认为理解和解释从来不是对先行给定的东西所做的无前提的把握，其在本质上是通过"前理解结构"来起作用的。实际上，前理解就是一种先行判断，是传统赋予的文化习惯、观念和概念系统对对象预有的假定。在思想政治教育语境中，文化属于教育者与受教育者共有的"前理解结构"。即天地人的文化格局、阴阳和合中道行直的文化精神、仁义礼智信的文化准则、万物并育而不相害的文化信念等，以及由此形成的包括优秀传统文化、革命文化与社会主义文化在内的中华优秀文化早已植根于人们的血脉之中。通过对中华优秀文化的认同使教育者与受教育者之间产生思想认同，有助于激发思想政治教育主体的积极性、主动性与创造性。基于此，对思想政治教育认同机制的探究需从"前理解结构"即文化出发。

认同是一个综合论题。从哲学的角度看，"认同"是所有人必然会遇到的问题，其本质是对自我根源与自我身份的不断探究，即"我是谁""我从哪里来""我会到哪里去"。从社会学角度看，"认同"包含以个体的身份感和体验为主要内容的自我认同，以及以国家认同为主要内容的社会认同，即"我是谁"和"我们是谁"。从心理学角度看，"认同"是态度理论中"服从"到"内化"的中间环节。相较于服从，认同是更加持续的认可；相较于内化，认同对于所认同的价值内容会随着时间发生变化。因此，认同最具有可塑性。

认同发生在关系之中。作为一种过程关系，"认同"是认知的一种，存在一个感知的过程，即主体与客体间双向互动的过程。认同不能等同于认知。主体只有在一定认知的基础上赞同并接受客体，才能实现对客体的认同。从这个意义上说，认同不仅包含认知，还有信任。

思想政治教育的文化认同机制，是以提高思想政治教育实效为目的，中华优秀文化资源渗入并促进整个认同过程实现的机制。从其功能结构和作为一种过程关系来考察，文化认同机制可以表述为：以正视认同主体所嵌入的文化结构与场域的状态和变化规律为前提，协调各部分之间的关系以更好地发挥作用。"认同"概念的综合性以及"机制"所表征的系统性，都要求从整体上来把握文化认同机制。从这个意义上说，在思想政治教育语境下，基于效能提高的文化认同机制应该是一个与所处环境不断互动的系统。思想政治教育的本质目的是培养主流意识形态的认同者，与思想政治教育接受者自我概念意义上的"认同"探究需求具有天然契合点。当思想政治教育的目的与接受者的认同需求发生契合，思想政治教育的场域系统便应运而生。契合点使系统得以产生和存在，也因此，当接受者的认同需求得以满足或思想政治教育目标得以实现时，系统则会出现松弛以至消失。

由实际教育活动过程可知，思想政治教育场域系统包含的主要元素有：思想政治教育施动者、思想政治教育接受者、中华优秀文化、思想政治教育内容以及环境。其中，环境既包括思想政治教育主体视野范围内能观察到的、能进入意识层面并对行为产生实际影响的环境，也包括暂时未被察觉但实际存在的环境。五个元素彼此联系，构成思想政治教育场域系统的基本结构；以中华优秀文化为燃料，使思想政治教育双主体（思想政治教育施动者和思想政治教育接受者）在共享语境中达到视界融合，从而实现对思想政治教育内容的认同；五个元素持续不断地互动，构成系统发展的动力。

第一节 共享语境是思想政治教育文化认同机制的原点

人必定存在于一个文化之中。人思考任何问题所要利用的语言、观念及思考的方式都受到大文化体系的影响。海德格尔认为，人的此在，具有两种结构：可能性与事实性。可能性表示，人的认知和理解是发展、变化的，因此可主观选择改变，比如采取什么态度是可以被自我选择的；而事实性，是指我们身处的大环境在我存在之前就已经存在，其历史与发展是自我无法任意选择的，它决定了人的前理解结构，或者说来自大文化背景赋予的语境。这样的内含有理解前结构的语境，包括文化习惯、观念和概念系统、对对象预有的假定。

一、共享语境构筑文化认同的信任基础

思想政治教育的施动者与接受者都来自大文化背景赋予的语境，"共享语境"就是施动者与接受者各自的社会、民族、政治背景以及经验和知识基础的共同之处。根据考察目标的不同，共享语境可分为社会语境、认知语境等。在复杂的环境中，共享语境在一定程度上培育了信任，这种信任能促进观念的流动和扩散，从而提高沟通效率，是视界融合的基础。发现和营造共享语境在一定程度上能成为提高思想政治教育效率的助力器。

在思想政治教育环境中，角色理论为我们分析共享语境塑造对信任的提高提供一种观察视角。角色理论从戏剧视角着眼于人们交往中"印象"的产生与变化，偏重于对交往中"未经留意或不太好控制"的那类行为的观察。

首先是"情景定义"，指表演参与者对所处"在场"的条件、状况在意识层面的投射，其中还包括态度意识。这里的条件、状况，既可以是客观存在的对象，也可以是不客观的、不存在的对象，重要的是人赋予它的意义。因为人在行动时，总是根据他对外界的解释和意义而采取行动。所以尽管"在场"的参与者对认识对象的认识，可能是不客观、不存在的，但只要参与者赋予它某种意义，行动就会产生客观的效果，且根据表演者个体经验与认识水平的不同而具有特殊性。因此，角色理论认为，人们在社会互动中要相互识别对方、预期对方的反应，就需要相互了解对方的独特的情景定义。思想政治教育活动中共享语境的营造，就是从思想政治教育施动者与接受者相互识别、相互了解对方独特的情景定义开始的。思想政治教育施动者要了解接受者已有的个体体验和思想预备，也要让接受者了解思想政治教育活动的合理性与必要性，尤其是与接受者切身相关的重要性。任何刻意

的营造都是脆弱的，所以思想政治教育活动的共享语境，只有建立在施动者与接受者双方相互识别、了解，达成一定信任与共识的基础上，才能抵御干扰因素的破坏。另外，情景定义不仅是个体对"在场"的投射，还可用于标记群体对"在场"的认知投射。思想政治教育活动包含个体与个体、个体与群体、群体与群体的互动活动。个体具有情景定义，群体也具有情景定义。群体的情景定义即一个体情景定义的集合，也是群体态度意识的投射，相较于个体的情景定义，多了一些群体内部张力带来的特殊群体特征。根据群体组织形式的不同，群体的情景定义可以是正式的结构化，也可以是非正式的结构化。所以，思想政治教育活动的共享语境需要思想政治教育施动者因时、因地、因组织形式，准确辨别情景定义的特点，灵活展开思想政治教育共享语境的营造活动。

其次是"表演"，指特定的参与者在特定的场合，以任何方式影响其他任何参与者的所有活动。角色理论中的"表演"类似于马克思哲学语境中的"实践"，属于人在社会交往中产生的活动，但只是实践的一个方面，强调在特定场合中有意识地呈现在外的行为活动。当观众看到表演者表现出与表演内容相反的行为、观点时，观众将不信任表演，或是信任打折扣，于是表演失败。而成功的表演要求表演者成功营造"在场"，也就是本书所说的共享语境，并且不能做出与所塑造的共享语境相反的言行，否则会引起相反的结果，比没有共享语境的情况更糟。在思想政治教育活动中，思想政治教育施动者是马克思主义理论、观点、方法以及立场的传播人，是马克思主义中国化、时代化和大众化的实践者。在这个过程中，施动者不仅向接受者介绍马克思主义的科学理论知识，还为接受者描绘出中国社会运转模式。所以，思想政治教育施动者是营造共享语境活动里"表演"的关键，也就是思想政治教育活动顺利进行的主要推动者。根据角色理论，表演者需要相信自己的表演，重视"观众"的信任，最重要的是充分发挥自我控制，呈现理想化印象。换言之，这就要求思想政治教育施动者满足三个条件。

第一，思想政治教育施动者必须真懂真信真用马克思主义理论、观点和方法，对思想政治教育内容要自信。

第二，思想政治教育活动，也是一场面向思想政治教育内容的表达活动，表达主要依靠语言符号，但更多的表达内容在非语言符号的东西里，所以思想政治教育施动者要主动调动各种因素营造思想政治教育活动的共享语境，重视接受者的接受感受，既要有声表达，也要无声渗透。

第三，思想政治教育施动者也是具有个性与社会性的综合个体，也会出现个性与社会性相对抗的情况，但是如若施动者在思想政治教育活动的场域内外，做出曲解中国甚至污化中国的表达，那么，思想政治教育活动则必定是失败的。

最后，前台与后台的概念也是角色理论中的一个重点。"前台"是个体在表演期间有意无意地使用的标准类型的表演，包括舞台设置、理想化呈现等。在思想政治教育活动中，借鉴"前台"的概念作为标记，能有助于辨别，对共享语境的营造具有积极的促进作用。

第一，存在"舞台设置"，包括装饰、摆设以及其他一些为思想政治教育活动提供布景和道具的背景项目。一般来说，舞台设置是固定的，思想政治教育活动只有已经进入恰当的情景场合才能开始，离开后必须结束。但在另外一种情况，舞台设置会随着思想政治教育主体一起移动。在红色景区游学、主流意识形态文化建设以及思想政治工作中常见到此种情况。在考虑思想政治教育活动的舞台诸方面时，我们以往想到的都是在特定场所和能完全投入进行思想政治教育活动的施动者。在社会多元化的发展中，我们发现，仅使用特定的场合进行思想政治教育活动取得的实效不够，因此，将新旧多种元素有效糅合起来搭建思想政治教育舞台，变得越来越重要。

第二，通过思想政治教育活动的前台，思想政治教育施动者会希望呈现理想化的情景，使思想政治教育活动具有取得理想化结果的趋势。而理想化结果不仅包含了思想政治教育施动者完美的输出，还包括思想政治教育内容作为现实被思想政治教育接受者所接受，此刻被接受为现实的东西总是符合思想政治教育接受者某种特定的社会特征的。换言之，当施动者将思想政治教育活动内容以呈现在接受者面前的方式表达出来时，施动者的行为活动将会体现和例证社会公认的准则或期许，只有满足这一条件，表达的内容才能作为现实被接受者承认。可见，思想政治教育活动中施动者的言行在事实上的意义超出了整个行为本身。

第三，思想政治教育施动者与接受者在交流互动中，个体角色会出现冲突转换。比如，这一刻是施动者，下一刻可能是接受者，此处的接受者，可能在彼处就成了施动者，甚至同一个共享语境中，施动者与接受者的角色也可能同时存在于一个个体中。于是以前台概念作为理论工具，从微观视角考察并梳理角色变化，分清对思想政治教育共享语境营造具有积极意义的促进因素尤为重要。

思想政治教育活动的交往实现，关键依靠语言符号，但人类之间的沟通更多还需要通过非语言符号来实现，语言符号与非语言符号复杂地交织在一起，随着时间、地点、环境、文化背景和个人经历的不同传达或产生的信息又千变万化，而对这种形象的不同理解又将引起种种不同的反应。因此，要通过对共享语境中各个要素的管理，增加信任，促进内容交流。

二、共享语境承载文化认同的有效内容

应该将思想政治教育与一些大的文化体系放在一起加以理解。这些先于思想政治教育出现的文化体系，在日后既孕育了思想政治教育活动，同时也变成了思想政治教育形成的背景。这些文化要素是思想政治教育施动者与接受者最重要的前理解结构来源，也是施动

者与接受者之间最大的共享语境。因此，文化因素是联结施动者与接受者的同一性链接，从而也是营造思想政治教育共享语境的土壤。文化因素所带来的同一性，不仅表现在部分认知与习惯的相似，还体现为部分核心价值与理论追求的相通。所以，共享语境里涉及的文化要素，既能使思想政治教育施动者与接受者找到更多的共同背景，还能使马克思主义的理论、观点、方法与大的文化体系相通，继而与思想政治教育施动者和接受者双方相连，实现共享语境承载文化认同的有效内容。

思想政治教育接受者都具有各自的历史性视域，无法主观选择的大环境因素与可选择的影响认知的因素，合力形成了思想政治教育接受者的理解结构。当思想政治教育接受者进入思想政治教育的活动场域，需要马克思主义的理论、观点、方法对他们周遭可见到的感触的世界进行解释和说明时，新的方法工具又必然与思想政治教育接受者包含有旧方法工具的理解结构相碰撞。人认识世界、进行文化实践的过程也是个人文化形成的过程。宏观文化对个人文化的形成在价值取向、思维习惯等方面具有无声影响，个人文化对宏观文化的传递与塑造又有实践主体性的意义。所以思想政治教育活动场域就是个人文化在传递与塑造宏观文化的中间环节，它通过人为干预引导个人文化的发展方向，以推进整个宏观文化的健康发展。发展的过程，就是新旧矛盾相对抗、新矛盾代替旧矛盾的过程。思想政治教育接受者原有的部分旧认识就会被新的先进的认识所替代，这个替代的过程就是新旧认识相碰撞的过程。所以，思想政治教育活动主要是澄清、解释、辨析的活动。

另外，思想政治教育活动要达到效果，被接受者所理解、信服，就意味着接受者理解结构中的前理解在起作用。前理解就是理解活动的必要前提和条件。海德格尔认为，前理解包含前有、前见和前把握三个结构。前有，就是主体所处大文化体系中客观存在的社会生活方式、文化习惯等背景，在理解活动之前就会把已有的、已经外在于人存在的理解的东西植入其中；前见，就是理解主体已经有的认识、对概念的把握，以及随之产生的一种先行的立场或者视角；前把握，就是指理解活动之前已有的预先假设或者说概念框架，思维模式。伽达默尔认为理解活动虽然开始于前结构，但是会随着主体的认识发生变化，原有的前把握会被更合适的前把握所替代。思想政治教育接受者对思想政治教育内容的理解活动也是在接受者的前理解中完成解释、更新和理解的，也因此，通过对思想政治教育接受者前理解的把握，可以增进有关思想政治教育活动内容的理解与解释效率，这也是塑造共享语境的价值意义所在。

中华优秀文化就是把握"前理解"的最佳链接。"前理解"的形成过程受到所处大文化体系的制约，中华优秀文化作为大文化体系中核心的优秀部分也必然在其中发生作用。人们对现在社会的体验，大多来自对过去的了解。比如一个人在阅读报纸、收看新闻或者观看电影的时候，会把了解对象归入一种特定风格，对于在这些文字或画面里出现的，具有文化意义的约定俗成或者隐喻的文化符号，只有了解者将该文化符号视为整个社会文化符号串的一部分，才能读懂和接受到作者想要传达的信息。所处文化对人认识社会其他事物也是如此发生作用的，人所处的大文化体系通过文化载体影响人的知觉与认知，参与塑造人对自己的认识、对社会的认识以及对世界的认识。当中优秀的文化被人们一代接一代继承、传递下来，是相对恒定的文化符号，在人的理解结构中具有普遍性的共性，所以，以中华优秀文化为土壤来塑造思想政治教育的共享语境是十分恰当的。

文化不仅是思想政治教育施动者与接受者的前理解的重要组成部分，还参与了对马克思主义的理解，使得传统思维方式和价值观念不可避免地渗入在马克思主义中国化的理论建构中。所以传统文化的制约与变革、融合交织在一起，成为马克思主义中国化的重要环节。文化，尤其是传统文化，作为基本国情的重要组成部分影响了马克思主义中国化的进程。在不同的历史阶段，马克思主义与中国传统文化有不同的融合方式。五四时期，马克思主义与中国传统文化开始初始对话，当时在思想领域占主导地位的是传统儒学，马克思主义的传入，从根本上解构了儒学的统治地位，中国传统文化开始进行现代化转型。中国共产党成立后，马克思主义的内容从中国传统文化中找到了中国化的形式与话语支撑，以一种人民群众喜闻乐见的方式广为传播，被人民所接受。改革开放之后，马克思主义与中国传统文化的融合开辟了中国特色社会主义的道路，不断创造着中国奇迹。到中国特色社会主义进入新时代，马克思主义与中国传统文化又步入创造性转换、创新性发展融合的新阶段。

文化是共享语境的重要理论基础与思想要素，但共享语境对文化的吸收与借鉴也绝不是不加辨析的。思想政治教育活动需要通过文化来促使思想政治教育接受者理解和接受马克思主义理论、观点、方法，而传统文化在其中有着正负两方面的作用，所以需要思想政治教育施动者在共享语境的塑造中，以理解马克思主义为前提，让两种思想文化观点相互启发和彼此推进。一方面，马克思主义与中华优秀文化相结合，既有两种思想文化某些地方相似的文化根源，又有便于传播以获得普遍认同感的需要。马克思主义与中华优秀文化中传统文化的精华具有内在的契合性。比如，与唯物论的契合，中国传统文化中道家就承认了世界的物质性，并且认为自然存在的客观规律是不以人的意志为转移的；与辩证法的契合，中国传统文化中富含辩证法的思想，如老子强调的"反者道之动""有无相生，难易相成"，韩非子的"自相矛盾"，"大同社会"与共产主义社会的相似之处在于，它们都含有建设没有剥削和压迫、人人平等的理想社会的追求，等等。另一方面，中华优秀文化与马克思主义是两种不同形态的思想，具有时代性差异。马克思主义中国化的过程其实也是中华优秀文化变革的过程，需要将文化中有正面作用的意义加以发展，其具有负面导向作用的内容需加以批判和说明。中华优秀文化源远流长，连续发展了五千余年，富含中国不同历史时期的社会价值追求以及这些社会价值与个人之间关系的思想智慧。其中，有些思想智慧在当时的社会历史条件下是具有进步意义的，可是放到现在来看就不一定还同样先进，有些传统文化还往往同时具有正负两种作用。因此，在新时代就更需要马克思主义对其进行创造性改造、创新性发展，这也是思想政治教育的共享语境需要有的责任自觉。

同时，中国特色社会主义理论是马克思主义中国化的优秀理论成果，其与传统文化不是割裂的，而是连接的。也就是说，思想政治教育活动中的共享语境吸纳、总结和继承中华优秀文化是题中之义，共享语境是通过达到对文化的认同来实现对马克思主义与中国特色社会主义的认同的。

三、共享语境催生文化认同的定向移动

共享语境本身就是背景环境的综合，也是阐释和传递思想政治教育内容的合适平台。共享语境是可被发现、激发并调节的，因此通过调节共享语境来调整五个元素（思想政治教育施动者、思想政治教育接受者、中华优秀文化、思想政治教育内容以及环境）之间的关系是可取路径。中华优秀文化包含深度激发共享语境的资源，思想政治教育施动者和接受者需要在共享语境中完成知识的有效传递从而实现认同。

然而，并非成功塑造了共享语境就代表实现了认同。从结构与功能视角来说，不同层次的认同都存在共享语境。随着认同程度的逐渐提高，共享语境的层次也越来越深，范围也在逐步扩大。认同只是在信任基础上多了一些感情倾向。当参与者对某认识对象有着相同的认同时，这些参与者在这一认识对象上就达成了共识；若认同还在逐步加深，甚至能以此为中心形成交往的纽带，就有利于进一步扩大范围、加强交流，使意见一致。于是，认同的范围从相同的认识对象，到相同的认识经验、相同的理解，再深化到相同的理解方式，以及立场一致的价值判断。基于此，思想政治教育活动中的共享语境，就需要从积极挖掘思想政治教育施动者与接受者双方共同拥有的认同点着手，以此为纽带，进而扩大共享语境，加深认同，最后实现对目标的认同。

但是，共享语境的加深扩大不能代表认同程度的提高，因为认同表达的是赞同接受的态度，而共享语境只是表征所处背景环境的结构功能意义，并不包含态度内容。比如，在共享语境中，参与者都会根据各自对该"在场"的主、客观投射做出相应的行为，若参与者中出现对共享语境内容并不认同甚至更糟糕的态度，在都没有合适理由或不能主动破坏共享语境的情况下，就会隐藏自己的真实意见，而配合其他参与者继续维持共享语境；如若共享语境中的所有参与者都出现个人意见与实际行为相对抗，但又都选择继续维持共享语境的持续存在，则是"共谋"。显而易见，在这两种情况中，无论共享语境的范围多广、语言交流多深、持续时间多长，都不能成功促使这些隐藏自己意见的参与者达到对目标的认同，甚至还可能将反抗意见扩散形成消极后果，那么此时的共享语境反倒成了真实问题的遮羞布。

在实际情况中，经常是以上两类情形的复杂混合。共享语境的部分参与者在加深、扩大共享语境的同时，加深了对共享语境认同目标的认同，而还有小部分参与者因为多种原因成了共享语境中的不协调角色。另外，不必要的破坏共享语境的因素出现，如信息错误、信息干扰、信息解释失败、信息传达失效等，也会使参与者成为不协调角色。

任何共享语境营造起来后，都有一个目标，那就是维持其共享语境所建立的情景定义。要达到这个目标，总需要对一些事实加以渲染，而对另一些事实加以淡化。通常总存在着一些会使共享语境所造成的影响发生动摇、崩溃和失效的事实，这些事实提供了"破坏性信息"，也就是共享语境的不协调因素。因此，共享语境的一个基本问题也就是信息控制，对被限定的情景具有破坏性的信息要及时应对和处理。有的"破坏性信息"是传播过程造成的，有的则是信息本身就是错误的。换言之，对共享语境的营造与维持，必须处理好信息控制，只有这样才能催生对文化认同的定向移动。

从信息控制的角度对思想政治教育活动共享语境的干扰因素进行分析，可从信息源、信息传播过程、信息接收受众三个方面予以讨论：其一，信息源。随着信息化在广度、深度方面的不断发展，尤其是移动互联网的普及，思想政治教育接受者可接触到的信息范围几乎无法预计也无法控制。网络逐渐成为意识形态斗争的主战场。一些敌对势力利用网络技术优势，通过网络渗透、造谣生事等手段，攻击马克思主义主流意识形态，妄图从思想源头上彻底颠覆中国特色社会主义道路、制度、理论与文化。另外，在学术话语领域，一些诞生自西方特殊历史实践、特有社会背景的理论方法观点，在西方国家也许是具有普遍性和解释力的，但是不加批判辨析地移植到我国就不一定适合我国国情和社会发展，而且在一些学术包装的表述之下是更隐蔽的意识形态理论陷阱。这样一些亟待澄清的思想内容，都可能成为共享语境干扰因素的信息源头。其二，信息传播过程。思想政治教育活动共享语境中的信息传播过程，主要是指思想政治教育主体之间的互动传播。在思想政治教育中，施动者对马克思主义的立场、观点、方法掌握不到位，传递错误内容或者对意识形态领域的现象问题澄清不足、说服不力，使接受者难以信服；甚至施动者在思想上都滑向了共同理想的反面，这都是信息传播过程中的失败，是营造和维护共享语境极大的干扰因素。其三，信息接收受众。对思想政治教育活动的信息接收受众的讨论，强调的是受众群体，也就是思想政治教育接受者与接受者之间的理解活动与信息传递活动。思想政治教育活动中接受者与接受者是相同的角色，接受者之间因为相同的理解内容、相似的理解过程以及相近的理解节奏，容易产生接受者共享语境。在接受者之间的共享语境当中，传递错误思想或者发展与上一级思想政治教育活动共享语境相左的观念，对于旨在实现认同的共享语境营造来说都是不协调因素。

在信息控制结果的一端，也有更多表明共享语境失败的标志：缺少或没有群体团结感，没有固定或变化的个人认同感，缺乏对群体符号的尊重，没有升腾的情感能量，或者说丝毫不受情景定义影响的平淡感觉，或更糟糕的是有冗长、乏味与拘谨的感觉，甚至是失望、互动疲乏，有想逃离的愿望。这些都暗示了情景定义是如何一步步从轻微的标记丧失到强烈的情景背离，而走向最终破产的。共享语境出现问题后，会表现为失败的、空洞的和强迫的情景定义。思想政治教育活动中，对在生活、学习、工作场景里的思想政治教育施动者之间、思想政治教育接受者之间、思想政治教育活动场域内主体与场域外个体之间互动的深刻理解，是成功营造共享语境的现实基础之一，它有利于尽力创造有意义的会话际遇，建立成功的情景定义，避免思想政治教育活动情景定义失败，成为空洞的、脱离思想政治教育接受者生活联想与文化意义的情景定义，让更多的思想政治教育活动促进个体参与的积极性和热情，增强群体团结和对共享语境所传递内容的认同。

因此，若对传统文化挖掘的价值取向不当，不符合社会主义核心价值观或不能回应社会发展中的问题，所激发的共享语境就不能助力思想政治教育效力；同样地，若思想政治教育施动者不能客观看待个体差异，没能深入认识马克思主义理论观点方法或没能敏锐找到接受者疑惑不解甚至存在误解的问题，共享语境就无法助力认同的实现过程。

第二节　视界融合是思想政治教育文化认同机制的核心

我们学习到的知识都来源于经验感受。按照时间顺序，经验似乎总是先于知识出现。比如，被观察对象通过刺激我们的感官，使我们意识到由被观察对象引起的表象，然后运用认知能力对这些表象进行比较、分类，那些表象在经过原始的加工之后，就成为经验的对象知识。可是，规律本身就是先于我们的认识活动存在的，因此，时间顺序并不能直接用来作为逻辑顺序。比如，一个知识对应在现实中，往往具有多个表象，从不同表象得到的经验很可能不同，如若将时间先后顺序当作逻辑顺序，那么这些不同经验分别对应不同的知识也是合理的，这将造成认识活动的失误，使人无法正确认识事物而产生认识幻象。于是，本来存在的是一个知识，经过认知加工，就在认识里面变出了多个不同的知识。显然，这样的认识活动不是实事求是的，也没能真正做到一切从实际出发。所以，时间顺序不代表知识的逻辑顺序。在人的认识活动中，从表象到经验再到知识，或者是借助已有知识来认识表象形成经验，都需要人的认知能力在其中对信息进行加工。而表象成为经验的中间加工活动，又是人固有的认知在发生作用，并且将固有的认知添入了对信息的加工结果里。如何促使我们将把握对象的经验更贴近对象的知识本身，也就是如何区分我们固有的认识与认识对象本身，并通过固有认识帮助认识对象本身，这是通过训练可以获得的，这也是教育活动的合理性与必要性所在。康德认为，这种在人的认识活动中对信息加工处理发生作用的固有认知被称为先验，这种认知活动的结果被称为经验。伽达默尔认为，这种固有认识既可以是先验的，也可以是经验的。它被认为是人历史视域中的前理解结构，而这种认知活动得到的经验结果，则被认为是认知主体与认识对象的视界融合。

与本章第一节中有关文化影响人认知活动的讨论不同，这一节主要分析思想政治教育活动中的视界融合是如何影响思想政治教育接受者实现认同的。在此之前，对视界融合的必要条件进行阐述也是必要的。

视界融合是解释学（又作"阐释学"）里的重要概念，其理论假设的前提在于人的视界不是封闭的，而是开放的，并且是一个不断形成的过程。所以，解释者解释认识对象的过程，就是解释者对认识对象的已有视界与该认识对象在历史上已有的视界相接触，进而丰富、拓展解释者认识视界的运动过程。人认识、解释、理解认识对象的过程。就是视界融合的过程。认识对象包括具体与抽象、人与物、理论与实践，以及过去、现在与将来等，所有一切存在与反思存在都可以是认识的对象。也就是说，视界融合是开放的、持续的认识运动，两种及两种以上的视界是实现融合的前提条件，它既可以是人与物化载体的视界融合，也可以是人与人的视界融合。

思想政治教育活动中的视界融合包含思想政治教育接受者与思想政治教育内容之间的视界融合，以及思想政治教育施动者与接受者之间的视界融合。其目标在于，通过推动马克思主义的视界与思想政治教育接受者的视界相融合，达到对社会主流思想与政治共同理想的认同，同时促进思想政治教育接受者成为合格的社会主义建设者与接班人，在社会中实现个人发展更大的自由。

一、视界融合延展文化认同的作用范围

共享语境是视界融合的基础，视界融合从理解结构的角度加深稳固了共享语境，成为思想政治教育活动中文化认同机制的核心。视界融合即认识者的视界与认识对象已有的历史视界的融合。理解是一个运动的过程，视界融合的过程也就是认识者理解认识对象的过程。在理解的基础上，视界融合继续丰富和发展，才有可能内化为认同。也就是说，视界融合是为了实现理解，理解又是认同的前提。思想政治教育活动本质上属于人认识自身存在方式的理解活动。理解，是以人为主体的，对理解对象实现的一种先存在于主体自身的自我理解，人进行理解社会、历史以及文化现象的活动，归根结底是为了更好地理解自身。任何理解和解释都依赖于理解者和解释者的前理解，或者说已有视界。把某某东西作为某某东西加以解释，这在本质上是通过前有、前见、前把握来起作用的。解释从来就不是对某个先行给定的东西所做的无前提的把握。

思想政治教育活动中的理解活动，就是由思想政治教育施动者在共享语境中向接受者

传递思想政治教育内容，然后接受者依凭自己已有的知识、经验、认知结构对思想政治教育内容进行加工、消化，加以判断，最后形成自己的经验从而实现理解的过程。因此，思想政治教育接受者对思想政治教育内容的理解活动，也并不是没有前提的、单纯的传递与接受。更进一步而言，若对思想政治教育的目标、原则、内容不理解，那么对思想政治教育的认同也无从谈起。

在思维意识层面，"视界"是指我们活动于其中并且与我们一起活动的东西。"视界"可被扩展也可以开辟新领域。思想政治教育接受者的"前理解"，作为思维意识中一种既已存在的相互关系，为其历史意识提供了特殊的"视界"，影响着接受者看待问题的出发点。同样，思想政治教育本身也有自己的历史性"视界"，标示着其思想的有限规定性以及扩展的范围。思想政治教育学科中的对象、范畴、边界以及观察视角有区别于其他学科的。如果说不同的学科代表不同的观察角度，那么思想政治教育的观察角度就是其解释世界的观点和方法，而思想政治教育内容作为其观察世界、解释世界的经验总结，就标识了思想政治教育自身的历史性"视界"。

"视界融合"就是思想政治教育接受者了解了思想政治教育内涵的"视界"后，将自己的"视界"与思想政治教育的"视界"共同形成一个内在运动的更大更新的"视界"。这个"视界"超出既定界限而包含着接受者"自我意识"的历史深度，并能够观照到"自己的现在"，于是形成一个新与旧的对话，从而产生新的意义。思想政治教育接受者理解思想政治教育内容的过程，就是其新、旧视界不断融合的过程。新、旧视界融合所形成的新的视界，又在未来时间中成为旧的视界，它与更新的视界融合，又产生更新的理解，如此循环往复，以至无穷。对思想政治教育内容的理解，就在这种新、旧视域融合的不断更新中，达到更高的水平。在这种无限的对话中，文化认同的作用范围得到扩展，思想政治教育内容得到理解、解释、拓展、化入实践。

哲学解释学认为，理解活动里视界相融合的过程，其实也是理解主体与理解对象之间的问答过程，"前理解"在问答过程中发生作用。"前理解"含有的肯定性价值与否定性价值在时间中展示出未来理解的可能性。人的认识是逐步深入的，譬如以前看不懂的书籍，在知识经验积累到一定程度后再读，就发现能轻松读懂了。这里由困难到轻松的变化，体现着"前理解"的肯定性价值。已有的认识或固化认识，在一定情境下也可能成为"偏见"或"成见"，直接影响认识主体对认识对象的认知，成为客观认识对象的障碍甚至将理解活动引入幻象。这类对理解活动不能起促进作用甚至发生反作用的已有认识，体现着"前理解"的否定性价值。在思想政治教育活动中，思想政治教育接受者的已有视界里往往存在着具有否定性价值的"前理解"，这是需要思想政治教育施动者主动发现与沟通的结点所在。

"前理解"的肯定性价值与否定性价值标记了在视界融合中，文化认同范围拓展的可能性。如果理论不能清楚认识时代并解释当下社会，那么也就无法在这个时代指导无产阶级实践。人的认识是开放性的，不是封闭的，因此思想政治教育活动保持时代性，是实现视界融合的前提保障。以思想政治理论课的某些现状为例，思想政治教育活动缺少生动的时代特征，是干扰视界融合并固化或产生新的存在于"前理解"的否定性价值的。思想政治教育活动中的思想政治理论课目前脱离社会生活的倾向较为严重。因此，既要进行课程内容和课堂教学的改革，贴近生活，加大活动课程的比例，让互动的形式进入课堂；又要让学生通过研究性学习等方式走出课堂，了解社会和政治，真正让思想政治教育课程回归生活。虽然目前有些高校正尝试"把课堂还给学生"，但大多只是换汤不换药——形式是变了，内容方面仍是在较大的框架里面；换的只是讲授的人，课堂依旧散漫，分享精神不足，老师和学生依旧没有情感的交集。情景定义失败，共享语境松散，成了学生学习的另一种负担。这需要在调研的基础上进行进一步的改进。以思想政治工作中辅导员的角色为例，思想政治教育活动贴近思想政治教育接受者生活中的情景定义、主动了解其历史视界，是有利于凸显"前理解"肯定性价值的。大学生辅导员在大学生思想政治教育工作中扮演着一个很微妙的角色，辅导员与学生的互动应突出生活平等交往的理念，淡化管理者与被管理者的角色，凸显德行生活交往的特点。真实的、面对面的心灵沟通是最为行之有效的互动方式，只有这样才能真正将思想政治教育过程转化为真实的生活过程，不断增加视界融合的肯定性价值。辅导员在组织学生活动时，要寻找学生感兴趣的思想政治教育活动，创造更多扩大共享语境的契机，从而在营造、维持、扩大、加深思想政治教育活动共享语境的过程中，推动大学思想政治教育由"让学生按某种思想观念、政治观点、道德规范要求发展"向"学生主动建构符合社会要求的思想品德发展"的方向转变，在视界融合中实现思想政治观念的主动建构。

二、视界融合消解文化认同的主客矛盾

思想政治教育活动的视界融合包含两个方面：思想政治教育施动者与接受者之间的视界融合，以及思想政治教育内容与思想政治教育接受者之间的视界融合。思想政治教育活动的共享语境到视界融合，都是在强调和凸显思想政治教育接受者能动性与主体地位的前提下实现的。因此，在共享语境基础上实现视界融合的过程，有助于文化认同主客体矛盾的消解。

在中国共产党思想政治教育活动的早期，由于施动者与接受者之间政治理想、思想觉悟、知识水平以及斗争经验存在较大差异，思想政治教育需要施动者主动发动群众，将先进的革命理论思想灌输到接受者的头脑中，以满足特殊历史时期革命任务的需要。这个时期，思想政治教育施动者与接受者之间主客体界限明显。

全面深化改革时期，思想政治教育活动主客体矛盾发生了变化。一方面，思想政治教育活动仍旧承担着政治社会化教育的任务，施动者用一套完备的思想体系对接受者进行一元化的干预教育。另一方面，随着历史条件的变化，思想政治教育接受者会考虑是否需要接受思想政治教育施动者的干预，也更重视保持自己独特的个性，并且希望自己的个性能得到彰显和释放。因此，思想政治教育一元化的方式与思想政治教育接受者这一群体的个性多元化之间的矛盾变得突出。这也是当下思想政治教育视界融合需正视与解决的矛盾。主客体矛盾本质上仍然是观念上的矛盾。思想政治教育活动都不能脱离当时的历史条件，所以，提升思想政治教育接受者的积极性与主动性，就是思想政治教育活动根据现实条件对人的尊严与符合人性的生活条件的肯定。

从塑造共享语境再到实现视界融合，都以思想政治教育施动者与思想政治教育接受者的双向互动为前提，在传递思想政治教育内容时以施动者为主体，在接受思想政治教育内容时以接受者为主体，这是为了在思想政治教育实践过程中提高思想政治教育接受者的积极性与主动性，从而在达到文化认同的同时提高思想政治教育的实效性。将思想政治教育活动中施动者与接受者的主客体关系视为双主体关系，并不是就忽略了施动者与接受者之间思想认识的矛盾，而是在共享语境的营造与视界融合的理解过程中，主动发现和正视这些思想碰撞，推动认同。

双主体思想碰撞的逻辑关系是视界融合的内在驱动。解释学认为，历史意识具有开放性的逻辑结构，开放性意味着问题性。从此观点出发，思想政治教育内容的理解活动也是历史性的，思想政治教育接受者接受内容的过程，就是思想政治教育接受者的历史视界与思想政治教育内容的历史视界相融合的过程。两个视界中相同的部分自然容易相合，不同的部分则会发生碰撞，空白的部分则会被加工填补。因此，处理思想政治教育施动者与接受者之间思想认识的矛盾，是思想政治教育视界融合的题中之义。

三、视界融合生产文化认同的价值意义

思想政治教育接受者的历史性视界与思想政治教育内容的历史性视界相融合的过程，也是思想政治教育活动产生价值、体现意义的过程，其相融合的结果也就是文化认同的结果。思想政治教育内容只有在被表现、被理解和被解释的时候，才具有意义。也只有在被表现、被理解和被解释的时候，它的意义才得以实现。思想政治教育内容如何被理解，属于思想政治教育的内容之一。思想政治教育的价值与意义不在于内容本身，而在于连续不断地对思想政治教育内容的理解和解释过程中。

更进一步而言，思想政治教育的内容是在教育实践的过程中产生意义的，而思想政治教育的手段和方式重新建构了思想政治教育的内容，于是，思想政治教育的手段方式与思

想政治教育的内容形成一种辩证关系。若剥离思想政治教育的内容，思想政治教育的手段方式并不能单独产生文化认同的价值意义；思想政治教育的手段方式助推思想政治教育内容的生成，同时，思想政治教育的手段方式也制约了思想政治教育内容价值意义的实现。因此，思想政治教育的手段方式导致的"泛意识形态化"的失误会引起思想政治教育的逆反；思想政治教育的手段方式片面追求"西化""趣味化""专业化""意识形态模糊化"，将导致对思想政治教育内容的稀释、解构、替换甚至抛弃，也就背离了思想政治教育的初衷。

前述章节已经对理解活动进行过讨论。理解是一个"视界融合"的过程，这种融合创造了一种超越双方的新视界。思想政治教育接受者的视界不断扩展，思想政治教育内容的意义也就具有了无限可能。理解思想政治教育的内容，就相当于与思想政治教育内容展开了一场对话，就像两个人之间的对话一样，而思想政治教育施动者是这个过程的促动者或者说中间人。思想政治教育内容的意义在对话中被实现，在视界融合的无限循环中得到无限可能，文化认同的价值意义也同时得到生产。

思想政治教育内容是有价值取向的，所以思想政治教育活动的共享语境以及视界融合也有价值取向。为使视界融合所生产的文化认同的价值意义不背离初衷，需遵循以下三条准绳。

首先，培养中国特色社会主义合格的建设者和可靠的接班人是必须坚守的主旨。思想政治教育的主旨本质上是"为谁培养人"和"培养什么样的人"的问题。共享语境讲究多元共享，视界融合侧重思想沟通，这种方式确实能够实现思想政治教育的有效传递，但不能将思想政治教育活动混同于纯粹理性知识的传递或生活经验的交流。无论教育活动的切入方式如何变化，都必须把党和国家对未来的建设者和接班人的要求以及我们的政治信仰、党性原则、道德标准和法律精神等明确告诉思想政治教育接受者，以免文化认同机制的价值取向迷失方向、背离初衷。

其次，以马克思主义理论的基本观点、方法为指导是不可偏废的主题。中国的思想政治教育从诞生之初，就是以用马克思主义理论说服人、培养人、教育人为标志的。如果背离了马克思主义，也就放弃了思想政治教育的主题。共享语境和视界融合的概念及具体塑造方法，都涉及对其他学科理论及范式的借鉴和移植，这些也都必须以马克思主义为准绳进行鉴别与改造，以马克思主义理论作为文化认同机制的鲜亮底色。

最后，思想政治教育的共享语境与视界融合都是围绕主旨和主题的多元拓展。无论是共享语境还是视界融合，都是在思想政治教育理论与实践以后的经验基础上，针对新情况和新问题作出的积极反思与主动创新，目的是让受教育者能够真切感知和体悟现代思想政治教育发展的时代魅力，增强思想政治教育的吸引力和凝聚力，以提升思想政治教育的有效性和实效性。因此，提升思想政治教育接受者的主体地位，固然应采用多维拓展的方式丰富和发展思想政治教育活动的形式，若是抛弃或否定了思想政治教育的主旨与主题，就是过犹不及。

第三节　文化涵化是思想政治教育文化认同机制的旨归

思想政治教育中的共享语境是视界融合的基础，视界融合是思想政治教育施动者推动思想政治教育接受者理解思想政治教育内容的过程，文化涵化则是指思想政治教育接受者对思想政治教育内容从心理意识上的接受到思维和认知结构上认同的过程。

一、文化涵化揭示文化认同的观念碰撞

人是社会性的动物。根据与他人以及社会关系的不同，人可以同时具有多重角色；根据角色身份的不同，又可以同时被归为不同的群体。不同的角色有着不同的责任，不同的群体又有着不同的"共同性"。以此类推，社会中的人都是同时处于多种角色与观念的冲突当中的，而对冲突的处理，不管是人与人、人与群体还是群体与群体，都限制了"共同性"的发展方向，也就是能影响到认同的变化方向。换言之，文化认同，就是在内在的冲突中得到继续发展。塞利姆·阿布在《文化认同性的变形》中认为，认同性的动态性及其变形，表现在不同文化群体的交往之中以及随后的涵化过程之中。涵化是指文化碰撞及文化碰撞所引起的全部文化变化。涵化过程，可被理解为认同主体对所认同的文化于自身意义和价值的诠释和建构过程。涵化过程完成的同时，文化认同的过程也随之完成。

在思想政治教育活动的语境下，文化涵化里文化认同观念的碰撞可从以下三个层面进行观察。

第一，我与自我的矛盾层面。思想政治教育接受者都是身处多种文化交织中的社会人，各种文化带来的价值冲突反映在接受者的思想上，就是自我的矛盾，接受者会为此感到烦躁和不安，进而寻找解释工具。也就是说，文化认同的问题也是个人认同的问题，思想政治教育活动中的共享语境与视界融合需立足社会历史条件的变化与时代特征，重视思想政治教育接受者的个性差异、背景知识差异以及由此所反映出来的关注点的差异。

第二，我与社会的冲突层面。人可归为不同的群体，就又有着不同群体的认同。而每一个认同都有相应的共同体，于是，这种共同体也成为区别于其他认同的标记。思想政治教育接受者所处的社会，是各种思想与思潮的交流交融交锋日趋频繁的社会。思想政治教育活动想要干预接受者认识和解释社会的方式，就必然要在辨析各种不同思想思潮中、解

释复杂的社会现象中以及构建我国政治意识的话语中，彰显自己的科学性、普遍性以及真理性。共享语境的营造只是在众多认识差异的基础之上搭建的建立信任、促进沟通交流的平台，而使思想政治教育接受者感到其能答疑解惑，才是共享语境可持续维持的内生动力所在。

第三，线上与线下的差异层面。新媒体已经成为思想政治教育接受者的重要活动阵地，网络中思想与行为的冲突已不亚于现实社会对思想政治教育接受者的影响力。思想政治教育活动不仅要为思想政治教育接受者解释这类现象，也要引导接受者自身在网络上的行为。根据角色理论，后台行为是允许有一些小动作的行为，这种小动作也许很容易被视为是亲昵和不尊重在场他人与区域的象征，而前台区域的行为则是不允许有这种可能冒犯他人的举动的行为。网络的开放性与隐蔽性，为人们的私下个人行为打开了广阔的领域，从公共交往行为到个人私下行为，行为上的约束全靠自我的羞耻感，当人们意识到身边没有观众，可以暂时脱离角色表演时，各种与公共交往行为相反的行为则可能发生。

在现实中，网络、即时通信在创造交流机会的同时，部分削弱了思想政治教育施动者的权威地位，网络自媒体的兴起，网络意见领袖大 V 的观点似乎比施动者更有吸引力和说服力，施动者与接受者的"亲近"也变得更加"遥远"了。事实上，思想政治教育是要回到思想政治教育场域的，本应在思想政治教育场域内完成的思想传递，却由没有思想政治教育共享语境基础的互联网络来进行补充，无疑是南辕北辙。此时，思想政治教育施动者又试图通过虚拟空间来进行教化，如开设思想政治教育施动者与接受者的互动平台、微信私聊等，这实际上还是虚拟脆弱的互动，如果没有强有力的情景定义基础与共享语境的纽带能量，这些都只能是无用的形式，好看不好用，并不利于生活中的应用和互动，也就更不利于思想意识上的交流与融合。可见，思想政治教育活动空间的过度虚拟化，会导致共享语境与视界融合的虚化和弱化，使思想政治教育施动者的影响力变小。

二、文化涵化绘制文化认同的心理进路

文化认同的动态过程，在心理上表现为对心路历程的变化观察。塞利姆·阿布按照生活经验的心理学特点从认同主体的表现中来把握文化认同的动态过程。他认为文化认同的动态过程显示在心理内化过程上，认同主体都遵循从文化边缘到文化核心的秩序。当认同主体处于文化的边缘时，会明显意识到对某种价值的肯定，并且会以行动支持该价值。当认同主体处于文化的核心时，并非能清晰意识到所认同价值影响其行为的方式，此时，这种价值已经内化为认同主体的潜意识或者是先验。他同时强调，涵化过程的取向受相互交往的群体的性质制约。也就是说，不同群体交往也就是不同价值观念的交往，对价值观念冲突如何处理，直接影响到群体间共同体的取向，也就是认同变化的方向。回到思想政治

教育活动中的语境，塞利姆·阿布从群体心理角度揭示了文化认同心理的一个宏观历程，相较于此，思想政治教育活动针对的是思想政治教育接受者对思想政治教育内容从被动接受到主动自觉运用的认同过程。根据文化涵化的变化过程，可将其划分为两个阶段。

第一，认识阶段，物质形式上的接受与共存。这个阶段是共享语境与视界融合的初步阶段。思想政治教育接受者认同思想政治教育活动的形式、内容以及目的的存在，并且也接受参与这一系列过程。但是当接受者离开思想政治教育的活动场域，他就会用原有的认知文化代码对思想政治教育的文化代码进行解码，用自己原有的文化代码重新解释思想政治教育这种文化的内容。也就是说，这一阶段的思想政治教育接受者了解思想政治教育活动场域的规范，但自身核心的意识以及对自身所处环境的意识保持不变，并且还能用自己原有的意识准确抵抗部分思想政治教育内容的意识。这种原有的自我意识核心与意识边缘还清晰地与思想政治教育价值行为规范划出界线，但这一边界也不是固定不变的。因此，在文化涵化的变化过程中，随着思想政治教育活动的持续推进，思想政治教育接受者会对自我核心意识与自我的定位重新定义。

第二，思维阶段，理解形式与意识形式的变形。这个阶段，共享语境的范围已经得到了深入和拓展，视界融合的过程也已经历了多次的循环反复。思想政治教育接受者不仅认同思想政治教育活动的价值取向以及所传达的马克思主义理论内容，并且还能自觉主动地运用马克思主义的观点、方法解释问题，在实践中检验和维护马克思主义理论的真理性。此时，思想政治教育接受者开始用从思想政治教育活动中获得的文化代码对其他发生冲突的文化进行解码，也就是用马克思主义理论的文化代码来解释其他文化。思想政治教育接受者对世界的理解方式以及认知结构中的意识形式，已经在文化涵化的动态过程中，朝着思想政治教育活动的文化认同目标发生改变。

总而言之，思想政治教育主体认同的变化过程，就是其对认同对象于自身意义和价值的诠释和建构过程，表现在思想政治教育主体心理内化的过程上，因此，主体的态度立场影响着这一系列心理过程的取向，最终这些影响也将作用在认同机制的取向上。

参考文献

[1]冯刚.改革开放以来高校思想政治教育发展史[M].北京：人民出版社，2018.

[2]冯刚.理直气壮开好思想政治理论课——把握新时代思想政治理论课建设规律[M].北京：人民出版社，2019.

[3]冯刚.思想政治教育研究热点年度发布(2019)[M].北京：团结出版社，2020.

[4]骆郁廷.思想政治教育原理与方法[M].北京：北京师范大学出版社，2019.

[5]冯刚.推进新时代思想政治教育治理体系现代化[N].中国教育报，2020-03-19(5).

[6]陈晶."效力"盲区 VS 尺度偏颇——浅析多元情绪下舆情处置的能力困境[J].传媒评论，2019(5)：64-66.

[7]陈志勇.自媒体环境下高校社会主义意识形态话语体系建构[J].思想理论教育导刊，2019(12)：77-80.

[8]冯刚，梁超锋.新时代高校意识形态安全体系构建的基本原则和重点[J].思想理论教育导刊，2020(2)：81-86.

[9]冯刚，史宏月.思想价值引领在国家治理现代化中的功能研究[J].思想理论教育，2020(2)：12-18.

[10]冯刚，严帅.新时代大学生思想政治教育工作质量评价的方法和路径[J].国家教育行政学院学报，2019(5)：46-53.

[11]孙淋.创新高校思想政治工作要善于运用底线思维[J].中共成都市委党校学报，2019(3)：49-54.

[12]唐世纲.大学治理体系现代的三重逻辑[J].现代教育管理，2020(7)：8-14.

[13]王芳，宋来新，梁燕亮.高校思想政治教育基地育人模式的实现路径研究[J].中国高等教育，2017(Z2)：50-53.

[14]王琪.高校突发事件网络舆情管理机制的探究和建立[J].新闻研究导刊，2019，10

（20）：9-11.

[15]王学俭，阿剑波. 思想政治教育治理现代化的内涵、特征与发展路径[J]. 思想理论教育，2020（2）：26-31.

[16]严帅. 思想政治教育质量评价研究的新特点与新趋势[J]. 思想教育研究，2018（2）：22-26.